Rienecker: Wuppertaler Studienbibel

# Wuppertaler Studienbibel

begründet von

## Fritz Rienecker

# Reihe: Neues Testament

herausgegeben von

## Werner de Boor

und

## Adolf Pohl

R. Brockhaus Verlag Wuppertal

# Der Brief des Paulus an die Galater

erklärt von

## Lic. Hans Brandenburg

R. Brockhaus Verlag Wuppertal

9. Auflage 1986

© Copyright 1961 by R. Brockhaus Verlag Wuppertal
Printed in Germany
Druck: Breklumer Druckerei Manfred Siegel KG

ISBN 3-417-25110-9 Efalin
ISBN 3-417-25010-2 Paperback

## Vorwort zur Gesamtausgabe

Das Vorwort zur Gesamtausgabe will über ein Z w e i f a c h e s kurz Rechenschaft geben.
I. Auf welcher Grundlage sind die Auslegungen der Wuppertaler Studienbibel aufgebaut?
II. Was will die Wuppertaler Studienbibel?

### I.

**Auf welcher Grundlage sind die Auslegungen der Wuppertaler Studienbibel aufgebaut?**

Die Wuppertaler Studienbibel ist herausgeboren aus der tiefen Ehrfurcht vor der Heiligen Schrift, die als ein Wunder des Heiligen Geistes immer wieder zur Anbetung Gottes zwingt.

Diese Tatsache, daß die Bibel das Wunderwerk des Heiligen Geistes ist, birgt in sich ein Doppeltes: Es ist das Faktum der Knechtsgestalt und das Faktum der Herrlichkeitsgestalt der Schrift.

K n e c h t s g e s t a l t heißt: Vom ersten Wort der Bibel bis zum letzten Wort der Bibel tritt uns die Menschlichkeit des Gotteswortes in ihrer vollen Realität entgegen. — Wir nehmen die Bibel „so wie sie ist", d. h. nicht als ein vom Himmel direkt auf die Erde „heruntergefallenes" Buch, sondern als ein auf Erden im Laufe der Jahrtausende nach und nach entstandenes, von Glaubensmenschen verschiedener Prägung und Herkunft und Lebensführung geschriebenes Buchwerk.

H e r r l i c h k e i t s g e s t a l t der Schrift heißt: Vom ersten Wort der Bibel bis zum letzten Wort tritt uns weit über alles menschliche Denken und Verstehen erhaben und in einzigartiger Fülle und Heiligkeit die „G ö t t l i c h k e i t" des Bibelwortes, und zwar total und absolut, entgegen.

Das Wunderwerk des Heiligen Geistes besteht nun darin, daß gerade in der Knechtsgestalt sich die Herrlichkeitsgestalt des Gotteswortes lückenlos und fehlerlos offenbart.

Ein B e i s p i e l unter vielen sei erwähnt: Die Knechtsgestalt der Schrift zeigt sich in der Sündhaftigkeit der m e n s c h l i c h e n S c h r e i b e r und in der Schlichtheit der m e n s c h - l i c h e n W o r t e der Bibel. Und dennoch und trotzdem: Gerade in der Niedrigkeit und Sündhaftigkeit der menschlichen V e r f a s s e r der Schrift zeigt sich die Herrlichkeit Gottes, weil diese V e r f a s s e r, obwohl sie (gleich wie wir) einer gefallenen Welt angehören (jedoch als Glaubende) — d e n n o c h für alle Zeiten maßgebend, niemals irrend und lückenlos das Gottes-Wort niedergeschrieben haben. Und weiter: Gerade, in der Schlichtheit und Anfälligkeit der menschlichen W o r t e der Schrift (sie sind dem Mißverständnis ausgesetzt) zeigt sich die Herrlichkeit Gottes, weil diese W o r t e ebenso wie unsere Worte einer g e f a l l e n e n Welt angehören, und zwar der h e b r ä i s c h e n Sprache im AT und der g r i e c h i s c h e n Sprache im NT, (welche beiden Sprachen auch Folgen der babylonischen Sprachenverwirrung sind) und darüber hinaus auf Grund von manchmal mangelhaften Ü b e r s e t z u n g e n, d e n - n o c h u n d t r o t z d e m f ü r a l l e Z e i t e n m a ß g e b e n d, unverbrüchlich und lückenlos das Gottes-Wort zum Ausdruck bringen.

In diesem Zusammenhang sei kurz auch auf das Verhältnis der heilsgeschichtlichen Wahrheiten der Schrift zu den profangeschichtlichen Dingen hingewiesen. (Unter den profangeschichtlichen Dingen verstehen wir die geschichtlichen, chronologischen, geographischen und naturwissenschaftlichen Angaben der Bibel.)

Unsere Überzeugung ist hier nun folgende:

Die Erhabenheit und Verborgenheit der Heiligen Schrift, in der sich Gott nur dem Glaubenden allein erkennbar macht, verbietet uns, sich dem Wort der Heiligen Schrift mit irgendeiner Frage zu nahen, als nur mit dem aufrichtigen Verlangen nach Gott und Seinem Heil (Sprüche 2, 7). Mit anderen Worten: Auch die profangeschichtlichen Fragen haben wir genauso wie die heilsgeschichtlichen Dinge allein in der göttlichen Urheberschaft der Schrift zu sehen.

Praktisch gesehen heißt dies, kurz an drei Beispielen illustriert, wie folgt:

1. Wir dürfen, da sich Gott der allgemeinen menschlich-irdischen Sprechweise bedient, Ausdrücke wie „Sonnenaufgang", „Sonnenuntergang", „Himmelsgewölk" (1. Mose 1, 8) die „Enden der Erde", die „Enden des Himmels", usw. usw. nicht als wissenschaftliche Bezeichnungen und Formulierungen eines Naturforschers des 20. Jahrhunderts ansehen.

2. Wir sind verpflichtet, dort, wo die Schrift symbolisch, metaphorisch oder metonymisch usw. spricht, diese Ausdrucksweise sachentsprechend zu deuten und auszulegen.

3. Wo jedoch die Schrift historisch redet (z. B. 1. Mose 1—3), da gilt es, ebenfalls sachentsprechend von buchstäblichen, historischen Tatsachen zu sprechen.

In der Selbstoffenbarung Gottes will Gott nicht dies und das Naturwissenschaftliche oder Physikalische oder Geologische uns mitteilen, sondern ganz allein nur „sich selbst" einer von Ihm abgefallenen Welt offenbaren.

Auch hinsichtlich der jetzt so heiß umstrittenen Frage nach dem Ursprung des Menschen gilt es, schlicht Jesu Wort in Ehrfurcht zu respektieren. Jesus sagt: „Habt ihr nicht gelesen, daß der Schöpfer sie (die Menschen) von Anfang an männlich und weiblich geschaffen hat?" Matth. 19, 4. Damit spricht Jesus das aus (und Er ist die maßgebende Autorität), was der Schöpfungsbericht mitteilt, und zwar auch im Wortlaut. Dazu kommt noch folgendes: Jesus kann auch hierin als die alleinige Autorität angesehen werden, weil Er der Mitschöpfer gewesen ist (Joh. 1, 3). Auch Paulus sagt: (1. Tim. 2, 13) „Adam wurde zuerst gebildet (eplàsthe!), danach Eva." —

Wir fassen zusammen: Die Wuppertaler Studienbibel bekennt sich zu folgendem Glaubenssatz: Die Erniedrigung des Gotteswortes ins Menschenwort, die um unsretwillen geschah, bedeutet nie und nimmer, daß die Bibel in irgendeinem Punkte irgendwie unsicher oder unzuverlässig oder ein irrendes Wort sei —, sondern daß g e r a d e i n d e r „ K n e c h t s g e s t a l t " des G o t t e s - w o r t e s die H e r r l i c h k e i t Gottes des Vaters, des Sohnes und des Heiligen Geistes voller Gnade und Wahrheit sich offenbart, und zwar dem Glaubenden.

## II.

## Was will die Wuppertaler Studienbibel?

A. D i e W u p p e r t a l e r S t u d i e n b i b e l will der persönlichen Schriftforschung des Bibellesers dienen. Die Erfahrung lehrt, daß ein sehr starkes Bedürfnis nach einer solchen praktischen und leichtfaßlichen Verwertung positiver biblischer Forschung vorliegt.

Es sei an dieser Stelle mit dankbarem Herzen darauf hingewiesen, daß gerade bei dem schlichten Bibelleser ein wahrhaft ernstes Suchen nach letzten Erkenntnissen zu finden ist. Man hat den Bibelleser vielfach in seinem Denken unterschätzt.

D i e W u p p e r t a l e r S t u d i e n b i b e l will diesem starken Verlangen nach tieferem Verständnis des Wortes Gottes gerecht werden.

Der Titel „ S t u d i e n b i b e l " bedeutet: Jeden Tag in der Stille die Bibel studieren, also eifrig bemüht sein, sich die Schrift zu erarbeiten. Innere Kraft und bleibender Halt werden dabei geschenkt.

B. D i e W u p p e r t a l e r S t u d i e n b i b e l will ferner Hilfsdienste leisten für die Vorbereitung zum Predigtdienst. Dabei denkt der Herausgeber ganz besonders an den f r e i w i l l i g e n M i t a r b e i t e r im Verkündigungsdienst. Gerade ihm, d e s s e n Z e u g n i s h e u t e s o s e h r w i c h t i g i s t , der aber neben seinem irdischen Beruf wenig Zeit zur Vorbereitung hat, wollen die Erläuterungen Handreichung sein.

D i e W u p p e r t a l e r S t u d i e n b i b e l hat ihre Texterklärungen nach zwei Gesichtspunkten ausgerichtet:

    1. Der sachliche Gesichtspunkt,
    2. Der erbauliche Gesichtspunkt.

Zu 1. Die sachliche Worterklärung will Fragen v e r s t a n d e s m ä ß i g e r Art, schwierige Schriftstellen, nicht leicht faßbare Wortzusammenhänge, „palästinensische Sitten und Gebräuche" zu klären versuchen.

Zu 2. Die erbauliche Worterklärung will n i c h t wie die sachliche dem V e r s t a n d e dienen, sondern dem H e r z e n . Sie will die Worte in ihrem überzeitlichen Vollsinn zu fassen suchen, die biblischen Begriffe in ihrem ewigen Gehalt zu begreifen sich bemühen.

Bei all diesem fleißigen Bemühen weiß aber auch der ernste Bibelleser sehr wohl, daß nur der Heilige Geist allein der wahre Erklärer des Wortes Gottes ist. Die fleißige Bitte um das Wirken des Heiligen Geistes ist darum fort und fort ebenso dringend nötig wie das anhaltende, gründliche Forschen und Studieren der Heiligen Schrift.

Auf folgendes sei aber noch aufmerksam gemacht: Die Erklärungen der neutestamentlichen Bücher sind neben der eignen eingehenden Text-Forschung und der Heranziehung gegenwärtiger Literatur im allgemeinen geleitet von den wissenschaftlichen Arbeiten dreier bedeutender Theologen: Von Prof. D. Friedrich G o d e t (1812—1900), von Prof. D. Theodor v. Z a h n (1838—1933) und von Prof. D. Adolf S c h l a t t e r (1852—1938).        Fritz Rienecker

## Richtlinien
## für die Benutzer der Wuppertaler Studienbibel

**In bezug auf den Bibeltext.**
Der Bibeltext ist fett gedruckt. Wiederholungen aus dem behandelten Bibeltext sind fett gedruckt. Gesperrt nur im Sinne der Verdeutlichung bei Betonung.

**In bezug auf die Parallel-Stellen.**
Mit Absicht sind eine große Fülle von Bibel-Stellen als Parallelen gebracht. Für diese Parallelstellen ist am Rand eine Spalte freigelassen.

**In bezug auf die Handschriften:**
Zu den wichtigsten vom Text abweichenden Lesarten, die sich im allgemeinen in den Fußnoten finden, sind folgende Zeichen gesetzt, die der Erklärung bedürfen:

### Die Handschriften des Neuen Testaments

| Bezeich-nung | aus Jahr-hundert | Namen | Standort: in Bibliothek: | |
|---|---|---|---|---|
| ℵ | IV | Sinaiticus | London | Neutestamentlicher Teil einer Vollbibel. Die romantische Entdeckungsgeschichte, wie sie Tischendorf erzählt, s. bei Tischendorf. Gregory 348 ff., Gregory 23 ff. 1844 im Katharinenkloster auf Sinai in einem Abfallkorb zum Heizen bestimmt. Genannt sei auch: S c h n e l l e r : Tischendorf-Erinnerungen. |
| A | V | Alexandrinus | London | Das NT mit 1. Clemensbrief und den sogen. Psalmen Salomos, in der Bibliothek Alexandrien, 1628 an Karl I. von England geschenkt. Vollbibel mit einzelnen Lücken. |
| B | IV | Vaticanus | Rom | Einer der größten Schätze der päpstlichen Bibliothek. Vollbibel mit Lücken. |
| C | V | Ephraemi rescriptus | Paris | In Pariser Nationalbibliothek stehend. Vom Syrer Ephraem überschrieben. 1535 nach Paris gekommen. Bibel mit vielen Lücken. |

Diese vier Bibeln des IV. und V. Jahrhunderts dürfen als die wichtigsten Zeugen gelten. — Wenn sie auch auf die Hauptsitze der katholischen und anglikanischen Kirche R o m , P a r i s , L o n d o n verteilt sind, so hat doch der deutsche Protestantismus sich um ihre gelehrte Erforschung sehr bemüht.
Die Zusammenfassung der v i e r Handschriften ℵ A B C zu einer Text-Gruppe wird die h e s y c h i a n i s c h e oder ä g y p t i s c h e T e x t f o r m genannt. Hesychius war ein Grieche in Alexandrien. Weil Alexandrien in Ägypten liegt, wird diese Textgruppe auch die ägyptische Textform genannt.

8

## Weitere Handschriften des Neuen Testaments

| Bezeich-<br>nung | aus<br>Jahr-<br>hundert | Namen | Standort:<br>in<br>Bibliothek: | |
|---|---|---|---|---|
| D | VI | Bezae<br>Cantabri-<br>giensis | Cambridge | Enthält die 4 Evangelien und die Apostel-<br>geschichte, aber mit großen Lücken. |
| E | VIII | Basiliensis | Basel | ⎫ |
| F | IX | Boreelia-<br>nus | Utrecht | ⎪ Diese Handschriften enthalten die vier |
| G | X | Seidelianus<br>I | London | ⎬ Evangelien. |
| H | IX | Seidelianus<br>II | Hamburg | ⎭ |
| L | VIII | | Paris | H und L enthalten Apostelgeschichte und<br>Briefe. |
| 046 | VIII | | Rom | 046 enthält Offenbarung des Johannes. |

Die sogenannte **Koine** ist diejenige Handschriftengruppe, welche die Zusammenfassung der einzelnen Handschriften E F G H L, und 046 bildet.

Es sind also die Handschriften aus dem VIII. bis X. Jahrhundert. Die Koine ist die in Antiochien und später in Konstantinopel zur allgemeinen Verbreitung gekommene Textform. Diese Textform tritt uns, da Erasmus von Rotterdam solche späten Handschriften benutzte, in Luthers Bibelübersetzung entgegen. Luther stützte sich auf diese späte Handschriftengruppe, also auf die sogenannte K o i n e , die in der Erasmus-Ausgabe vorlag.

Die Erasmus-Arbeit war eine sehr flüchtige Arbeit.

„Erasmus benutzte höchstens drei Handschriften, die er von den Predigermönchen in Basel entlieh und die heute noch erhalten sind (keine von ihnen ist älter als das 12. Jahrhundert). Sie zeigen, daß Erasmus die Handschriften selbst durcharbeitete und dann als Vorlage in die Druckerei gehen ließ. Für die Offenbarung des Johannes, die in jenen Handschriften fehlte, wurde eine Handschrift aus Maihingen herangezogen; in ihr fehlte der Schluß 22, 16—21; Erasmus übersetzte ihn einfach aus der Vulgata ins Griechische, ohne das irgendwo anzugeben." Michaelis, Einleitung in das NT 1954 Seite 357.

Die K o i n e - G r u p p e , d. i. die Vorlage Luthers, erwähnen wir ebenfalls.

Andere Handschriften werden jeweilig im Text erklärt.

Am Schluß der Studienbibel soll eine Übersicht über die Geschichte der Handschriften folgen.

**In bezug auf besondere Urtext-Wörter.**

Schwierige Wörter des griechischen Textes, die die Möglichkeit verschiedener Übersetzungen bieten, sind in den Fußnoten eingetragen. Die griechischen Wörter sind dabei in Klammern gesetzt und in lateinischen Buchstaben wiedergegeben!

# Abkürzungs-Verzeichnis

## I. Allgemeine Abkürzungen:

AT = Altes Testament
NT = Neues Testament
atst = alttestamentlich
ntst = neutestamentlich
grie = griechisch
hebr = hebräisch
lat = lateinisch

LXX = Septuaginta. Das ist die griechische Übersetzung des AT, angeblich von 70 gelehrten Juden auf Befehl des Königs Ptolemäus Philadelphus 200 v. Chr. in Alexandrien angefertigt.

## II. Literatur-Abkürzungen:

W—B = Walter Bauer: Griechisch-Deutsches Wörterbuch. 4. Aufl. 1952
Bl—De = Blaß—Debrunner: Grammatik des ntl. Griechisch 9. Aufl. 1954 zitiert n. §§.
Radm = Rademacher, Neutestl. Grammatik 1925. 2. Aufl.
Ki—Th W = Kittel Theologisches Wörterbuch
NTD = Neues Testament Deutsch Göttingen 1932 ff.
St—B = Strack—Billerbeck: Kommentar zum NT aus Talmud usw. Bd. I—IV. München 1922 ff.

## III. Abkürzungen der biblischen Bücher:

### a) Altes Testament

1 Mo = 1. Mose
2 Mo = 2. Mose
usw. = usw.
Jos = Josua
Ri = Richter
Rth = Ruth
1 Sam = 1. Buch Samuelis
2 Sam = 2. Buch Samuelis
1 Kö = 1. Buch der Könige
2 Kö = 2. Buch der Könige
1 Chro = 1. Buch der Chronika
2 Chro = 2. Buch der Chronika
Esr = Esra
Neh = Nehemia
Esth = Esther
Hio = Hiob
Ps = Psalter
Spr = Sprüche
Pred = Prediger
Holi = Hohelied

Jes = Jesaja
Jer = Jeremia
Kla = Klagelieder
Hes = Hesekiel
Da = Daniel
Hos = Hosea
Joe = Joel
Am = Amos
Ob = Obadja
Jon = Jona
Mi = Micha
Nah = Nahum
Hab = Habakuk
Ze = Zephanja
Hag = Haggai
Sach = Sacharja
Mal = Maleachi

### b) Apokryphen

Tob = Tobias
1 Makk = 1. Makkabäer
2 Makk = 2. Makkabäer
Sir = Sirach

### c) Neues Testament

Mt = Matthäus
Mk = Markus
Lk = Lukas
Jo = Johannes
Apg = Apostelgeschichte
Rö = Römer
1 Ko = 1. Korinther
2 Ko = 2. Korinther
Gal = Galater
Eph = Epheser
Phil = Philipper
Kol = Kolosser
1 Th = 1. Thessalonicher
2 Th = 2. Thessalonicher
1 Tim = 1. Timotheus
2 Tim = 2. Timotheus
Tit = Titus
Phlm = Philemon
1 Pt = 1. Petrus
2 Pt = 2. Petrus
1 Jo = 1. Johannes
2 Jo = 2. Johannes
3 Jo = 3. Johannes
Hbr = Hebräer
Jak = Jakobus
Jud = Judas
Offb = Offenbarung des Johannes

Vgl. W. Stb. Matth. S. . . . = Vergleiche Wuppertaler Studienbibel Matthäus-Band Seite . . .
Vgl. W. Stb. Mark. S. . . . = Vergleiche Wuppertaler Studienbibel Markus-Band Seite . . . usw.

# Der Brief des Paulus an die Galater

erklärt von

## Lic. Hans Brandenburg

R. Brockhaus Verlag Wuppertal

## VORWORT

*zur Erklärung des Galaterbriefes*

Gemäß der Zielsetzung der Wuppertaler Studienbibel soll mit der folgenden Erklärung eine allgemeinverständliche Einführung in den Inhalt des Apostelbriefes gegeben werden, wobei wir vor allem andern ernsthaft fragen: W a s   s t e h t   d a ? Eine wesentliche neue theologische Entdeckung hat der Verfasser nicht gemacht. Aber dankbar bezeugt er, daß der Galaterbrief seit etwa vier Jahrzehnten mit seinem Zeugnis sein Leben begleitete. Ich habe zwar eine lange Reihe mir zugänglicher theologischer und praktischer Arbeiten über den Brief eingesehen (s. Literaturverzeichnis), aber dennoch habe ich mich in der Auslegung einfach an den Text gehalten, dessen Inhalt beim Lesen des Briefes seine geistliche Kraft beweist. Dem zünftigen Theologen wird es kein Geheimnis bleiben, wieviel ich bei der Arbeit meinem Lehrer Adolf Schlatter verdanke.

Bei aller Wissenschaftlichkeit, auf die diese Arbeit Anspruch erhebt, ist es mir eine Freude und ein Bedürfnis, mit der Auslegung auch die praktische Anleitung zu verbinden, wie das Gelesene im Leben des Glaubenden zur Wirkung kommen könne. Auch damit bleibe ich im Rahmen dieses Bibelwerks.

Der Geist aber, der den Apostel zum Schreiben bevollmächtigte, gebe auch uns die Anleitung, das Geschriebene recht zu lesen.

Lic. Hans Brandenburg

## DIE VORREDE MARTIN LUTHERS AUF DIE EPISTEL
## SANCT PAULI ZU DEN GALATERN 1522

Die Galater waren durch St. Paulus zu dem rechten Christenglauben und ins Evangelion von dem Gesetz gebracht. Aber nach seinem Abschied kamen die falschen Apostel, die der rechten Apostel Jünger waren, und wandten die Galater wieder um, daß sie glaubten, sie müßten durch die Werke des Gesetzes selig werden und täten Sünde, wo sie nicht des Gesetzes Werke hielten, wie Apostelgeschichte 15 auch etliche zu Jerusalem hohe Leut vorgaben.

Diesen zu entgegnen hebt St. Paulus sein Amt hoch und will sich nichts weniger gehalten haben denn kein ander Apostel, und allein von Gott sein Lehre und Amt rühmt, auf daß er den Ruhm der falschen Apostel, die sich mit der rechten Apostel Werk und Namen gehalten, dämpfte, und spricht, es sei nicht recht, wenns gleich ein Engel anders predigt oder er selbst, schweige denn, wenn es der Apostel Jünger oder sie selbst anders lehreten. Das tut er im ersten und andern Kapitel, und schließt, daß ohn Verdienst, ohn Werk, ohn Gesetz, sondern allein durch Christum jedermann muß rechtfertig werden.

Am dritten und vierten bewährt er das alles mit Schriften, Exempel und Gleichnissen, und zeigt, wie das Gesetz viel mehr Sünde und Maledeiung bringe denn Gerechtigkeit, welche allein aus Gnaden von Gott verheißen, durch Christum ohn Gesetz erfüllet und uns gegeben ist.

Am fünften und sechsten lehrt er die Werke der Liebe, die dem Glauben folgen sollen.

## Inhaltsverzeichnis

### Inhaltsübersicht zum Galaterbrief

### EIN KURZES WORT ZUR ÜBERSETZUNG

Jede Übersetzung ist immer schon ein Stück Auslegung. Ganz wörtliche Übersetzungen kann es gar nicht geben, da manche Worte und Partikel unübersetzbar sind. Es geht also immer um die Wiedergabe des Sinnes. Dieser Sinn muß vielfach aus dem Zusammenhang erkannt werden.

Die Übersetzung will also nicht etwa andere — viel bessere und flüssigere — ersetzen, sondern nur der Auslegung dienen. Freilich will die Übersetzung wörtlich sein, vielfach auf Kosten der Schönheit, möglichst nahe am Text und zugleich möglichst nahe dem Sinn. Zwischen diesen beiden Grenzen läuft der Weg.

Was in runden Klammern steht ( ), gehört zum Text. Was in eckigen Klammern steht [ ], ist zum besseren Verständnis hinzugefügt. Oder es bringt eine andere Übersetzung des vorhergehenden Wortes.

# EINLEITUNG

Ehe wir den Apostel selbst zu Worte kommen lassen und auf sein Wort aufmerksam hören, gilt es, sich in die Stunde zu versetzen, in der Paulus seinen Brief schrieb.

Über den S c h r e i b e r selbst bedarf es für den Bibelleser keiner Erklärung. Seine Gestalt steht deutlich wie keine andere unter den Aposteln vor unsern Augen. Zwar bringt die Apostelgeschichte des Lukas keineswegs eine Biographie des Paulus, aber doch eine große Zahl der charakteristischen Episoden aus seiner Tätigkeit, daß wir schon daraus einen Eindruck seiner Persönlichkeit bekommen. Dazu aber haben wir im NT dreizehn Briefe von seiner Hand, die uns seine Botschaft, die Art seiner Verkündigung und auch manche Züge aus seinem Lebenslauf gut erkennen lassen. In der Auslegung der ersten beiden Kapitel unseres Briefes wird darüber noch mehr zu sagen sein.

Und d i e E m p f ä n g e r d e s B r i e f e s , die Galater? Sind sie mit dieser Bezeichnung, die Paulus ihnen selbst gibt (1, 1; 3, 1; 1 Ko 16, 1) nicht genügend umschrieben? Lesen wir doch in der Apostelgeschichte (16, 6; 18, 23) auch von dieser Landschaft in der Mitte der heutigen Türkei. Die Hauptstadt des modernen Türkenreiches Ankara ist das alte Ankyra, die Hauptstadt der Landschaft Galatien.

Dennoch ist die Frage der Adressaten keineswegs eindeutig geklärt. Vor allem der verstorbene Professor D. Theodor Zahn, Erlangen, hat mit großer Gelehrsamkeit die These verfochten, die Empfänger wären keineswegs die Bewohner des uns im NT nur sehr am Rande erwähnten Galatien als Landschaft, sondern vielmehr die uns auf der ersten Reise des Apostels bekanntwerdenden Bewohner Pisidiens und Lykaoniens. Die Römer hatten bei ihrer großen Verwaltungsreform diese Landschaften mit der Landschaft Galatien zu einer großen römischen Provinz Galatien vereinigt, zumal der letzte galatische König Amyntas bereits diese südlichen Landschaften seinem Reiche einverleibt hatte (s. Erster Exkurs S. 135).

Es besteht also die Frage: Schreibt Paulus an die Bewohner der alten L a n d - s c h a f t Galatien oder an die Bewohner der römischen P r o v i n z Galatien? Je nach der Antwort auf diese Frage unterscheidet man eine nordgalatische und eine südgalatische Hypothese.

Womit begründet nun Zahn seine Vermutung? Und was hat es für unser Verständnis des Briefes für eine Bedeutung, wie diese Frage beantwortet wird?

Die Galater waren keltischer Abstammung und hatten nach langen Kämpfen ein eigenes galatisches Reich gegründet, das erst durch die Eroberung von seiten der Römer ein Ende fand (siehe darüber ausführlich im Ersten Exkurs).

Auch der erste Petrusbrief nennt Galatien in einer Reihe mit andern römischen P r o v i n z e n — nicht L a n d s c h a f t e n : Pontus, Kappadozien usw. Dazu kommt, daß zwar Lukas in der Apostelgeschichte statt der Provinznamen die Landschaftsnamen bevorzugt, Paulus dagegen in seinen Briefen stets die römischen Provinznamen (z. B. Achaja, Macedonien u. a.) nennt. Somit hätte Paulus die Einwohner von Antiochien in Pisidien, die Bewohner Lystras und Ikoniums mit „Galater" angeredet (3, 1). Wie etwa heute die Bewohner von Schwäbisch Hall ganz selbstverständlich Württemberger genannt werden, wenngleich sie eigentlich zum Frankenstamm gehören.

Weiter: Paulus rechnet unter den Lesern des Galaterbriefes mit einer jüdischen Minderheit (3, 27). In der L a n d s c h a f t Galatien ist von einer solchen nichts bekannt. Auch in der Pfingstgeschichte (Apg 2, 9 f) fehlen bei der Aufzählung der Diasporagegenden, aus denen die jüdischen Hörer kamen, die Galater. Im Süden der P r o v i n z Galatien dagegen treffen wir auf jüdische Synagogen oder doch auf Vertreter des jüdischen Volkes (13, 14; 14, 1; 16, 1). Von diesen paulinischen Gemeinden im südlichen Teil der P r o v i n z Galatien wissen wir aus dem Bericht des Lukas Näheres. Von einer Gemeindegründung in der L a n d s c h a f t Galatien im Norden dagegen schreibt Lukas nichts. Zwar zogen Paulus und seine Begleiter auf der zweiten Reise durchs „galatische Land" (16, 6), aber von Predigt und Entstehung von Gemeinden hören wir kein Wort. Auf der dritten Reise durchzieht Paulus nochmals die L a n d s c h a f t Galatien (18, 23). An dieser Stelle werden zwar Jünger Jesu erwähnt, aber Gemeinden werden nicht genannt (wie etwa 14, 23; 15, 41; 16, 5 u. ö.). Wenn auch Lukas in seiner Apostelgeschichte keineswegs eine lückenlose Beschreibung der ersten Christenheit schreiben wollte, so ist dieser Unterschied immerhin auffallend.

Darum hat die Annahme viel für sich, daß Paulus seinen Brief an jene Gemeinden schrieb, die schon auf seiner ersten Reise im südlichen Teil Kleinasiens entstanden (Antiochien in Pisidien, Ikonium, Lystra, Derbe).

Von der Entscheidung dieser Frage hängt nun ab, wo wir Paulus beim Schreiben des Briefes zu suchen haben und wann er diesen Brief schrieb. Hat die nordgalatische Hypothese recht (der übrigens die meisten der neueren Ausleger anhängen) und waren die Empfänger des Briefes Bewohner der L a n d s c h a f t Galatien, so hat Paulus den Brief in Ephesus während seines längeren Aufenthalts dort verfaßt (19, 10). Galater 1, 6 könnte voraussetzen, daß Paulus erst vor kurzem in Galatien gepredigt habe (18, 23).

Sind aber die Leser im Süden zu suchen (nach den Anhängern der südgalatischen Hypothese), dann ist der Brief wahrscheinlich aus Korinth nach Galatien gesandt worden. In diesem Falle wäre seit dem zweiten Besuch in Galatien (18, 23) etwa ein halbes bis ein ganzes Jahr vergangen. Das würde besser zu den Vorgängen passen, die inzwischen in Galatien geschehen sein müßten: Jene gesetzlichen Irrlehrer, gegen die sich Paulus in Galatien wendet, hätten dann ihren Besuch in den Gemeinden gemacht und die Wirkung ihrer Irrlehre hätte inzwischen die Zustände in den Gemeinden so schmerzlich verändert. Es ist naheliegend, daß Paulus von Korinth aus, wo er nach Apg 18, 11 anderthalb Jahre wirkte, Boten in die von ihm gegründeten Gemeinden sandte. Da Paulus im ersten Thessalonicherbrief schreibt: „Von euch ist erschollen das Wort des Herrn nicht allein in Mace-

donien und Achaja, sondern an allen Orten ist euer Glaube an Gott bekannt-
geworden", so fragt der Leser unwillkürlich: Woher weiß denn das Paulus? Es
wäre nicht ausgeschlossen, daß Boten aus Galatien, die ihm Nachricht über die
Veränderung in den dortigen Gemeinden nach Korinth brachten, auch davon be-
richteten, daß von der Erweckung in Macedonien in Galatien gesprochen werde.
Zahn meint, daß die Beziehung des Timotheus nach Lystra (Apg 16, 1 f) zur Aus-
breitung der Nachricht beigetragen habe. Denn Timotheus ist der entscheidende
Mitarbeiter des Paulus in Thessalonich. Dann ist der Galaterbrief vielleicht der
älteste aller Briefe des Paulus und noch vor dem ersten Thessalonicherbrief geschrieben. Daß Paulus von Korinth aus nicht schnell nach Galatien hinüberfahren
konnte (Gal 4, 20), ist sehr begreiflich. Von Ephesus dagegen wäre ein Blitzbesuch
eher möglich gewesen. Die „Malzeichen" Jesu am Körper des Apostels (Gal 6, 17)
wären dann die Narben von seinen Mißhandlungen in Macedonien.

Nach alledem scheint uns die südgalatische Hypothese Zahns noch keineswegs
erledigt zu sein und viel Wahrscheinlichkeit für sich zu haben.

Was war nun d e r  A n l a ß zum Brief an die Galater?

Die Gemeinden in Galatien waren durch den Dienst des Paulus entstanden. Er
hat an ihnen gearbeitet (4, 11), ja, er hat die Geburtswehen und ihr neues Leben
aus Christus selbst erlitten (4, 19). Aus den Anfangsversen des Briefes (1, 6—11)
geht eindeutig hervor, daß die grundlegende Verkündigung des Paulus zu ihrer
Bekehrung führte. (Vgl. auch 3, 1—5.) Barnabas war auf jener ersten Reise durch
Galatien bei ihm (Apg 13, 13—14, 26). Paulus nennt ihn im Brief, als wäre er den
Lesern bekannt (2, 1. 9. 13).

Zweimal ist Paulus schon bei den Empfängern des Briefes gewesen. 4, 13 sagt
er betont „das erstemal", so daß wir mit einem zweitenmal rechnen müssen.

Er hatte ihnen damals den Gekreuzigten vor die Augen gestellt (3, 1), der sich
für ihre Sünden opferte (1, 4) und der als der Lebendige seine Gemeinde sammelt
und baut (1, 1). Die Verkündigung des Apostels führte zu einer geistlichen Erweckung, in der sie im Glauben Jesu eigen wurden, ein geistliches Leben begannen
(3, 3) und mit tiefer Freude erfüllt wurden (4, 14 f). Paulus selber tat den Dienst
in körperlicher Schwachheit (4, 13), das hemmte aber ihren Glauben nicht, weckte
aber eine starke Liebe (4, 14) und eine Bereitschaft zum Leiden auch bei ihnen
(3, 4). Der größte Teil dieser neugewonnenen Gemeinde bestand offenbar aus
Heiden (4, 8 ff). Andererseits müssen auch Juden in den Gemeinden gewesen sein
(3, 28).

Dieser Glaubensfrühling in den galatischen Gemeinden ist nach der Abreise des
Apostels von einem schmerzlichen Nachtfrost befallen worden. Es erschienen andere
Verkünder des Christenglaubens. Es müssen ihrer mehrere gewesen sein (1, 7; 4,
17; 5, 12; 6, 12). Diese — offenbar wie Paulus aus dem Pharisäismus, dem gesetzestreuen Teil Israels, stammende — Prediger stellten die Glaubenshaltung der
Galater als ungenügend dar. Sie sagten etwa: Ja, ein gewisser Anfang ist gemacht;
aber wollt ihr ganze Christen sein, so müßt ihr das Gesetz Moses halten, vor allem

die Beschneidung als Zeichen kultischer Zugehörigkeit zum Volke Gottes einführen (5, 2 f). Wahrscheinlich empfahlen sie auch den Sabbath und andere gesetzliche Feiertage (4, 10) und führten die mosaischen Speisegebote ein (vgl. 2, 12 ff). Erst wenn die Galater so das Gesetz hielten, hätten sie das Anrecht auf die Gabe des Heiligen Geistes (siehe unten die Auslegung von Kap. 3).

Es kann sein, daß diese Fremden sich auf die Urgemeinde Jerusalem beriefen (4, 26) und auch auf die Autorität des Herrenbruders Jakobus (2, 9). Paulus hat im Brief diese beiden Vorwände als unberechtigt erledigt. Die Stellung dieser Irrlehrer zu Paulus wird beim Lesen des Briefes deutlich werden. Hier soviel, daß sie offenbar Paulus die volle apostolische Vollmacht bestritten und ihn gegenüber den Uraposteln, den Säulen (2, 9), zurückstellten.

Offenbar fanden diese Verkünder in Galatien offene Ohren. Jung erweckte Christen verfügen noch nicht über genügende Kritik und sind hellhörig, wenn ihnen noch Besseres angeboten wird. Keiner will etwas Halbes sein. Je und je haben Schwärmer und Irrlehrer die Gläubigen zu verwirren gesucht, indem sie verkündeten: Bei uns ist erst die volle Wahrheit, die ganze Entschiedenheit! Es ist zwar kein schlechtes Zeichen, wenn Christen sich ihrer Halbheit schämen und das Vollkommene suchen. Wie leicht aber gerade solche auf Irrwege kommen, zeigt uns dieser Brief.

Aus der Bruderliebe wurde gegenseitiger Streit (5, 15). Wie stets dort, wo das Gesetz herrscht und nicht das Evangelium. Einer fing an, den andern zu kritisieren. Jeder wollte recht haben. Aus dem Frieden wurde ängstliche Unruhe, aus der Gewißheit der Versöhnung wurde Furcht.

Paulus hat diese Verkündigung nicht als bloßen „Schönheitsfehler" angesehen, der weitherzig getragen werden könnte. Mit einer erstaunlichen Schärfe arbeitet er im Brief das Entweder-Oder heraus: Entweder Gesetz oder Glaube! Die fremden Boten werden unter das Anathema gestellt (1, 8 f). Wer ihnen folgt, versucht durch Werke des Gesetzes das Geschenk des Geistes fortzusetzen (3, 2). Damit ist ihr Leidensweg sinnlos geworden (3, 4). Dann wäre auch die Arbeit des Apostels umsonst gewesen (4, 11). Ja, wer jenen folgt, hat Christus verloren (5, 4).

Eindeutiger kann es nicht gesagt werden. Der Leser muß erschrecken über diese Konsequenz. Hier ist jeder vor die Existenzfrage gestellt und muß Antwort geben.

Es ist nur gut, wenn a u c h  h e u t e den Lesenden tausend Fragen kommen: Ja, wie denn? Ohne Gesetz? Aber die Zehn Gebote? Sie gehören doch dazu? Was heißt denn nun Glauben? Ist das nicht alles allzu einfach? Wo bleibt denn die Heiligung, wenn alles nur bei der Rechtfertigung bleibt? Bin ich denn nicht mit meinem Gehorsam gefordert? Landen wir etwa bei einer toten „Orthodoxie", einer formalen Rechtgläubigkeit? Alle diese im Laufe der Kirchengeschichte sehr aktuell gewordenen Fragen werden hier angeschnitten. Es ist nicht nur der Judaist oder Sabbatarier vor die Schranken gerufen, sondern gerade auch der „normale" Christ von heute. Nicht nur der römische Katholik, sondern auch der Evangelische, der Orthodoxe wie der Pietist, der Kirchliche wie der Gemeinschaftsmann!

Das Messer ist haarscharf, das der Apostel hier benutzt. Wie wichtig ihm die Erörterung und Auseinandersetzung ist, zeigen schon die ersten Kapitel, in denen er seine eigene Führung als Beweis seiner Vollmacht und als Grundlage seiner Verkündigung ins Feld führt. Paulus steht und fällt mit seinem Galaterbrief. Er läßt kein anderes Evangelium gelten, kein anderes Christentum als das ihm anvertraute. Darum ist der Brief zu allen Zeiten aktuell.

In der G e s c h i c h t e   d e r   K i r c h e spielt er daher eine nicht geringe Rolle. Schon Augustin hat einen bemerkenswerten Kommentar zum Galaterbrief geschrieben, der später für Luther von großer Bedeutung wurde. Weniger der Kommentar seines Zeitgenossen Hieronymus. Aber der Einfluß Augustins wurde im Mittelalter in der Kirche gründlich zurückgedrängt. Erst Luther hat auch diesen Teil der urchristlichen Botschaft neu entdeckt und auf den Leuchter gestellt. Er sagte einmal: „Die Epistel an die Galater ist m e i n e   E p i s t e l , mit der ich mich verlobte. Sie ist meine Käte von Boren." Er meinte: zu diesem Brief habe ich ein so einzigartiges Verhältnis wie zu der mir angetrauten Frau. Über keinen Teil der Bibel hat Luther so viel gearbeitet, zumindest keinen neutestamentlichen Brief so oft vorgetragen und gelehrt. Im Winter 1516/17 — also in jenem Winter, der dem Anschlag der Thesen im Herbste 1517 voranging — legte er seinen Studenten in Wittenberg als junger Professor den Galaterbrief aus. Wir besitzen noch eine Nachschrift eines Studenten, der in seinem Colleg gesessen hat und fleißig die Diktate seines Professors zu Papier brachte. Wenige Jahre später (1519) veröffentlicht Luther einen lateinischen Kommentar zum Galaterbrief, der später ins Deutsche übersetzt wurde. Im Jahre 1531 liest Luther wieder über den gleichen Brief. Seine Erklärungen wurden von seinem Mitarbeiter Röhrer herausgegeben, von Luther korrigiert und gleichfalls hernach ins Deutsche übersetzt. Das alles zeigt, wie grundlegend dieser Brief für die Reformation und ihre Verkündigung wurde.

Die Rechtfertigung durch den Glauben an Jesus widerspricht so sehr dem Gedanken des natürlichen Menschen, daß er die Botschaft von der puren Gnade Gottes immer wieder abzuschwächen versuchen wird. Etwa mit den auch heute üblichen Worten: „Ich muß doch selbst auch etwas tun!" Oder: „Gott wird doch wenigstens meine gute Absicht anerkennen!" Mit solchen Plattheiten wehrt sich der Alltagsmensch gegen die Gnadenbotschaft. Denn in der Botschaft von der Rechtfertigung aus Gnaden allein steckt auch das Gerichtswort über die Grundverdorbenheit des Menschen. Sind wir fähig, diese Botschaft zu hören und zu ertragen?

Die Botschaft, die Paulus bringt, ist von erschütterndem Ernst. Wie sollten wir nicht versuchen, uns dieser Wahrheit zu entziehen! Deshalb werden gerade wir, die wir in frommen oder kirchlichen Kreisen leben und so leicht auf unsere religiöse Leistung uns etwas zugute halten, die Botschaft des Galaterbriefes uns mit großem Ernst aneignen müssen, damit wir ja nicht unsere fromme Moral oder unsere sogenannte „Reichgottesarbeit" in die Waagschale werfen. Wie oft wird in kirchlichen Statistiken mit großen Zahlen der Liebeswerke, der hohen Kollekten oder des

Abendmahlsbesuches gedacht. Wie spricht man heute von dem Christentum der Tat und vom Öffentlichkeitswillen der Kirche. Diese sucht sich durch „kirchliche Ordnungen" zu sichern oder durch weltweite Organisationen zu stärken. All das kann uns zur großen Gefahr werden. Wir verbergen uns hinter all die großen Worte und Zahlen aus lauter Angst, daß wir mit dem Wort des Apostels an die Galater Ernst machen müßten.

## GEDANKENGANG UND GLIEDERUNG DES GALATERBRIEFES

Ehe wir im einzelnen den Text erklären, gilt es, den Gedankengang des Briefes zu erkennen und seinen Aufbau zu sehen. Es empfiehlt sich, vor dem Gebrauch der ausführlichen Erklärung nach diesem Plan den Galaterbrief in der Bibel aufmerksam durchzulesen.

I. Anschrift und Grußwort, Galater 1, 1—5

II. Die Vollmacht des Apostel Paulus und seine Botschaft (historisch), Galater 1, 6—2, 21
   1. Wie Paulus die Lage der Galater ansieht, Galater 1, 6—10
   2. Seine Berufung und Beauftragung, Galater 1, 11—17
   3. Seine ersten Beziehungen zur Urgemeinde in Jerusalem, Galater 1, 18—24
   4. Die Bestätigung seiner Verkündigung beim „Apostelkonzil", Galater 2, 1—10
   5. Das Gespräch mit Petrus in Antiochien, Galater 2, 11—21

III. Die Aufgabe und Schranke des Gesetzes (dogmatisch), Galater 3, 1—4, 31
   1. Die Verblendung der Galater, Galater 3, 1—5
   2. Abrahams Segen gehört dem Glauben, Galater 3, 6—14
   3. Nur Christus erfüllt die Verheißung des Geistes, Galater 3, 15—29
   4. Unmündig oder mündig? Galater 4, 1—7
   5. Ein apostolisches Mahnwort, Galater 4, 8—20
   6. Das Gleichnis von den zwei Testamenten, Galater 4, 21—31

IV. Die praktischen Folgen für das Glaubensleben (ethisch), Galater 5, 1—6, 10
   1. Es geht um eine klare Entscheidung, Galater 5, 1—12
   2. Der Wandel im Geist, Galater 5, 13—25
   3. Ratschläge und Warnungen, Galater 5, 26—6, 10

V. Das Schlußwort, Galater 6, 11—18

# I. DIE ANSCHRIFT UND DAS GRUSSWORT
## Galater 1, 1—5

1 Paulus, ein Apostel, nicht von Menschen gesandt, auch nicht
durch einen Menschen, sondern durch Jesus Christus und Gott
2 den Vater, der ihn von den Toten erweckt hat, * und alle mit mir
3 befindlichen Brüder — an die Gemeinden Galatiens! * Gnade mit
Euch und Friede von Gott, unserem Vater, und dem Herrn Jesus
4 Christus, * der sich selbst für unsere Sünden gab, um uns aus dem
gegenwärtigen bösen Äon gemäß dem Willen Gottes und unseres
5 Vaters herauszuholen! * Ihm sei die Ehre für alle Äonen der
Äonen! Amen.

V e r s 1 . Wie es die praktische Art antiker Briefe war, stellt
Paulus seinen Namen als den des Absenders an die Spitze des
Briefes. So war es Brauch, damit ein jeder wußte, von wem er an-
geredet wurde.

Sein Name war ursprünglich Saulus. So hieß einst der König    Apg 7, 57
vom Stamme Benjamin, aus dessen Stamm auch der Vater des
Paulus seine Herkunft herleitete. In Erinnerung an den königlichen Benjaminiten mögen die Eltern einst stolz ihrem Sprößling    Phil 3, 5
den alten Königsnamen gegeben haben. Warum hat Paulus seinen
Namen geändert? Daß es gleich nach seiner Bekehrung tat, berichtet die Bibel nicht. Lukas nennt den neuen Namen zum erstenmal aus Anlaß des Besuches auf Cypern. Hier hatte sich der höchste    Apg 13, 9
römische Beamte der Insel, Sergius Paulus, dem Wort Jesu geöffnet. Das war ein Wunder Gottes. Mag sein, daß Paulus für die
Reise durch die griechischen Gebiete ohnehin einen zweiten Namen
in Aussicht genommen hatte, der den griechisch Sprechenden leichter verständlich war. Das gleiche taten viele Juden in jener Zeit.    Kol 4, 11
(Z. B. Jesus genannt Justus, Kol 4, 11.) Bei der Wahl des Namens
mag neben dem Gleichklang auch die lateinische Bedeutung von
„paulus" = der Geringe, der Kleine, wichtig gewesen sein. (Vgl.
2 Ko 7, 6, vielleicht ein Wortspiel!) Es war ein Wunderwerk Christi
gewesen: Aus dem „königlichen" Saul, dessen Namensvetter ein
Kopf länger war als die übrigen, war der gedemütigte „Kleine", 
nämlich Paulus geworden.    1 Sam 10, 23

„Ein Apostel" nennt sich Paulus. Er weiß: Er ist nicht der einzige Apostel Jesu. Neben ihm stehen noch andere. Aber indem er    Rö 16, 7
bescheiden sagt: Ich bin nur einer von vielen, — bekennt er sich
doch gleichzeitig kräftig zu dem ihm gewordenen Auftrag. Der

Apostel ist ein Bote, ein Abgesandter. Damit ist sein Auftrag beschränkt. Wie der Gesandte eines Staates keine eigene Politik
machen darf, sondern in voller Abhängigkeit steht von der Regierung, die ihn beauftragte, so ist auch ein Apostel nicht der eigenen
Willkür und Meinung überlassen. Nur ein Gesandter ist Paulus.
Aber eben doch ein Gesandter. Freilich besonderer Art. Er ist
„nicht von Menschen" abgesandt. Damit wendet er sich offenbar
gegen die Angriffe jener falschen Abgesandten, die seine apostolische Vollmacht angezweifelt haben. Sie werden gesagt haben:

Apg 13, 1—4     Paulus ist nicht wie die Urapostel ein Bote Jesu selber, sondern nur
ein Gemeindebote der Gemeinde zu Antiochien. Vielleicht haben
sie sogar Barnabas als den Verantwortlichen bezeichnet, weil dieser
allerdings das menschliche Werkzeug in Gottes Hand gewesen war,

Apg 9, 27       der den Saulus bei den Aposteln in Jerusalem einführte und ihn
Apg 11, 25 f    auch später in die Arbeit nach Antiochien holte. Daher betont
Paulus hier ausdrücklich: „Auch nicht durch einen Menschen",
etwa Barnabas! Denn seine Sendung bekam Paulus wie alle Apostel
vom Herrn selbst in jenen Stunden von Damaskus. Er weiß sich
gesandt „durch Jesus Christus", der ihn persönlich gerufen, bekehrt,
bevollmächtigt und beauftragt hat. Und wer etwa einwerfen wollte:
Damals war Jesus schon tot! — dem antwortet Paulus: „durch Gott
den Vater". Einen Gegensatz zwischen Vater und Sohn kennt
Paulus nicht. Er sieht den Einen mit dem Andern. Denn „Gott hat
ihn aus den Toten erweckt". Damit betont Paulus, daß ihm der

Apg 9, 4—6      Auferstandene selbst begegnete und ihn zum Apostel machte. Die
Auferstehung Jesu gleicht einer Überschrift über den ganzen Brief,
Mt 16, 6        in dem er gegen den alten Sauerteig der Pharisäer Stellung nimmt.
Auferstanden ist Jesus! Die Botschaft der Auferstehung Jesu setzt
alles, was Menschen an Leistungen vorweisen wollen, weit in den
Schatten.

   V e r s  2 . Gegenüber allen Isolierungsversuchen seiner Gegner,
die ihn für einen Irrlehrer oder Einspänner erklären, stellt Paulus
fest, daß er nicht als Privatperson dieses Schreiben verfaßt. Hinter
ihm stehen „alle Brüder, die sich bei mir befinden". So einsam der
Weg seiner Bekehrung und Berufung war, so eng die Pforte, durch
die er in tiefer Einsamkeit hindurch mußte, — so wenig steht er
jetzt allein da. Er bringt keine „paulinische Theologie". Er schreibt
nicht die Ansichten eines Frommen. Er steht vielmehr in der Gemeinde der Brüder, der Gemeinschaft der Bekenner Jesu Christi.

   Der Brief richtet sich „an die Gemeinden Galatiens" (über die
Empfänger s. die Einleitung!). Es handelt sich also um ein Rund-
schreiben, das an eine Anzahl von Gemeinden geht, die in ihrer
Gesamtheit angeredet werden. Sie sind durch die Wirksamkeit des

Paulus entstanden, und sie sind alle unter den Einfluß von Irrlehrern gekommen. Darum brauchen sie die Hilfe, die Paulus ihnen
in seinem Brief zuteil werden lassen will.

V e r s 3 . Auch das entspricht der antiken Briefsitte, daß zwischen
Anschrift und Inhalt des Briefes ein Grußwort gesetzt wird. Israel
grüßte mit dem Friedensgruß: „schalòm alèchem". Auch heute
grüßt der Orientale mit seinem „salaam"! Die Griechen dagegen
grüßten mit: „Freut euch"! Aus dem griechischen Wort „chairete"     Jak 1, 1
bildete Paulus durch Umstellung des einen Buchstaben i das Wort
„charis" = Gnade. Nun grüßt er in doppelter Weise. Der hebräische Friedensgruß wird bei ihm eingeleitet mit dem Gnadengruß.
Das hat einen tiefen Sinn. Nach Frieden sehnt sich alle Welt. Den
Frieden wollen alle genießen. Aber wie rar ist der Friede unter
den friedelosen Menschen! Paulus zeigt in der Gnade die Vorbedingung zum Frieden. Nur durch das Tor der Gnade gelangst du in
den Garten des Friedens. Wer die Gnade verachtet, wird auch
den Frieden nicht finden. Darum: **„Gnade mit euch und"** — dann
erst! — **„Friede von Gott unserem Vater und dem Herrn Jesus
Christus"!** Hier nennt der Apostel den Vater vor dem Sohn. Der
Vater und Schöpfer ist die Quelle alles Lebens und alles Friedens.
Aber er ist uns Vater durch den Sohn, der uns den Frieden ver-     Jo 1, 12
mittelt.

V e r s 4. Denn dieser **„gab sich selbst für unsere Sünden"** und
beseitigte damit das Hindernis unserer Gotteskindschaft. Das „Für     Kol 2, 14
uns" ist das Kernstück der Christusbotschaft. Jesus kam nicht als
Philosoph oder Aufklärer, auch nicht als Gesetzes- und Moral-
prediger, sondern als Erfüller der alten Verheißung: „Er ist um
unserer Missetat willen verwundet und um unserer Sünde willen
zerschlagen, die Strafe liegt auf ihm, auf daß wir Frieden hätten;
und durch seine Wunden sind wir geheilt." So Großes ist geschehen:     Jes 53, 2—12
Christus gab sich für uns! Wollt ihr diesem Reichtum die schäbigen
Kupferstücke eurer Gesetzeswerke beifügen?

Mit seinem Opfergang hatte Jesus ein Ziel: **„Uns aus dem gegenwärtigen bösen Äon herauszuholen."** Es geht um eine Befreiung
aus Gefangenschaft. Wir werden aus den Verschlingungen und
Verhaftungen des jetzigen Äons befreit. Das Wort Äon ist nicht     Mk 10, 30
leicht zu übersetzen (Luther: „Welt", Schlatter: „Zeit"). In der     Lk 16, 8
Bibel wird Äon zur Bezeichnung zweier Begriffe gebraucht, die     Lk 20, 34 ff
scheinbar in tiefem Gegensatz stehen: Die Ewigkeit Gottes und     Mt 12, 32 u. a.
ein Abschnitt der Zeit.[1] Hier heißt es: die dem Fürsten dieser Welt
zum Gericht übergebene Weltzeit. Diese Weltzeit ist begrenzt durch

[1] Siehe Ki—ThW. I, S. 202.

Hbr 6, 5

1 Ko 15, 20
Rö 12, 2
2 Ko 4, 4 u. a.

das kommende Reich Gottes. Der bösen Weltzeit folgt der Äon Christi. Die Glaubenden haben die Kräfte dieser zukünftigen Weltzeit Christi schon gekostet. Denn mit der Auferstehung Jesu Christi hat sie schon im Verborgenen begonnen. Im Anschluß an Christus sind die Galater aus den Schlingen dieser vom Bösen beherrschten Weltzeit befreit. Sie sind schon Bürger des kommenden Äons Christi, in dem er sichtbar herrschen wird.

Das alles tat Jesus im Auftrag und „nach dem Willen Gottes und unseres Vaters". Im Gehorsam Jesu sieht Paulus die volle Einheit von Vater und Sohn, von Gott und Christus.

V e r s 5. Mit einer Doxologie, d. h. einer Lobpreisung Gottes endet Paulus dieses ausführliche Grußwort: „Ihm sei die Ehre für alle Äonen der Äonen." Solche Lobpreisungen lernte Paulus schon als Knabe in der Synagoge. Wir lesen daher solche Gebetsausrufe öfter in seinen Briefen. Schon in diesem bösen Äon, erst recht im Äon der Christusherrschaft auf Erden und in allen weiteren Äonen, die Gott weit über das Maß menschlichen Blickvermögens hinausführen wird, ist er zu ehren und zu preisen.

Rö 11, 36; 16,
25—27
1 Tim 1, 17;
6, 16 u. a.

Der Apostel hat sich vor dem Beginn des eigentlichen Schreibens an die Galater in Gebet und Anbetung gesammelt. Er zeigt, wie ihm jedes Werk ein Teil seines Gottesdienstes ist. —

Übersehen wir diese 5 kurzen Verse, die die Anschrift und das Grußwort umfassen, so müssen wir staunen über die Fülle, die der Apostel in die wenigen Sätze legt. Sie enthalten fast einen ganzen Katechismus des Glaubens an Jesus, den Christus. Sünde und Welt, Kreuz und Auferstehung, Hingabe und Erlösung, Beruf und Apostolat, Gnade und Friede, — das ganze Heil Gottes in Christus zeichnet uns der Schreibende in wenigen Strichen vor unsere Augen. Die galatischen Leser werden gleich in diesem kurzen Vorspruch an die Fülle des Heils erinnert.

## II. DIE VOLLMACHT DES APOSTELS PAULUS UND SEINE BOTSCHAFT

(Der historische Teil des Briefes)

Galater 1, 6—2, 21

### 1. WIE PAULUS DIE LAGE DER GALATER ANSIEHT
Galater 1, 6—10

6 Ich staune, daß ihr so schnell von Christus, der euch durch die
Gnade gerufen hat, zu einem andern Evangelium abgewendet
7 wurdet, * obwohl es kein anderes gibt! Wohl aber gibt es gewisse Leute, die euch verwirren und das Evangelium des Chri-
8 stus verdrehen wollen. * Aber selbst wenn wir oder ein Engel
aus dem Himmel euch ein anderes Evangelium verkündeten, als
9 wir euch verkündet haben, — der sei Anathema. * Wie wir gesagt haben, so sage ich auch jetzt wieder: Wenn irgend jemand
euch das Evangelium anders verkündet, als ihr es empfangen
10 habt, — der sei Anathema! * Suche ich jetzt die Menschen ‚zu
überreden' oder Gott? Oder suche ich Menschen zu Gefallen zu
handeln? Wenn ich Menschen zu gefallen suchte, wäre ich nicht
ein Knecht Christi.

Wer die Briefe des Apostels Paulus aufmerksam liest, dem ist es
bekannt, daß er zu Anfang seiner Schreiben stets zuerst die Tat
Gottes rühmt und die Aufmerksamkeit der Leser auf das Handeln
Gottes lenkt. Man könnte solch einen ersten Teil den „dogmatischen" nennen. Nur denke man dabei nicht an abstrakte Lehren
oder katechismusartigen Unterricht. Für Paulus ist Gottes Handeln
der große Hintergrund aller Geschichte. Es geht ihm immer um ein
Geschehen von Ewigkeitswert und Ewigkeitskraft. Erst in einem
zweiten Teil der Briefe folgert er aus dem Handeln Gottes die
Haltung und den Wandel seiner Glaubenden. Das wäre dann der
„ethische" Teil, der aber gleichfalls fern von allen lehrenden Theo-
rien bleibt. Es geht vielmehr um die praktischen Folgerungen in
der ganz konkreten Lage der Leser. Am deutlichsten ist diese Zwei-
teilung im Epheser- oder Kolosserbrief zu erkennen: Eph. 1—3
„dogmatisch", 4—6 „ethisch". Kol 1—2 „dogmatisch", 3—4
„ethisch". Auch im Römerbrief und Philipperbrief ist der Aufbau
des Gedankenganges ähnlich.
Wie steht es nun mit dem Galaterbrief? Auch in ihm haben wir

in Kapitel 3 und 4 einen „dogmatischen" Teil, in dem das Heils-
handeln Gottes in der Geschichte des Alten und Neuen Bundes —
unterbrochen von mancherlei Mahnungen — bezeugt wird. Kapitel
5 und 6 dagegen ziehen die „ethischen" Folgerungen aus jener
kraftvollen Verkündigung.

Der Galaterbrief bringt uns aber in Kapitel 1 und 2 noch einen
„historischen" Teil, zu dem sich Paulus genötigt sieht, weil er mit
Schmerz erkennt, daß sein Einfluß in Galatien im Schwinden ist.
Seine apostolische Autorität ist in Frage gestellt, und es ist umstritten,
daß er wie die andern Apostel in der Vollmacht Jesu Christi reden
und zeugen könne. Deshalb muß Paulus nicht nur „ein Wort zur
Lage" in den Gemeinden Galatiens schreiben, sondern auch den
geschichtlichen Beweis erbringen, daß er der von Jesus gerufene
und bevollmächtigte Bote und als solcher in der Gemeinde Jesu
anerkannt ist.

Somit haben wir im Galaterbrief drei Hauptteile: einen „geschichtlichen" 1, 6—2, 21; einen „dogmatischen" 3, 1—4, 31; und
einen „ethischen" 5, 1—6, 10 (um der besseren Einprägsamkeit
willen halten wir die gewohnten Kapitelgrenzen ein, obwohl die
genaue Grenzziehung auch ein wenig anders gemacht werden
könnte).

Rö 1, 8 ff
1 Ko 1, 4 ff
2 Ko 1, 3 ff
Eph 1, 3 ff
Phil 1, 3 ff
Kol 1, 3 ff
1 Th 1, 2 ff
2 Th 1, 3 ff

V e r s 6 . Den Leser des Galaterbriefes überrascht es, daß Paulus
im Galaterbrief von seiner Gepflogenheit abwich, einen Gemeinde-
brief mit einem Dank für Gottes Segen und Lobpreis seiner Gabe
zu beginnen. Wohl hat er eben im Grußwort seinen Herrn gepriesen und angebetet. Dazu hat er allezeit reichlich Anlaß. Aber
im Blick auf den Zustand der Gemeinden in Galatien kann Paulus
nicht danken. Er gibt gleich seiner schweren Sorge mit ernsten
Worten Raum. Er schreibt: **„Ich staune."** Was in Galatien geschah,
entspricht nimmermehr seinen Erwartungen. Er ist über die Wandlung überrascht, die dort seit seinem letzten Besuch vor sich ging.
**„Christus hat euch durch die Gnade gerufen"**, — das weiß er gewiß. Er war ja Werkzeug und Zeuge dieses Gnadenrufes Christi an
die Juden und Heiden Galatiens. Dadurch war bei ihnen eine tief-
gehende Veränderung, eine Erweckungsbewegung entstanden. Man
sollte erwarten, daß sie in der Freude und im Dank erfahrener
Gnade bleiben und wachsen. Aber das Gegenteil ist der Fall. Sie
ließen sich **„so schnell"** von ihrem Herrn und Heiland **„zu einem
andern Evangelium wenden"**. Vielleicht hätte Paulus in seinen Gemeinden solche Gefahren im Laufe der Jahre bei schweren Bewäh-
rungsproben erwartet, wenn nämlich die erste Liebe schon erkaltet war, oder wenn eine langjährige Gewöhnung oder gar eine
gewisse Verweltlichung eine solche Katastrophe vorbereitet hätte.

Dann wäre ihm das Abgleiten in Gesetzlichkeit weniger verwunderlich gewesen. Aber in den jungen Gemeinden Galatiens kommt diese Krise unerwartet schnell. Sie wurden schon so bald „weggebracht" (Schlatter) „von Christus". Das ist das Furchtbarste, was einem Christen passieren kann. Und wohin ließen sie sich verlocken oder verführen? „zu einem andern Evangelium". Ja, eine Frohbotschaft sollte es schon sein, zu der einer sich verführen ließe, nachdem er durch eine Frohbotschaft gerettet und selbst froh geworden war. Es klingt wie eine beißende Ironie. Denn die Galater wissen sehr wohl, wie froh sie durch ihren Glauben an Jesus geworden waren. Jetzt aber sind sie in bitterem Streit untereinander geraten, der stets dort entsteht, wo das Evangelium gegen das Gesetz eingetauscht wurde. In welch ein Evangelium können sie sich schon verirrt haben, nachdem sie das einzig wahre Evangelium Christi verließen?

*Kap. 4, 15*

*Kap. 5, 15*

V e r s 7 . Denn **„es gibt kein anderes"** Evangelium! Es ist lauter Lüge, wenn man euch Besseres verspricht, als ihr durch meine Predigt empfangen habt! Hört ihr wohl: Ihr seid betrogene Leute! Es gibt keine andere Heilsbotschaft, die euch retten könnte, **„wohl aber gibt es gewisse Leute, die euch verwirren und die das Evangelium des Christus verdrehen wollen".**

Gewiß, den Namen Jesu Christi nehmen sie auch in den Mund, vom Evangelium reden sie auch. Aber statt jener Ruhe, in die Jesus seine Jünger führt, bringen sie Unruhe, Verwirrung und ein friedloses Durcheinander. Das kommt daher, daß sie das Evangelium **„umdrehen"**, fast könnte man sagen: auf den Kopf stellen. Das wahre Evangelium lautet: „Komm, wie du bist! Gott wird dich ändern!" Sie aber sagen: „Streng dich an, dann wird Gott dir gnädig sein!" Das Evangelium Christi sagt: „Christus allein!" Sie aber sagen: „Christus genügt nicht!" Die rechte Heilsbotschaft sagt: „Glaube an den Herrn Jesus Christus, so wirst du selig"; jene aber sagen: „Du mußt dich der Synagoge und ihren Vorschriften anschließen, dann erst hast du die Aussicht auf den Segen Abrahams!" — Welch eine fürchterliche Verdrehung der ewigen Wahrheit Gottes!

*Mt 11, 29*

*Apg 16, 31*

Wir wissen aus der Kirchengeschichte, daß diese Verfälschung des Evangeliums die chronische Krankheit eines sog. Christentums ist. Dieser Ansteckungsstoff umschwebt uns förmlich. Auf der einen Seite stellt man die Wunder Jesu neben ihn und erfindet Dogma auf Dogma, so daß Jesus bald von lauter Heiligen und Heiligtümern fast zugedeckt wird. Diese Gefahr sehen wir in der Römisch-Katholischen Kirche. Der protestantische Bürger aber sagt: „Ich muß doch auch etwas tun" und erhofft für seine bürgerliche Anständigkeit einen himmlischen Lohn. „Gott wird doch meine Gesinnung anerkennen", behauptet der Idealist und glaubt nun an seine eigene Gesinnung statt an Jesu Gnade. Fromme Formen und Traditionen, konfessionelle Sonderbekenntnisse oder rigoristischer Ernst im Kampf gegen „weltliche" Verführungen, — ach, es gibt nichts, was nicht benutzt wird, um das Vertrauen auf Jesus und auf Jesus allein zu lähmen durch ein gleichzeitiges Vertrauen auf die eigene Tat oder die eigene Eigenschaft.

Solches nennt Paulus ein Verdrehen des Evangeliums. Das Evangelium wird auf den Kopf gestellt. Jesus begnadigt nur Sünder. Wir aber wollen als Tugendbolde mit dem Himmel belohnt werden. Jeder Mensch ist von Natur ein Pharisäer. Und darum geht ihm die Lohnmoral besser ein als die Botschaft von der Gnade Gottes für alle Gefallenen.

V e r s 8 . Paulus setzt nicht seine Person als letzte Autorität ein. Wenn auch das Unmögliche eintreten sollte und er „selbst ein anderes Evangelium" verkündete, so wäre er bereit, sich bannen zu lassen. Ja, selbst „ein Engel aus dem Himmel" dürfte sie nicht verführen. Es könnte ja nur der altböse Feind sein, der sich in einen Engel verkleidet hätte. Dieser allein wäre zu solch einem Verbrechen an der Wahrheit fähig.

2 Ko 11, 14

„Anathema" sagt Paulus über alle, die die Jesusbotschaft verfälschen. Dies Wort ist eine Übersetzung des Hebräischen „chérem" und bezeichnet ursprünglich eine Sache oder Person als hingegeben an Gott. So wurde die Opfergabe genannt. Im weiteren Sinne aber — und so ist es hier gemeint — bedeutet es die Auslieferung an den Zorn Gottes und an sein Gericht. Es geht also nicht nur um einen formalen Ausschluß aus der Gemeinde. Der Irrlehrer und falsche Verkünder wird nicht einem irdischen, wohl aber dem göttlichen Gericht überwiesen. Er mache es mit ihm nach seinem heiligen Willen. Luthers Übersetzung: „der sei verflucht" klingt für unser Ohr zu belastend, da wir unter Fluch weithin den sündigen Wunsch, daß Gott dem andern Böses antun möchte, verstehen. Davon kann hier keine Rede sein. Gott tut nicht Böses, auch wenn er im Zorn uns richtet. Böse wäre es, wenn die Wahrheit in Lüge verkehrt würde, und böse ist es für den Träger solch einer Lügenbotschaft. Wenn Gott aber in seinem Zorn uns von der Lüge trennt, so ist das bei allem bittern Schmerz dennoch eine Wohltat. Es wäre entsetzlich, wenn Gott der Sünde freien Lauf ließe und kein Gericht übte.

1 Ko 12, 3
16, 22

V e r s 9 . Dieses ernste Gerichtswort hat Paulus mit vollem Bedacht gesagt. Es ist ihm nicht nur in einem zornigen Augenblick in die Finger gefahren. Das dürfen wir ohnehin bei einem vom

Heiligen Geist getriebenen Schreiber eines apostolischen Briefes
nicht erwarten. Darum erinnert Paulus daran, daß er schon früher
diese Warnung ausgesprochen habe. Offenbar bei einem früheren
Besuch. Mag der Leser erschüttert werden². Paulus handelt hier
nach dem Auftrag Jesu, der seinen Jüngern nicht nur sagt: „Was
ihr auf Erden lösen werdet, soll auch im Himmel gelöst sein",     Mt 16, 19
sondern auch: „Was ihr auf Erden binden werdet, soll auch im     18, 18
Himmel gebunden sein."     Jo 20, 23

Erstaunlich ist die hohe Gewißheit, mit der Paulus seine Botschaft ausrichtet. Weil er nicht seine persönlichen religiösen Mei-
nungen und theologischen Ansichten predigte, sondern die ihm vom
Herrn selbst anvertraute Botschaft, darum ging er auf keinerlei
Diskussionen mit seinen Gegnern ein. „Was wir euch verkündet     1 Th 2, 13
haben", „was ihr empfangen habt", das ist Gottes Wort und Gottes
Botschaft. Nur darum können wir dieser Botschaft trauen, nur
darum unser Leben auf sie stützen, unsere Hoffnung darauf richten, den Frieden unseres Herzens darauf gründen. Niemand und
nichts darf uns daran irre machen³.

Da Paulus seine Gegner nicht mit Namen nennt, hält er ihnen
damit die Tür zur Umkehr offen. Aber sie sind nun ernstlich gewarnt. Auch diejenigen, die sich verführen ließen. Weicht er auch
nicht einem Engelsmund —, wie sollte er einer menschlichen Autorität weichen!⁴

V e r s 1 0 . Die Gegner des Paulus haben offenbar ihre Angriffe
auf ihn mit der Bemerkung gewürzt, er verstehe die Menschen wohl
zu „überreden" und ihnen nach dem Mund zu sprechen. Vielleicht
haben sie auch, wie so manch ein Gegner des reformatorischen
Evangeliums heute, gesagt: Er macht es den Menschen ja leicht mit
seinem „Bloß glauben sollst du!" Er redet so, um die Zustimmung
der Menschen zu gewinnen. Ja, er „fährt schön mit den Leuten", —
das hatten ihm auch die Gegner in Korinth vorgeworfen.     2 Ko 5, 11

Paulus dagegen weiß, daß er nur Gottes Zustimmung sucht und
seiner Wahrheit dienen möchte. Nach dem scharfen Bannwort gegen
die Verfälscher der Christusbotschaft wird ihm wohl keiner mehr
den Vorwurf der Leisetreterei machen. Er steht immer vor der
Wahl: Entweder den Menschen gefallen zu wollen oder Christus.
Aber längst hat er die Lebensentscheidung getroffen. Er kann

---

² „Die Wahrheit der Gnade macht, daß man sie nicht ungestraft anfaßt und verstößt" (Ad.
Schlatter).

³ „Gottes Wort ist nicht dem Belieben der Menschen preisgegeben. Es steht über ihm und ist
ihm zum Regenten gesetzt" (Ad. Schlatter).

⁴ „Nichts im Himmel und auf Erden darf uns bewegen, wieder fahren zu lassen, was uns von
Gott her gegeben war" (Ad. Schlatter).

Mt 6, 24    nicht zwei Herren dienen: Christus und der Gunst der Menschen.
Jos 24, 15  Richtete er sich nach den Menschen, um der Menschen Beifall zu
            finden, so hätte er Christi Dienst quittiert.[5]
            Nun ist seine Stellung präzisiert. Nun erkennen seine Leser, wie
            Paulus jenen Verwirrern der Gemeinde und ihrer Gefolgschaft
            gegenübersteht. Nun ist es deutlich gezeigt, wie ernst auch ihre
            Lage ist. Paulus hat ihnen das Lebenswort Christi gebracht. Er hat
            nichts abgemarktet. Er hat die Tür zum Leben weder enger noch
            weiter gemacht, als sie ist. Weil er Christi Knecht ist, darum dürfen
            sie seiner Botschaft trauen. Sein Bekenntnis: „An Christus allein bin
            ich gebunden" muß ihnen genügen.[6] — Dieses Bekenntnis gibt
            ihm die Autorität eines Apostels.
            Aber ist das alles nicht nur eine bloße Behauptung? Um diesen
            Vorwurf zu entkräften, unternimmt es Paulus, weit ausholend, in
            vier Abschnitten seine apostolische Vollmacht geschichtlich zu be-
            weisen. Er erzählt seine Berufung und Beauftragung (1, 11—17).
            Er berichtet dann von seinen ersten Beziehungen zur Urgemeinde
            in Jerusalem (1, 18—24). Er erzählt von der Bestätigung seiner
            Verkündigung auf dem sog. Apostelkonzil (2, 1—10). Zum Schluß
            berichtet er über das klärende Gespräch mit Petrus anläßlich dessen
            Besuchs in Antiochien (2, 11—21).

### 2. SEINE BERUFUNG UND BEAUFTRAGUNG
Galater 1, 11—17

11  „Denn, Brüder, ich tue euch kund, daß das Evangelium, das von
12  mir verkündet wird, nicht menschlicher Art ist, * ich habe es
    nämlich weder von einem Menschen empfangen noch erlernt,
13  sondern durch eine Offenbarung Jesu Christi. * Ihr hörtet ja von
    meinem ehemaligen Verhalten im Judentum, daß ich die Ge-
14  meinde Gottes maßlos verfolgte und sie zerstörte. * Und im Ju-
    dentum stürmte ich vor über viele Altersgenossen in meinem
    Volk hinaus, da ich in besonderer Weise ein Eiferer für meine
15  väterlichen Überlieferungen war. * Als es dem aber wohlgefiel,
    der mich schon von Mutterleibe an ausgesondert und durch seine
16  Gnade gerufen hat, * seinen Sohn in mir zu offenbaren, daß ich
    ihn unter den Völkern als Frohbotschaft verkündigte, — da

---

[5] „Ein Knecht Christi kümmert sich um seinen Herrn und um nichts anderes in der Welt" (Ad.
Schlatter).
[6] „Mein Wort ist nicht mein, meine Kraft ist nicht mein, die Ziele meiner Arbeit sind nicht
mein, und ihr Ertrag ist nicht mein!" (Ad. Schlatter).

**17** habe ich mich sofort nicht mit Fleisch und Blut beraten, * ging auch nicht nach Jerusalem zu denen, die vor mir Apostel waren, sondern ging nach Arabien und kehrte wieder nach Damaskus zurück.

V e r s 1 1 . Seinen Lesern verwehrt der Apostel nicht den Brudernamen, den er hier mit vollem Bedacht wählt. Er wirbt um ihr Vertrauen. Es geht ja um echte Bruderschaft der Glaubenden. Diese entsteht durch die Frohbotschaft, die Paulus ihnen brachte. Das von Paulus „evangelisierte Evangelium" (so wörtlich!) hat weder Art noch Maß des Menschen. Es ist weder Menschenweisheit, noch durch Menschenunterricht zu Paulus gekommen. Darum kann es hier nicht um menschliche Autoritäten oder menschliche Rechthaberei gehen. Das erklärt die eindeutige Schärfe in der Sprache des Schreibenden.

V e r s 1 2 . Denn Paulus (er stellt das „ich" hier in ungewohnter Weise betont voran) erhielt die Botschaft ohne Menschenvermittlung, ist auch nicht Schüler anderer Apostel gewesen. Er empfing das Evangelium auf dem Weg „**der Offenbarung Jesu Christi**", d. h. unmittelbar durch den Auferstandenen. Offenbarung (wörtlich: Entschleierung) ist eine Mitteilung, die nicht das Resultat eigener Bemühung ist. Sie kommt unvermittelt. Sie war für Paulus ein Gnadengeschenk Jesu Christi selbst. Denn er machte sich dem Paulus sichtbar. Nun weiß dieser, daß Jesus der Lebendige, der Auferstandene, daß er wirklich der Christus, der Heiland der Menschen, ist. *(Vers 1)*

V e r s 1 3 . Dieses Wunder ist um so größer, als seine Gegnerschaft gegen die Gemeinde Jesu überall bekannt war. Ohne Maß war sein Zorn gegen die Bekenner und Anbeter des Gekreuzigten. Er suchte sie mit allen Mitteln zu vernichten. Um so deutlicher ist, daß seine Botschaft nicht etwa der Ertrag seines Suchens und Forschens oder ein Ergebnis seiner theologischen Denkarbeit war. *(Apg 8, 1—3 / Apg 9, 1—2 / Apg 22, 3—5)*

V e r s 1 4 . Ja, er war nicht von durchschnittlicher jüdischer Frömmigkeit, sondern übertraf in übersteigertem Fanatismus seine Altersgenossen. Besser als alle andern kennt er die Macht einer Gesetzesfrömmigkeit. Wenn diese konsequent sein will, kann sie sich nie genug tun und kommt darum nie zur Ruhe und zum Ziel. Ihm genügte nicht das mosaische Gesetz. Er hielt sich als Anhänger des Pharisäismus an die Aufsätze und „**Überlieferungen der Väter**", d. h. der Rabbiner und Schriftgelehrten. Seit der Zerstörung des ersten Tempels und der babylonischen Gefangenschaft hatten die Schriftgelehrten Einfluß auf das Volk gewonnen. Indem sie das mosaische Gesetz erklärten, erweiterten sie es durch viel *(Phil 3, 5 f)*

Mk 7, 3 ff

Phil 3, 6 ff
1 Tim 1, 13




Apg 22, 4



Apg 26, 10

1 Tim 1, 13





Apg 22, 3




Apg 26, 14

**Beigaben.** Aus diesen väterlichen Überlieferungen ist später der Talmud entstanden, das Buch der Synagoge, durch das das Alte Testament in den Hintergrund gedrängt wurde.

Immer wieder hat Paulus voll Schmerz an seine Verirrungen gedacht, die vor der Wende seines Lebens zu Christus lagen. Aus diesen wenigen Worten geht hervor, daß er es nicht vergessen konnte: Die Verwüstung der ersten Gemeinde in Jerusalem war sein Werk gewesen. In der Apostelgeschichte erzählt Lukas nur einige charakteristische Tatsachen, ohne eine vollständige Chronik der Ereignisse bringen zu wollen. Nicht nur der erste Märtyrer Stephanus mußte damals sein Leben lassen. Paulus selbst berichtet, er hätte Männer und Frauen ins Gefängnis werfen lassen. Neben der Schuldhaft gab es zu jener Zeit nur noch die Untersuchungshaft im Gefängnis. Für jene Gefangenen wird es also nur die Verleugnung und die Verfluchung Jesu oder den Tod gegeben haben. Auch vor Festus und Agrippa bekennt Paulus, er habe „viele Heilige", d. h. Gläubige, ins Gefängnis gebracht und das Todesurteil über sie verschuldet. Noch in seiner letzten Lebenszeit erwähnt er diese für ihn so dunkle Periode seiner Vergangenheit. Auch vor den Galatern verbirgt er nicht, wie seine Stellung vor der Hinkehr zu Jesus gewesen ist. Damals hätte niemand vermuten können, daß er noch ein Apostel Jesu werden könnte. Er ist durch ein Wunder der Gnade unmittelbar vom Herrn selber herumgeholt worden.

V e r s  1 5 . Es war Gottes Wille, ihm hat es gefallen, den Saulus von Tarsus zum Jünger Jesu zu machen. Anders kann Paulus das Rätsel seiner Bekehrung nicht erklären. Er erkennt jetzt rückblickend den Heilsplan Gottes in seinem Leben. Er mag an sein frommes Elternhaus gedacht haben, an seine frühe Kenntnis des alttestamentlichen Wortes, an den Zug zum Studium der Heiligen Schrift „zu Füßen Gamaliels" — oder überhaupt an all die verborgenen Züge der vorlaufenden Gnade, die auch in dem Sätzlein verborgen gewesen sein mögen, den der Auferstandene ihm vor Damaskus zurief: „Es wird dir schwer fallen, gegen den Stachel zu löcken." Dieser Stachel im Gewissen ist dem Apostel später ein dankenswertes Zeichen der vorbereitenden Gottesgnade gewesen.

Dieser Wille Gottes hat ihn wie einst den Propheten Jeremia, an den Paulus hier wohl denkt, schon vom ersten Atemzug an ausgesondert und vorherbestimmt. Er hatte seinen Plan mit dem Kindlein, das damals in Tarsus geboren wurde. Aber zur Entscheidung kam es erst, als Gottes Ruf ihn traf. Daß dieser Ruf ihn, den Ver-

folger rief, war unbegreifliche Gnade. Gericht und Zorn hätte er
verdient gehabt, aber in den Dienst Jesu wurde er gerufen.[7]
V e r s  1 6 . Der Ruf kam von außen — durch die Erscheinung
und die Anrede des Auferstandenen. Aber gleichzeitig schenkte
Gott einen inneren Vorgang: Er „**offenbarte seinen Sohn**" in Paulus.
Dieser Ausdruck ist von besonderer Wichtigkeit. Es ging nicht nur
um eine äußere Kenntnisnahme. Es ging auch nicht um einen Lehr-
satz, die Person Jesu betreffend. Es ging um eine innere Gewißheit,
die sich durch Gottes Geist als Offenbarung vollzieht. Offenbarung
heißt Enthüllung eines Geheimnisses. Dieses Geheimnis lautet:
Jesus von Nazareth ist der Sohn Gottes.[8] Diese Erkenntnis ging damals dem Paulus auf und lebt seither in ihm. Es war nicht nur ein
äußeres Sehen des Auferstandenen. Es kam eine innere Schau hinzu. Die Herrlichkeit Christi — eben als des Sohnes Gottes — war
nun stets vor seinem Auge.

Diese Erkenntnis konnte und durfte er nicht für sich behalten.
Wer der Empfänger der Gnade Gottes wird, wird dadurch stets
auch das Werkzeug der Gnade. Es war nicht ein geistlicher Privat-
besitz, der ihm nun zuteil wurde. Die Offenbarung Gottes an ihn
hatte ein weiteres Ziel. Sie war mit dem Auftrag verbunden, ihn,
Jesus, zu verkünden (wörtlich: „**ihn zu evangelisieren**"), also eine
Freudenbotschaft weiterzusagen, die Jesus zum Inhalt hat. Im besonderen ist ihm der Dienst aufgetragen, die Christusbotschaft
unter den Nationen zu verkünden. Das AT kennt den Gegensatz
zwischen Volk und Nationen, dem Volke Gottes und den „gojim",
Luther übersetzt: Heiden. Kaum war ihm die Erkenntnis und der
Auftrag zuteil, da war er auch gehorsam. Ganz und gleich wurde
er zum Apostel. Bei „**Fleisch und Blut**" holte er keinen Rat. Das
ist der Ausdruck für den Menschen in seiner Hinfälligkeit und Frag-
würdigkeit. Es liegt zwar keine Verachtung in diesem Ausdruck,
wohl aber eine Abwertung. Paulus wird im Brief noch mehrfach
davor warnen müssen, daß sich die Leser nichts auf ihr Fleisch
einbilden, oder mit dem Fleisch zu vollenden suchen, was der
Heilige Geist begann. Für die Gottestat, die ihm widerfuhr, braucht
Paulus keine Bestätigung von Menschenseite. Nicht einmal den
Unterricht und die Beratung durch jene Männer, die vor ihm zu
Aposteln Jesu geworden waren.[9]

1 Mo 6, 3
Mt 16, 17
1 Ko 15, 50
Ps 78, 39

Kap 3, 3

---

[7] „Nichts kann die Wurzel einer solchen Berufung sein, als die aus dem Erbarmen empor-
steigende und durch die Sünde durchbrechende göttliche Gnade" (Ad. Schlatter).
[8] „Was Jesus bei Gott und für Gott ist, darauf kommt es an" (Ad. Schlatter).
[9] „Gott hatte ihm gezeigt, daß Jesus der Christus ist, Gottes Sohn, gekreuzigt für uns und auferstanden für uns. Das jedermann zu bezeugen, bildete sein Amt, zu dem er keinen Menschen
nötig hatte" (Ad. Schlatter).

**Vers 17.** Sein Arbeitsfeld war daher nicht in Jerusalem, sondern zunächst in Damaskus, sodann in „**Arabien**". Mit diesem Namen bezeichnet das Neue Testament nicht nur die im Süden gelegene arabische Halbinsel, sondern auch das Gebiet jenseits des Jordans, das heute zum Königreich Jordanien gehört. Paulus ist also in der Nähe von Damaskus geblieben. Wie lange er dort war, sagt er uns nicht. Die Auslegung der Kirche hat vielfach angenommen, Paulus hätte nach seiner plötzlichen Bekehrung und im stürmischen Anfang in Damaskus einige Wochen stille Zeit in der Wüste Arabiens gesucht. Aber diese Auslegung legt in den Text etwas hinein, was nicht da steht. Paulus zeigt vielmehr, wie er dem Befehl zum Zeugnis unter den Heiden von Anfang an gehorchte. Er wird auch in Arabien nicht von Jesus dem Heiland aller Völker geschwiegen haben. Vielleicht hat dieser Aufenthalt 2 Jahre oder mehr gedauert. Von dort „**kehrt er wieder nach Damaskus zurück**". Erst eine einsetzende Verfolgung setzte hier seiner Tätigkeit ein Ende. Im Galaterbrief erwähnt Paulus diese Verfolgung nicht, weil er nicht eine heroische Geschichte seiner Taten schildert, sondern seine Führung durch den Herrn. Wie später auf seinen Missionsreisen hat er die Verdrängung aus Damaskus, auch wenn sie in für ihn demütigender Form geschah, als von Gott gesetzt verstanden.

2 Ko 11, 32 f
Apg 9, 24 f

### 3. DIE ERSTEN BEZIEHUNGEN ZUR URGEMEINDE IN JERUSALEM

Galater 1, 18—24

18 Danach, nach drei Jahren [oder: nach Beginn des dritten Jahres]
    ging ich nach Jerusalem hinauf, um Kephas kennenzulernen,
19 und blieb bei ihm fünfzehn Tage. * Jemand anderen aus der
    Zahl der Apostel sah ich nicht, außer Jakobus, den Bruder des
20 Herrn. * Was ich euch schreibe, siehe, es ist in Gottes Gegen-
21 wart, ich lüge nicht! * Danach ging ich in die Gegenden Syriens
22 und Ciliciens. * Ich blieb den Gemeinden in Christus in Judäa
23 äußerlich unbekannt. * Sie hörten nur, daß, der sie einst ver-
    folgte, nun den gleichen Glauben verkündet [evangelisiert], den
24 er einst verwüstete. * Und sie lobten Gott an mir.

**Vers 18.** „**Drei Jahre**" waren vergangen seit seiner Berufung vor Damaskus. Drei Jahre hatte Paulus schon als Zeuge des Auferstandenen gewirkt. Nun erst kam er zu einem kurzen Aufenthalt von zwei Wochen nach Jerusalem. Er hat für seine Arbeit weder die

Beglaubigung durch Petrus gesucht, noch eine Begegnung mit ihm
gescheut. Als ein unmittelbar von Jesus gerufener und eingesetzter
Apostel weiß er sich frei von menschlichen Autoritäten. Aber er
weiß sich auch verbunden mit der Urgemeinde durch die Liebe
Christi. Darum wollte er Kephas (die aramäische Form von Petrus)
nun als Bruder im Herrn kennenlernen.[10]                                     Jo 1, 42
    V e r s  1 9 . Warum er die andern Apostel nicht kennenlernte,
bleibt ungeklärt. Vielleicht waren sie auf Evangelisationswegen. Die
kurze Zeit von zwei Wochen konnte nicht ausreichen, um aus Paulus
einen Petrusschüler zu machen. Wir dürfen aber wohl annehmen,
daß Petrus ihm vieles aus den Reden und Taten Jesu erzählt haben
wird, was wir in den vier Evangelien zu lesen gewöhnt sind.
    „Jakobus, der Herrenbruder", wird hier zum erstenmal als füh-
rende Persönlichkeit in der Urgemeinde genannt. Wir wissen aus
den Evangelien, daß Jesus vier Brüder hatte (Jakobus, Joses oder       Jo 7, 3—5
Josef, Simon und Judas). Die Brüder gehörten zu „den Seinen", die
von ihm sagten, er sei von Sinnen. Offenbar wollten sie ihn —         Mt 13, 55
zusammen mit Maria, seiner Mutter — von seinem öffentlichen           (u. Par.)
                                                                       Mk 3, 21 u.
Wirken zurückhalten. Erst nach seiner Auferstehung, aber noch vor      3, 31 ff
dem Pfingstgeschehen — finden wir Maria und seine Brüder in
Gebetsgemeinschaft mit den elf Aposteln. Auffallend war es zudem,
daß der am Kreuze Hängende seine Mutter nicht seinen irdischen
Brüdern, sondern dem Jünger Johannes anbefahl. Damals mögen
diese noch im Widerspruch zu Jesus und seiner Sendung gestanden       Jo 19, 27
haben. Was hat die Wendung vom Unglauben der Brüder zum
Glauben an Jesus bewirkt? Paulus schreibt den Korinthern, daß         1 Ko 15, 7
Jesus nach seiner Auferstehung auch seinem Bruder Jakobus erschienen sei. Der Brief des Jakobus geht mit großer Wahrscheinlichkeit auf diesen ältesten Herrenbruder zurück. Dieses Sendschrei-
ben an Judenchristen in der Diaspora charakterisiert Jakobus als
einen im Worte Jesu lebenden Seelsorger, der keinen anderen Gottesdienst kennt, als den im Glaubensgehorsam und in der demüti-
genden Liebe. Einer der ältesten christlichen Schriftsteller, Hege-
sipp,[11] bezeichnet Jakobus als einen vorbildlichen Beter. Seine Ge-
setzestreue wurde auch von der Synagoge anerkannt. Dennoch ist
er nach dem Bericht des jüdischen Historikers Josephus im Jahre 62
als Märtyrer gestorben. Er sei von der Zinne des Tempels hinunter-
gestürzt worden und dann mit Knüppeln erschlagen worden. An die
Spitze der Gemeinde von Jerusalem ist er offenbar erst getreten, als

---

10 Daß Barnabas hier eine Vermittlerrolle hatte — s. Apg 9, 27 —, erwähnt Paulus hier nicht,
    weil es für seine Beweisführung unwesentlich ist.
11 Um 150 n. Chr. in Rom.

Apg 12, 17 u.     Petrus von Herodes Agrippa I. verhaftet worden war und nach
21, 18 ff         seiner wunderbaren Errettung aus Jerusalem fliehen mußte.

Daß Paulus in diesen kurzen Tagen seines ersten Besuches auch
Jakobus begegnete, ist also nicht verwunderlich. Wann Petrus nach
Jerusalem zurückgekehrt war, wissen wir nicht. Da Herodes Agrippa
bald nach der Befreiung des Petrus starb, mag die Zeit seiner Ab-
wesenheit nur kurz gewesen sein. Nach dem Bericht der Apostelgeschichte hat der Aufenthalt des Paulus in Jerusalem wiederum
wegen jüdischer Nachstellungen sein Ende gefunden. Vielleicht fand
er darum keine Zeit, auch die andern Apostel Jesu in Jerusalem zu
grüßen.

V e r s  2 0 . Es überrascht, daß Paulus die Wahrheit dieses Berichtes durch die Anrufung Gottes als Zeugen beteuert. Es liegt ihm
offenbar sehr daran, daß seine Darstellung, die er sonst nicht unter
Beweis stellen kann, als zutreffend angesehen werde. Adolf Schlatter
nimmt an, daß manches über die Anfänge des Apostels von den
Juden erdichtet worden sei, was der Wahrheit nicht entsprach und
was er mit seinen bestimmten Mitteilungen nun widerlegen will.
Für seine Beweisführung mußte ihm daran liegen zu zeigen, wie
unabhängig und selbständig er sich von Anfang an gegenüber
Petrus, Jakobus und den andern führenden Männern in der Urgemeinde verhalten habe.

Apg 9, 30         V e r s  2 1 . Über Syrien ging er nach Cilicien, wo seine Heimat-
22, 3             stadt Tarsus war. Lukas erzählte, daß er damit dem Rat der Brüder
                  folgte. Auch hier suchte er nicht etwa einen Heimaturlaub. Da er
                  von „**den Gegenden Syriens und Ciliciens**" spricht, so ist anzu-
                  nehmen, daß er hier missionierend durchs Land zog. Wenn Paulus
                  den Korinthern schreibt, daß er (und zwar noch vor seiner Seefahrt
2 Ko 11, 25       nach Rom) dreimal Schiffbruch erlebt habe, so ist es wahrscheinlich,
                  daß diese Unfälle in dieser Zeit lagen. Sonst lassen sie sich schlecht in
                  den Bericht der Apostelgeschichte einfügen. Und da sich dieser
                  Aufenthalt über ein Jahrzehnt hinzog, so müssen wir mit einer von
                  Ereignissen gefüllten Zeit rechnen, von denen wir keine Einzel-
                  heiten kennen.

V e r s  2 2 . Auf jeden Fall aber hatte Paulus in diesem folgenden
Jahre keine Fühlung mit Jerusalem und den judenchristlichen Gemeinden Palästinas. Den „**judäischen Gemeinden**" war er persönlich „**unbekannt**" geblieben.

V e r s  2 3 . Um so mehr aber wurde über ihn gesprochen. Das
Wunder seiner Umkehr konnte ja nicht verborgen bleiben. Hatten
sie von seinem Haß gegen die Jesusgemeinde gehört und ihn ge-
fürchtet, so hatten sie nun um so mehr Grund, Gott zu loben über
der wunderbaren Wendung, die er in seiner Gnade bewirkt hatte.

Aus dem Verfolger war ein Evangelist geworden. Das wird viele Wankende gefestigt und viele Glaubende mit neuer Zuversicht erfüllt haben.

V e r s 24. Das Lob und den Dank Gottes aber hat Paulus je und je als das große Ziel seiner Evangelisationstätigkeit angesehen. Daß Gottes Gnade an ihm, dem größten Sünder, vieler Herzen neu froh machte, blieb dem Apostel bis in seine späteste Zeit ein Grund der Anbetung.

## 4. DIE BESTÄTIGUNG SEINER VERKÜNDIGUNG BEIM APOSTELKONZIL

### Galater 2, 1—10

1 Nach weiteren vierzehn Jahren ging ich mit Barnabas wieder
2 nach Jerusalem hinauf und nahm auch Titus mit. * Ich ging aber auf Grund einer Offenbarung hinauf. Und ich legte ihnen die Heilsbotschaft [das Evangelium], die ich unter den Völkern verkünde, vor, — in besonderer Weise denen, die ein Ansehen
3 hatten, damit ich nicht ins Leere liefe oder gelaufen sei. * Aber auch Titus, der mit mir gekommen war und doch ein Grieche
4 ist, wurde nicht genötigt, sich beschneiden zu lassen. * Wegen der heimlich eindringenden Pseudobrüder, die sich hinterrücks [seitwärts] eingeschlichen hatten, um unsere Freiheit, die wir in Christus Jesus haben, auszukundschaften mit dem Ziel unserer
5 Verknechtung — — * vor ihnen sind wir keinen Augenblick durch Unterwürfigkeit zurückgewichen, damit die Wahrheit der Heilsbotschaft [des Evangeliums] bei euch bestehen bleibe.
6 * Von denen aber, die etwas Besonderes zu sein galten (— was sie einst waren, ist mir gleichgültig, Gott kennt keine Rücksicht auf Menschen —) — mir haben auch die Angesehenen nichts
7 aufgelegt, * sondern im Gegenteil: da sie sahen, daß mir das Evangelium für die Heiden anvertraut ist, so wie Petrus das
8 Evangelium für die Juden, * (denn der Petrus mit Kraft ausrüstete zum Apostelamt für die Juden, hat auch mich ausgerüstet
9 für die Heiden), * und da sie die mir zuteil gewordene Gnade erkannten, so reichten Jakobus, Kephas und Johannes, die als Säulen galten, mir und Barnabas die Hand als Ausdruck der Gemeinschaft, auf daß wir zu den Heiden, sie aber zur Juden-
10 schaft gingen. * Nur der Armen sollten wir gedenken. Das zu tun, habe ich mich auch bemüht.

Paulus geht einen Schritt weiter auf dem Weg des geschichtlichen Beweises. Er kann nicht nur sein Apostelamt unmittelbar auf Jesus

zurückführen. Nicht nur seine Anfänge waren selbständig und unabhängig von der Autorität der Gemeinde von Jerusalem und ihren
Leitern. Fast anderthalb Jahrzehnte nach seiner ersten recht flüch-
tigen Begegnung mit Petrus und Jakobus gab es zwischen ihm und
den Jerusalemern ein grundsätzliches Gespräch. Es ging damals gerade um die gleiche Materie wie jetzt in Galatien, nämlich um die
Frage: Wie verhält sich denn das Gesetz des Alten Testamentes
zum Glauben an das Evangelium? Ist das Gesetz auch für die Heidenchristen verbindlich? Ist seine Einhaltung Bedingung für einen
rechten Christenmenschen? Es ist deutlich, daß auch für solche
Christen in Galatien, die an der apostolischen Autorität des Paulus
zweifelten, es von hilfreicher Bedeutung sein mußte, daß Paulus
sich nicht scheut zu erzählen, wie auch die Urapostel in Jerusalem
ihm in dieser Frage zugestimmt haben.

Dieses Treffen der Apostel in Jerusalem erzählt auch Lukas in
der Apostelgeschichte. In der Kirchengeschichte ist man gewohnt,
diese Konferenz das Apostelkonzil zu nennen. Konzilien nannte man
in späteren Jahrhunderten jene Kirchentagungen, die über Streit-
fragen der Lehre berieten und entschieden. Etwa das Konzil von
Nicäa im Jahre 325 oder das von Konstantinopel im Jahre 381. Die
Bezeichnung ist insofern irreführend, als die Apostel wohl nicht in
jenem Schwergewicht kirchlicher Würdenträger zusammentraten,
wie diese später unter dem Schutz der römischen Kaiser oder gar
nach der Gründung der römischen Staatskirche. Ganz abgesehen von
all den diplomatischen Kniffen und Rücksichten, die bei späteren
Konzilien einen oft so peinlichen Eindruck zurückließen! Wer etwa
einen zeitgenössischen Bericht vom mittelalterlichen Konzil zu Kon-
stanz liest, wird aufs Tiefste erschüttert.

Aber in gewissem Sinne ist jene Tagung in Jerusalem dennoch
ein Vorbild aller ökumenischen Besprechungen geworden. Es ging
darum, die Einheit der Gemeinden Jesu zu wahren. Wir wissen
aus den anderen Briefen des Paulus, wieviel ihm daran lag, die
heidenchristlichen Gemeinden in der Gemeinschaft mit jener ersten
Gemeinde in Jerusalem zu befestigen. Paulus brauchte zwar nicht
die Autorität des Petrus und Jakobus, aber er brauchte die Gemeinschaft der Brüder und kannte gewiß die Bitte Jesu aus dem Hohe-
priesterlichen Gebet: „ . . . daß sie alle eines seien, gleich wie du,
Vater, in mir und ich in dir."

Jo 17, 21

Paulus gibt uns nun keinen Konferenzbericht. Er erzählt aber
ausführlich, was ihn nach Jerusalem führte und was das Resultat
jener Besprechungen war.

V e r s 1. In „**vierzehn Jahren**" hatte Paulus seine Erfahrungen
gesammelt. Seine Arbeit hatte Frucht geschaffen. Hatte er doch

auch mit Barnabas, ausgesandt von der Gemeinde in Antiochien, seine sog. erste Missionsreise nach Cypern, Pamphylien, Pisidien und Lykaonien gemacht. Wahrscheinlich haben wir hier die Empfänger des Galaterbriefes zu suchen (s. Einleitung!). Nach dem Bericht des Lukas haben sich nach jener Reise judäische Christen, die offenbar von den Erfolgen in der Provinz Galatien und den dortigen Kämpfen des Paulus mit der Synagoge gehört hatten, nach Antiochien begeben und dort den Kampf gegen ein gesetzesfreies Evangelium begonnen. Wir dürfen die Judenchristen nicht engherzig nennen und sie darob schelten. Für den Juden — auch wenn er Christ geworden war — blieb das Gesetz Gottes Wort. Es schien ihm ein nicht vollziehbarer Gedanke, daß das Gesetz Gottes außer Kraft gesetzt werden sollte. Und daß es gar einen Weg zu Gott gäbe, der am Gesetz vorüber führt. Wir wissen heute, daß diese Anfechtung die Christenheit durch die Jahrhunderte ihrer Geschichte begleitet hat. Von diesen Kämpfen ist die alte Kirchengeschichte voll. Damit hat Augustin in seinem berühmten Kampf gegen den Irrlehrer Pelagius zu tun gehabt. Darum ging es in der Reformation, und immer und immer wieder stolpern auch evangelische Christen über dieser Frage. Und zwar gerade die, die es mit der Nachfolge ernst nehmen. Nicht nur die Sabbatarier, sondern auch die Glieder der reformatorischen Landes- und Freikirchen. Vielleicht muß jeder Christ diese Not einmal durchkämpfen und durchleiden. Apg 13 u. 14

Paulus war sich mit dem Leviten Barnabas einig. Das war eine große Gnade Gottes. Auch hier galt Jesu Regel: „Er sandte sie je zwei und zwei." Wie oft hat Jesus das in der Geschichte seiner Kirche wiederholt! Seine Zeugen brauchten auf die Bruderschaft nicht zu verzichten, auch wenn sie oft einen einsamen Weg gehen mußten. Darum nahm Paulus Barnabas nach Jerusalem mit, als er sich entschloß, diese Frage mit der Urgemeinde zu besprechen. Lk 10, 1

Aber zum bewährten Judenchristen, der selbst zur Urgemeinde in Jerusalem gehört hatte, trat noch ein Vertreter der griechischen Gemeinden, der das besondere Vertrauen des Apostels besaß, Titus! Wir wissen weder seine Heimat noch seine Vorgeschichte. War er aus Antiochien? Hatte Paulus ihn auf seinen Missionswegen in Cilicien und Syrien gewonnen? Titus hat später schwierige Aufträge des Apostels ausführen müssen. Zweimal reiste er für ihn nach Korinth in ernsten Konfliktfällen. Man lese im 2. Korintherbrief wie Paulus auf ihn in Mazedonien wartete und wie seine Ankunft in Korinth den Paulus tröstete. Er ist auch der Überbringer des 2. Korintherbriefes und später der Fortsetzer der apostolischen Evangelisationsarbeit auf Kreta. Im letzten Brief vor seinem Tode Apg 4, 36 f

2 Ko 2, 13<br>7, 6—13<br>Titusbrief!

2 Tim 4, 10 berichtet Paulus von einer Reise des Titus nach Dalmatien, offenbar im Auftrag des Paulus. Er wird eine reife Frucht der Christusbotschaft gewesen sein, — sonst hätte ihn Paulus nicht jetzt nach Jerusalem mitgenommen. Lukas spricht noch von etlichen anderen Apg 15, 2 Reisegefährten, die aber nicht mit Namen genannt werden.

V e r s 2. Es war nicht etwa bloß eine kluge Erwägung, die ihn nach Jerusalem führte. Er ging vielmehr **„auf Grund einer Offenbarung"**. Der Herr selbst hatte ihm den Befehl zur Reise gegeben. Auf welche Weise solch eine Offenbarung vermittelt wurde, wissen Apg 15, 32 wir nicht. War es ein Traumgesicht? war es ein Prophetenspruch? War es eine im Herzen nach ernstem Gebet aufblitzende Gewißheit? Auf jeden Fall gab die Offenbarung dem Apostel auch jetzt jene Freiheit eines Jesusdieners, der nicht nach dem Wohlgefallen der Menschen, sondern allein nach dem seines Herrn fragt. Es mag für Paulus ein Weg der Demütigung gewesen sein, daß er seine Botschaft, die er in heiliger Gewißheit verkündete, weil er sie vom Herrn selbst hatte, den anderen Aposteln in Jerusalem zur Begutachtung vorlegen wollte. Um der Einheit der Kirche willen war er bereit, nach Jerusalem zu gehen. Er dachte (s. Vers 5) an die entstandenen Gemeinden. Sie sollten ein für allemal gegen falsche Verkündigungen gesichert werden. Es sollte ihnen diese Anfechtung, in der nun die Galater standen, genommen werden: Ist etwa die Paulusbotschaft gar nicht die Botschaft der ganzen Kirche?

**„In besonderer Weise"** — vielleicht könnten wir auch übersetzen „in einer Sonderbesprechung" — suchte er das Urteil derer, **„die das Ansehen hatten"**. Hier nennt er die Namen des Jakobus, Petrus und Johannes nicht. Er wußte wohl, daß nicht sie sich ein Ansehen geben. Aber jene Gesetzeslehrer brüsteten sich gerne mit menschlichen Autoritäten: „Petrus hat gesagt...", „auch Jakobus ist der Meinung..." — so mag es in ihren Reden geklungen haben. „Sie sind doch die führenden Männer, zu ihnen schauen wir alle hinauf."

Das Ziel, das Paulus bei diesen Gesprächen hatte, war, daß er 1 Ko 9, 19—22 **„nicht ins Leere liefe"**. Er handelte jetzt nach dem Prinzip, das den Korinthern schilderte: „Denen, die unter dem Gesetz sind, bin ich geworden wie unter dem Gesetz, auf daß ich die, so unter dem Gesetz sind, gewinne." Für sich selbst braucht er keine Bestätigung seines Weges. Aber er hoffte, durch den Entscheid der „angesehenen" Apostel den Schwachen zu helfen, die auf ihn nicht hören wollten. Er stellte sich an die Seite der Schwachen, als wäre er einer von ihnen. Das ist der demütige Weg der Liebe. Wenn die Wahrheit der Gnade nicht mehr geglaubt wenn die Freiheit von der Gesetzlichkeit gefährdet ist, dann ist auch die Arbeit des Paulus vergeblich, dann läuft er ins Leere statt ins Ziel! Uneinigkeit der

Brüder haben je und je die Arbeit der Kirche unglaubwürdig gemacht.

V e r s 3 . Wie sehr die Apostel von Jerusalem das Anliegen des Paulus verstanden, wird am Beispiel des Titus deutlich. Er wurde als Bruder anerkannt, obwohl er nicht das Zeichen des jüdischen Gesetzes an sich trug. Damit wird deutlich, daß jene Gesetzeslehrer die Einhaltung des Gesetzes in Jerusalem im Blick auf Titus nicht durchdrücken konnten.[12]

V e r s 4 . Die nächsten Sätze sind sichtlich in großer Erregung geschrieben. Mehrmals unterbricht Paulus die angefangene Satzkonstruktion, so daß die wörtliche Übersetzung schwierig ist, obwohl seine Gedanken nicht dunkel bleiben. Paulus spricht von „Pseudobrüdern", die den Brudernamen nicht mit Recht tragen. Das waren jene, die das Gesetz und seine Einhaltung als Gnadenmittel, als Bedingung der Gnade, predigten. Paulus hält diese Leute nicht für echte Christen, weil sie die befreiende Macht Christi nicht erkennen. Solche Scheinbrüder hatten kein Recht, an der Verhandlung in Jerusalem teilzunehmen. Sie waren **„heimlich eingedrungen"**, „durch ein Seitenpförtchen hereingeschlichen" und spionierten. Sie suchten Material für eine Anklage gegen Paulus. Da sie mit Gewalt nichts ausrichten konnten, suchten sie, mit List zum Ziel zu kommen. Sie versuchten, **„die Freiheit, die wir in Christus Jesus haben, auszukundschaften"**. Aber diese Erkundigungen hatten nicht die echte Wahrheitsfrage zur Wurzel. Ihre Meinung stand schon vorher fest. Ihr Ziel war nicht Freiheit durch die Wahrheit des Evangeliums, sondern Versklavung und **„Verknechtung"**.

V e r s 5 . **„Damit die Wahrheit der Heilsbotschaft"** den Gemeinden **„erhalten bleibe"**, hat Paulus einen heißen Kampf gekämpft. Er unterwarf sich jenen Gesetzesfrommen und ihrem Urteil nicht. **„Keinen Augenblick"** wankte er. Es gab kein Rückzugsgefecht, er griff vielmehr an. Was hätte sonst aus den Gemeinden unter den Heiden werden sollen, wenn die Gnade nicht mehr Gnade blieb! Wo bliebe der Trost des geängsteten Gewissens? Wo die Zuversicht der Glaubenden? Die Festigkeit der Hoffnung? Wo blieb die Gewißheit, gerettet zu sein, wenn sie nicht mehr allein von Jesus, seinem Wort, seinem Blut, seinem Geist abhängig sein sollte, — sondern von unseren Qualitäten, Gedanken oder Handlungen? Dann fahr dahin Freude der Gotteskinder, Friede der Geborgenen! Dann hat Jesus nicht mehr den Ruhm, ein wahrhaftiger Heiland zu sein!

---

[12] „Wer zum Glauben noch die Erfüllung des Gesetzes so fügt, daß er durch diese sich Gottes Gnade verschaffen will, hat sich vom Glauben abgewandt" (Ad. Schlatter).

So hat Paulus für die Galater gekämpft. Sollte das umsonst gewesen sein, weil diese selbst die Freiheit des Glaubens gegen den Gesetzesdienst eigener Frömmigkeit zu vertauschen bereit waren? V e r s 6. Und was sagten bei diesem Kampf die Urapostel von Jerusalem? Was war das Resultat des Apostelkonzils? Paulus verwahrt sich in einem eingeschobenen Sätzchen dagegen, als beugte er sich menschlichen Autoritäten. „Gott kennt keine Rücksicht auf Menschen." Bei ihm gibt es keine Extraplätze, keine Heldenverehrung, keine Ehrentitel, keinen Heiligendienst! Man könnte wörtlich übersetzen: Das gleiche Angesicht kehrt Gott allen Menschen zu. Er lächelt keinem mehr als dem andern. Er wechselt sein Antlitz nicht Menschen zuliebe. Darum kann Paulus schreiben: „An ihnen" — weil sie nur Menschen sind — „liegt nichts." Es ist das Bekenntnis des Glaubenden: „An mir und meinem Leben ist nichts auf dieser Erd, was Christus mir gegeben, das ist der Liebe wert" (Paul Gerhardt).

Aber auch die, die „etwas bedeuten", haben ihm „nichts hinzugefügt". Auch die Apostel in Jerusalem kannten keine andere Heilsbotschaft, als wie sie Paulus verkündet.

V e r s 7. Im Gegenteil, es kam zu einem feierlichen Handschlag, einer brüderlichen Verabredung, denn jene Urapostel sahen und erkannten, daß dem Paulus „die Evangelisierung der Heiden anvertraut" sei. Das hatte der Herr selbst getan. Er allein kann seine Botschaft jemand anvertrauen. Er allein kann den Apostel in seinen Dienst nehmen. Daß er es an Paulus getan hat, davon waren jene überzeugt. Sie beugten sich vor dem offenbaren Handeln des Auferstandenen. Sie sahen, daß Paulus die gleiche Vollmacht hat wie Petrus. Nur daß diesem „die Evangelisation der Judenschaft" anvertraut war. Es zeigt den geistlich erleuchteten Blick eines Jakobus, eines Petrus und eines Johannes, daß sie den Dienst des Paulus, auch wenn er sich in anderer Form als der ihrige vollzog, nicht für Sektiererei hielten. Es zeigt auch, wie ferne Petrus von allen päpstlichen Ansprüchen war. Sie standen als gleichberechtigte Brüder nebeneinander.

V e r s 8. Göttliche Energien und Kräfte erkennt nur das geistbegabte Auge. „Der dem Petrus diese Gotteskraft für sein Apostelamt unter den Juden darreichte", der hat auch Paulus „mit Kraft angetan für die Völker", die Nationen. Paulus drückt es noch bescheidener aus: „In Richtung auf die Völker", d. h. jenen großen Teil der Menschheit, die nicht durch die Patriarchen, durch den Bund am Sinai, durch den Tempeldienst auf dem Zion und durch Israels Propheten auf das Kommen des Christus vorbereitet waren.

Ein unübersehbares Arbeitsfeld stand vor seinem geistigen Auge. Er hatte jetzt eine Richtung auf diese Aufgabe angetreten. V e r s 9 . Die Apostel Jerusalems erkannten „die dem Paulus geschenkte Gnadengabe". Das zeigt, daß ihr Blick weder durch den jüdischen Fanatismus, noch durch Herrschsucht oder Rechthaberei getrübt war. An dem ganzen Verlauf dieser für die damaligen Verhältnisse äußerst diffizilen Verhandlungen müssen wir erkennen, wie sehr die Apostel von Gottes Geist erleuchtet und geleitet waren. Nicht ohne Beschämung denkt man an kirchliche Verhandlungen, wie sie später in der Kirchengeschichte geführt wurden. Wie leicht wurden sehr persönliche Motive, Parteirücksichten oder gar politische Beweggründe in die Kirche und Theologie hineingebracht und dadurch Gottes Geist gedämpft und betrübt.

Eph 4, 30
1 Th 5, 19

Daß Paulus die Urapostel „Säulen" nennt, ist keineswegs ironisch gemeint. Die Gemeinde wird in der Bibel vielfach mit einem geistlichen Tempel verglichen. Paulus nennt in Veränderung des Bildes im Epheserbrief die Apostel das tragende Fundament. Ihr Auferstehungszeugnis trägt die Urgemeinde. Aber darum sind sie auch „Grundpfeiler" der Gemeinde. Das Apostolat ist darum nie in die Hände einer wählenden Gemeinde oder ihrer Vorsteher gelegt. Man sollte darum auch die Heidenmissionare nicht mit diesem einzigartigen Namen bezeichnen, etwa der Apostel der Deutschen, der Chinesen und ähnlich. Ebenso aber sollte sich keine Freikirche die apostolische nennen, weil sie ihre Vorsteher Apostel nennt. Zum Apostolat gehört das persönliche Zeugentum für die Auferstehung Jesu.

Jo 2, 19 ff
1 Ko 3, 10—17
Eph 2, 19—22
1 Pt 2, 4—8
u. a.

Apg 1, 22
2, 24. 32
3, 15
4, 10
5, 30—32
10, 40
1 Ko 9, 1

Daß gerade diese führenden Männer Paulus und Barnabas „die Bruderhand reichten" als Zeichen „voller Gemeinschaft" und „der Genossenschaft im apostolischen Beruf, der Gemeinsamkeit durch den Christus zum selben Werk" (Ad. Schlatter), — das sollte die Galater nachdenklich machen. Denn unter ihnen waren nun Verführer aufgetreten, die Jakobus und Petrus gegen Paulus auszuspielen versuchten.

Die Arbeitsaufgabe wurde geteilt: „Wir zu den Heiden — jene zu den Juden!" Mit dem verschiedenen Aufgabenkreis waren auch verschiedene Methoden gegeben. Zu Heiden mußte anders gesprochen werden als zu Juden, die die Schriften des Alten Testamentes schon kannten. Aber „es ist ein Herr und Heiland aller" und jeder wußte vom andern, daß er unter dem Befehl Jesu handele und darum so handeln müsse. Nun bleibt kein Raum für Konkurrenzneid, auch kein Raum für die Quertreibereien der Gesetzeseifrigen.

Eph 2, 14—20

Vers 10. Es bedeutet keine Einschränkung der Freiheit, wenn der Liebesdienst erbeten wird. **„Nur der Armen sollten wir gedenken"**, schreibt Paulus. Denn die Gemeinde von Jerusalem war abgesehen von den Verfolgungszeiten ein Notstandsgebiet. Einerseits waren in der ersten Christenheit die Armen in der großen Mehrzahl. Ihnen war das Ohr für die Frohbotschaft in besonderer Weise aufgegangen. Andererseits aber wird der Fanatismus der Synagoge bald den Boykott über alle ausgesprochen haben, die den gekreuzigten „Verfluchten" anriefen. Daher war auch die Armenpflege eine der ersten Aufgaben der Urgemeinde. Diese Aufgabe ging bald weit über die eigene Kraft hinaus. Paulus hat darum die Bitte der Jerusalemer mit Freuden und großem Nachdruck erfüllt, wovon die Korintherbriefe ein starkes Zeugnis sind. Für ihn war die Liebespflicht eine selbstverständliche Äußerung des Glaubens. Die Mahnung zu ihr fehlt daher kaum in einem seiner Briefe.

Mehrmals hat der Apostel in diesem Abschnitt die begonnenen Sätze nicht zu Ende geführt und die Konstruktion des Satzes abgebrochen (sog. Anakoluthe). Vers 4 begann er: „Wegen der heimlich eingedrungenen Pseudobrüder..." und wollte offenbar sagen: „gab es einen Kampf" (oder ähnlich). Aber er bricht ab und sagt in Vers 5: „Vor ihnen wichen wir keinen Augenblick." In Vers 6 beginnt er: „Von denen, die etwas galten..." und man erwartet etwa: „bekamen wir Unterstützung oder Zustimmung", aber auch hier bricht er ab und sagt: „Mir haben auch die Angesehenen nichts aufgelegt." Wir bekommen den Eindruck, daß die Erinnerung an jene Verhandlungen Paulus heute noch in Erregung versetzt („der Stil dieser Sätze ist merkwürdig schwerfällig", sagt Schlier a. a. O. S. 37). Es bewegt den Apostel, daß jene Pseudobrüder wieder ihre Stimme erheben. Er eilt mit seinem Bericht zu Ende, als wollte er sagen: Das ist ja alles schon bei jener brüderlichen Aussprache geklärt. Ihr dürft euch nun nicht wieder in diese damals so ernsthaft drohende Verzerrung der Botschaft hineinlocken lassen. Ich stehe hier Hand in Hand mit denen, auf deren Autorität sich die Irrlehrer heute wieder zu berufen wagen.

Aber nun folgt noch eine dritte geschichtliche Erinnerung, die dem Paulus wichtig ist. Er schreibt über sie ganz ausführlich, weil er bei einer besonderen Gelegenheit und aus einem sehr konkreten Anlaß sogar mit Petrus zusammenstieß. Und dieser ließ sich von ihm zurechtweisen.

Lk 6, 20
Jak 2, 5

Kap 3, 10
Apg 6, 1—3

1 Ko 16, 1—4
2 Ko 8 u. 9
Apg 20, 35
Kap 6, 6
Rö 12, 13
Phil 4, 5
Kol 3, 14
1 Th 3, 12
2 Th 3, 13
u. a.

## 5. DAS GESPRÄCH MIT PETRUS IN ANTIOCHIEN
### Galater 2, 11—21

11 Als aber Kephas nach Antiochien kam, widerstand ich ihm ins
Angesicht, denn er war im Unrecht [wörtlich: „er war verurteilt"
12 oder: „er hatte sich ins Unrecht gesetzt" Th. Schlatter]. * Vor
dem Eintreffen nämlich einiger Leute von Jakobus aß er zusammen mit den Heidenchristen, aber als diese kamen, zog er
sich zurück und trennte sich in Furcht vor den Judenchristen.
13 * Auch die übrigen Judenchristen heuchelten mit ihm, so daß
14 auch Barnabas durch die Heuchelei mitgerissen wurde. * Als ich
aber sah, daß sie nicht den einfältigen Weg auf die Wahrheit
des Evangeliums zugingen, sagte ich in Gegenwart aller zu
Kephas: „Wenn du als Judenchrist heidnisch lebst und nicht
jüdisch, weshalb zwingst du die Heidenchristen, sich jüdisch zu
15 verhalten? * Wir sind von Natur Juden und nicht heidnische
16 Sünder. * Weil wir aber wissen, daß ein Mensch aus Gesetzeswerken nicht gerecht gesprochen wird, sondern allein durch den
Glauben an Jesus Christus, so wurden wir an Christus Jesus
gläubig, damit wir gerecht gesprochen würden aus Glauben an
Christus und nicht aus Gesetzeswerken. Denn aus Gesetzeswerken wird kein sterblicher Mensch gerecht gesprochen wer-
17 den. * Wenn wir aber als solche, die suchen, in Christus gerecht
gesprochen zu werden, auch als Sünder erfunden werden, so
wäre also Christus ein Diener der Sünde? Nie und nimmer!
18 * Wenn ich aber das wieder aufrichte, was ich abgerissen habe,
19 zeige ich mich selbst als Übertreter. * Denn ich starb durchs
Gesetz dem Gesetz, damit ich für Gott lebe. Ich bin mit Chri-
20 stus gekreuzigt. * Ich selber aber lebe nicht mehr, sondern es
lebt in mir Christus. Was ich nämlich jetzt im sterblichen Leibe
lebe, lebe ich im Glauben, nämlich im Glauben an den Sohn
Gottes, der mich geliebt und sich selbst für mich hingegeben
21 hat. * Ich verwerfe nicht die Gnade Gottes. Denn wenn es eine
Gerechtigkeit durchs Gesetz gibt, so ist folglich Christus umsonst gestorben.

V e r s 11. Wir wissen nicht, aus welchem Anlaß Petrus die Gemeinde in „Antiochien" besuchte. Weil aber die Erzählung des
Paulus sich ohne Unterbrechung fortsetzt, werden wir nicht fehl-
gehen anzunehmen, daß Petrus bald nach der Apostelversammlung
die Reise unternahm. Das widerspricht nicht dem Bericht der Apostelgeschichte, nach dem die Gemeinde von Jerusalem Judas Bar-    Apg 15, 22-31
sabas und Silas als Begleiter des Paulus und Barnabas und als

Briefüberbringer nach Antiochien übersandte, um hier das Resultat der Besprechung mitzuteilen. Der Erfolg der Botschaft war, daß die aus Heiden- und Judenchristen bestehende Gemeinde „des Trostes froh wurde" (Luther).

Auffallender mag es uns sein, daß Paulus hier nicht die im Briefe genannten Mindestbedingungen der Jerusalemer nennt: Enthaltung vom Götzenopfer, vom Blut und Erstickten und von der Unzucht. Aber dieses stand ja zur Zeit in Galatien nicht zur Debatte. Götzendienst und Unzucht, die großen Versuchungen der griechischen Heiden, lehnten die galatischen Christen ganz gewiß ab. Sie waren ja nicht in Gefahr, in ihr Heidentum zurückzufallen, sondern vielmehr, einem gesetzlichen Judentum nachzugeben. Genuß vom Blute und blutigem Fleisch war den Juden von Kind auf so abstoßend, daß es eine Liebespflicht in den gemischten Gemeinden war, hier Enthaltung zu üben. In heidnischen Gemeinden Kleinasiens war das Laster des Blutrausches übrigens nicht unbekannt. Auf die gesetzlichen Vorschriften des Alten Testaments berief sich jener Beschluß der Apostel ohnehin nicht.

**Apg 11, 19-26**
**13, 1—3**

**Rö 16 u. a.**

**Apg 18, 24 ff**
**Rö 16, 7**
**3 Jo 5—8**

Es war nun naheliegend, daß auch einer der führenden Apostel die nächste Großstadtgemeinde aufsuchte. Antiochien war ja in mancher Hinsicht bahnbrechend gewesen. Wir haben überhaupt anzunehmen, daß die neu entstehenden Gemeinden Jesu lebhaften Verkehr miteinander pflegten. Das zeigen schon die Grußkapitel in den Briefen des Paulus. Paulus und seine Gefährten waren keineswegs die einzigen. Man denke an Apollos, Aquila und Prisca, Andronikus und Junias und viele andere. Auch Johannes spricht von wandernden Predigern.

Bei jenem Besuch des Petrus kam es nun zu einem wichtigen Gespräch zwischen ihm und Paulus. Paulus berichtet darüber ausführlich, um an diesem Beispiel deutlich zu zeigen, daß er nicht nur selbständig war gegenüber den Uraposteln, sondern daß er auch dem Petrus zu größerer Klarheit über die Frage nach der Bedeutung des Gesetzes hatte helfen müssen.

„**Ich widerstand ihm ins Angesicht**", kann der Apostel schreiben. So unabhängig von der Autorität des Petrus war er. Diese Situation zeigt auch eindeutig, wie irreführend die römische Auffassung von einer päpstlichen Stellung des Petrus war. Er mußte sich vielmehr von Paulus zurechtweisen und belehren lassen. Paulus würde das alles nicht berichtet haben, wenn nicht Petrus ihm gewiß zuletzt zugestimmt hätte. Paulus sah sich genötigt, dem Petrus entgegenzutreten, „**denn er war im Unrecht**". Es lag eine eindeutige Verschuldung vor. Was war denn vorgefallen?

V e r s 1 2 . Petrus hatte bei seinem Besuch von Anfang an vor

Augen geführt, wie auch er nicht mehr sklavisch an die väterlichen
Gesetze gebunden war. Hatte er doch schon vor seinem Besuch im
Hause des Kornelius, des heidnischen Hauptmanns in Cäsarea, von
Gott einen Unterricht bekommen, daß auch der Heide das Evangelium empfangen solle, unabhängig von der Bindung an das
mosaische Gesetz. Damals hatte er sich erfolgreich gegen den Vorwurf ungesetzlichen Verhaltens vor der Gemeinde in Jerusalem
verteidigt. So war er gewiß in besonderer Weise gerüstet, den Heidenchristen ihre Freiheit vom Gesetz zu bezeugen, und aß an ihrer
Tafel die ihnen aufgetragenen Speisen. Die Tischgemeinschaft wird
in der ganzen Bibel — wie auch heute noch im konservativen
Orient — hochgehalten. Es bedeutete also die Anerkennung voller
Bruderschaft, wenn Petrus mit den Heidenchristen zu Tisch saß
und aß.

    Aber die Lage veränderte sich. Es trafen noch andere Gäste aus
Jerusalem ein. Sie werden „einige von Jakobus" genannt. Gemeint
ist der Herrenbruder Jakobus, den Paulus schon einige Mal erwähnte. Dieser hielt für sich selbst an der jüdischen Gesetzestradi-
tion fest. Das war in seiner Stellung an der Spitze der Judenchristen in Jerusalem selbstverständlich, da er das Christuszeugnis für
die tempeltreuen Juden vertrat. Aber auch er hatte, wie wir hörten, dem Paulus die Hand der Bruderschaft gereicht und damit
dessen gesetzesfreien Weg zur Gewinnung der Heiden gebilligt.
Wie so oft in der Geschichte verstanden die Schüler die Weit-
herzigkeit ihres Meisters nicht. Diese engherzigen Anhänger des
Jakobus werden wir in der Nachbarschaft jener „Pseudobrüder" zu
suchen haben, die schon auf der Apostelversammlung spioniert
hatten. Wahrscheinlich kamen sie zu gleichem Zweck jetzt nach
Antiochien. Es gibt eine Art von gesetzlicher Engherzigkeit, die
immer Material gegen andere Brüder sucht. Das ist auch heute noch
so. Gesetzlichkeit macht nicht nur selbstgerecht, sondern auch un-
duldsam und erfüllt uns mit einem Richtgeist, der die andern stren-
ger richtet als sich selbst. Petrus wird diese Art Brüder gekannt
haben. Deshalb bekam er einen Schrecken, als er sie eintreten sah. Er faßte einen schnellen Entschluß, um sich den Klat-
schereien jener Kritiker zu entziehen und „separierte sich von den
Heidenchristen". Denn er „fürchtete die Judenchristen" — jedenfalls diese da, vor deren Zunge er einen hohen Respekt hatte. Wir
werden dem Petrus unser menschliches Verständnis nicht versagen
können. Wie sehr wäre sein Zeugnis gehindert worden, wenn es in
Jerusalem und anderswo hieß: „Ach, der Petrus! Wie sehr hat er
uns doch enttäuscht! Ja, wenn sie das alle wüßten..." usw., wie
solche Reden gewöhnlich klingen.

Apg 10, 10—48

Apg 11, 1—18

1 Mo 18, 3—8
Offb 3, 20

Kap 1, 19
2, 9

Vers 4

Mt 16, 16
Jo 6, 68
Mt 17, 4
    14, 28 f
    26, 33.  58
Jo 18, 10

Zudem kennen wir Petrus als den Mann schneller, oft auch all-
zuschneller Entschließung. Schon, daß er der Wortführer der Zwölf
war, zeigt seine aktive Haltung. Er war bereit, auf die Wogen des
Meeres zu treten. Er wollte Jesus mit dem Schwert verteidigen. Er
begleitete ihn bis in den Hof des Hohenpriesters. Aber gerade in
der letztgenannten Situation zeigte sich, daß sein Eifer je und dann
die eigene Kraft nicht richtig einschätzte. Der voreilige Entschluß,
den Tisch der Heidenchristen zu verlassen, mag durch diese Charak-
tereigenschaft des Petrus mit beeinflußt worden sein.

V e r s 1 3 . Bei der Autorität des Petrus unter den Judenchristen
war es nicht überraschend, daß sich ihm bald „auch die übrigen
Judenchristen" anschlossen. Ja, schließlich kam - wohl als letzter -
„Barnabas" an den Tisch derer, die nur noch „koschere" Speisen,
d. h. Speisen, die nach den gesetzlichen Vorschriften zubereitet
waren, genießen wollten. Barnabas war Levit. Er kannte demnach

Apg 4, 36

die Speisegesetze besonders gut. Daß er sich als letzter den Gesetzestreuen anschloß, beweist, daß er gewisse Hemmungen zu
überwinden hatte. Er war ja mit Paulus eng verbunden und hatte

Apg 9, 27
    11, 25
    13,2-14,27

ihm einst in Jerusalem die Tür zu den Aposteln geöffnet. Er hatte
ihn aus Tarsus nach Antiochien geholt und schließlich auch die erste
Missionsreise mit ihm zusammen gemacht.

Wie Paulus über dieses Verhalten urteilte, wird sofort klar. Er
nennt die Weise dieser Brüder „Heuchelei". Sie heuchelten eine
Überzeugung, die sie zutiefst nicht hatten. Sie taten es nur der
Neuangekommenen wegen. Und zwar aus Furcht vor deren Urteil
und Zungen.[13]

V e r s 1 4 . Paulus greift sofort furchtlos an. Er wartete nicht
einmal auf eine Gelegenheit, wo er Petrus unter vier Augen er-
mahnen konnte, wie Jesus es im Falle eines Unrechts des Bruders

Mt 18, 15

befahl. Hier ging es um eine öffentliche Verfehlung, die ernste
Folgen für die ganze Gemeinde haben konnte. Ehe der Funke
falschen Feuers in den Herzen der noch jungen Heidenchristen
zünden konnte, mußte er ausgetreten werden. Sie hätten sonst gesagt: „So sind wir noch nicht volle Christen! Erst wenn wir mit
Petrus das Gesetz halten, sind wir es." Paulus löschte die verderbliche Flamme aus, ehe sie Unheil anrichten konnte.

Er sah, „daß sie nicht den einfältigen" — wörtlich: „den ge-
raden" — „Weg auf die Wahrheit des Evangeliums zugingen".
Es gilt, diesen Ausdruck sehr aufmerksam zu überlegen. Zumal eine
treffsichere Übersetzung schwer ist. Man könnte auch freier übersetzen: Nicht mit festen Tritten gingen sie, sie schwankten, sie

---

[13] „Sie spielten eine fremde Rolle andern Leuten zulieb" (Ad. Schlatter).

wichen aus der Richtung. Die Richtung ist „**die Wahrheit des Evangeliums**". Luthers Übersetzung: „Nach der Wahrheit" entspricht nicht mehr unserem heutigen Sprachgefühl.

Adolf Schlatter schreibt hierzu eine wichtige Bemerkung: „Die erste Christenheit war ein Reich der Wahrheit und der Freiheit. Nie mehr sind so viel Menschen beisammen gewesen, denen die Wahrheit das eine große und heilige Anliegen ihres Lebens war, und zwar nicht bloß so, daß sie dieselbe gerne gekannt hätten, sondern so, daß sie aus der Wahrheit zu sein und die Wahrheit zu tun sich bemühten." Das darf auch bei der Frage nach der Echtheit der neutestamentlichen Überlieferung nie aus den Augen gelassen werden.

Um die Wahrheit des Evangeliums geht es Paulus in dem ganzen Brief. Hütet euch vor einem falschen Evangelium! hat er den Lesern gleich zu Beginn des Briefes geschrieben. Um die Wahrheit des Evangeliums hat er in Jerusalem gekämpft. Selbst auf die Gefahr hin, daß sie ihn als ihren Feind ansehen, kann er ihnen die Wahrheit nicht verschweigen (nach einigen alten Lesarten heißt es Kap. 3, 1: „Ihr gehorchet nicht der Wahrheit"). Für Paulus hängt die Wahrheit so eng mit der Freiheit zusammen wie in Jesu Verkündigung. Ist die Wahrheit nicht mehr gefragt, so ist die Freiheit verloren. Knechtschaft und Lüge, Gewaltherrschaft und Sünde — sie sind eng verknüpft. Wer sich in die Knechtschaft des Gesetzes — und damit der Selbsterlösung — begibt, kann nicht mehr der Wahrheit die Ehre geben. Er wird Gottes Wahrheit in Ungerechtigkeit unterdrücken. Jenseits der Wahrheitsgrenze der Jesusbotschaft kommt der Mensch ohne Lüge und Heuchelei nicht aus. Nur Jesus macht davon frei. Nur auf ihn muß der Blick gerichtet bleiben.

Wer in der Richtung auf die Wahrheit zugeht, hat sie vor Augen. Er steht unter ihrer Kontrolle und hat in ihr seinen Maßstab. Aber auch seine Richterin, die ihn zur Buße bringt. Wer den Jesusweg geht, muß sich das dauernde Wahrheitsgericht gefallen lassen, um das Leben in Christus zu leben. Dieser Glaubensblick auf Jesus verträgt keine anderen Rücksichten und keine Seitenblicke. Es ist für unseren heutigen Geisteszustand sehr bezeichnend, daß „Einfalt" nur noch in einem negativen Sinn belächelt wird. Das Raffinierte lockt mehr als einfache Schlichtheit.

Für Paulus ist das, was jetzt vor seinen Augen in Antiochien geschieht, nicht bloß eine Stilfrage oder ein Adiaphoron (Mittelding), das vom Gewissen des Einzelnen entschieden werden könnte. Wenn es Petrus peinlich war, daß er mit den ehemaligen Heiden gegessen hat, — wenn er meinte, es sei Gott wohlgefälliger, die alten Gesetze zu halten, so stellte er die Wahrheit der Gnadenbotschaft

Kap 1, 6 ff
2, 5; 4, 16
5, 7
Jo 8, 32

Rö 1, 18

Jo 8, 36
Hbr 12, 2

Jo 14, 6

in Frage. Er tat so, als ob er und die anderen Judenchristen ein Unrecht getan hätten, als sie Tischgemeinschaft mit den Heidenchristen hielten. Wenn das so ist, müßten auch diese denken: Wir tun Unrecht mit unserem Speisezettel. Dann war auch ihre Zuversicht zur Gnade Jesu als alleiniger Bedingung ihrer Annahme fragwürdig geworden. Dann mußte es in ihren Augen außer und neben der Gnade Jesu noch einen anderen Weg geben, das Wohlgefallen Gottes zu haben: nämlich, das Halten des Gesetzes.[14]

Das anklagende Wort des Paulus ist scharf, aber nicht lieblos: **„Du lebst als"** geborener **„Jude heidnisch"**, d. h. du bist, wie du ja bewiesen hast, innerlich frei, auch die Speisegebote zu übertreten. Aber mit deinem jetzigen Verhalten **„zwingst du die Heidenchristen, jüdisch zu leben"** (wörtlich: zu judaizieren), d. h. das Gesetz, das Mose betreffs der Speisen gab, einzuhalten.

Vielleicht hätte Petrus antworten können: „Ich zwinge niemand". Aber dennoch war sein Verhalten in den Augen der Heidenchristen beispielhaft. Er konnte sich nicht auf eine private Entscheidung zurückziehen. Denn Petrus war nicht „Privatmann", der niemanden etwas anging. Er war der anerkannte führende Mann der Urgemeinde. Er hatte die Pfingstpredigt gehalten. Er hatte im Hause des Kornelius die ersten öffentlichen Heidentaufen vollziehen lassen. Sein Verhalten war demnach nötigend und zwingend. Kein ehrlicher Christ will etwas Halbes sein. Sieht er einen, der es „entschiedener" nimmt, wird und muß er ihm nacheifern, es sei denn, er erkennt, daß es hier nicht um größere Entschiedenheit geht. Aber halbe Liebe, halben Glauben, halbe Hoffnung will und darf sich niemand vorwerfen lassen.

Vielleicht können wir einwerfen: Hat denn Paulus im Laufe seines Lebens nicht auch oft die mosaischen Gesetze gehalten? Er hat Timotheus beschnitten. Er ließ sein Haar in Kenchreä scheren um eines jüdischen Genusses willen. Und bei seinem letzten Aufenthalt in Jerusalem hat er sich auf Bitten des Jakobus mit vier anderen Männern Gesetzesordnungen unterworfen. Hat denn Paulus etwa später seine Haltung selber geändert? Über seine Grundsätze hat sich der Apostel den Korinthern gegenüber deutlich geäußert. Wo es um Gewinnung der Gesetzestreuen, der Pharisäer und Schriftgelehrten, ging, da war. er aus Liebe gerne bereit, sich Einschränkungen und Lasten aufzulegen, „auf daß ich die, die unter dem Gesetz sind, gewinne". Das war aber ein anderer Beweggrund als

Apg 2
10, 48

Apg 16, 3
18, 18
4 Mo 6, 9—18
Apg 21, 20—26

1 Ko 9, 19—22

---

[14] „Was Petrus beugt ... ist unser aller Unfähigkeit, Gott groß zu achten in unsern Herzen und alles andere klein, unser aller Unvermögen, das Herz gebunden zu halten im Glauben, der allein auf Christus blickt" (Ad. Schlatter).

die Furcht vor Menschen. Solch ein Verzichten aus der Liebe heraus, in der der Glaube tätig ist, mag oft von uns erwartet werden.
Aber nie hätte Paulus den Gesetzesfreien Gesetze auferlegt, damit
sie zu einem höheren Grade des Christenstandes kämen.

Wie zentral für Paulus diese Fragen sind, hat er dem Petrus und
all den Anwesenden bei jener Gelegenheit ausführlich dargelegt.
Die Zusammenfassung jenes Gesprächs gibt er nun den Galatern
hier wieder, damit auch sie die rechte Hilfe in ihrer Anfechtung
bekämen und erkennten, in welch großer Gefahr ihr Glaubensleben sei.

V e r s 1 5 . „Wir" — Paulus schließt sich mit Petrus zusammen,
wie sich in der brüderlichen Seelsorge der Mahnende immer mit
dem zu Ermahnenden zusammenschließen muß, denn „wer sich
dünken läßt, er stehe, mag wohl zusehen, daß er nicht falle" —
uns alle hält nur die Gnade Gottes. „Wir beide, du, Petrus, und ich,
Paulus, wir haben freilich einen großen Vorzug, daß wir aus dem
Volke Israel stammen und daher das Gesetz und die Gebote kennen. Wir kennen die reichen Verheißungen und wurden zum Gehorsam Gottes und in der Gottesfurcht erzogen." Die Schrift, die ja
nicht gebrochen werden kann, preist oft genug den Vorzug des erwählten Gottesvolkes. Paulus ist daher weit entfernt, in geistloser
Gleichmacherei alle Unterschiede zwischen dem erwählten Volk und
den Nationen zu verneinen.

„Wir beide sind als Nachkommen Abrahams, Isaaks und Israels
hineingeboren in diesen Segen", sagt Paulus. Vor wieviel heid-
nischer Wildheit und Immoralität, Götzendienst und wilder Erotik
wird doch ein Mensch bewahrt, der von klein auf unter das Gesetz
gestellt ist. Diese Hilfe hatten die Heiden nicht: Ohne rechte Erkenntnis Gottes und seines Willens mußten sie durchs Leben stolpern. Nicht einmal das Leiteseil der Gebote hatten sie, um sich
daran zu halten und zu orientieren. Wahrlich, Gott hatte sein er-
wähltes Volk reich gesegnet. Aber er hatte auch viel Geduld mit
den heidnischen Nationen.

Paulus will mit diesem leicht zu mißverstehenden Wort gewiß
nicht sagen: Wir Juden sind keine Sünder! Das soll der nächste
Satz gleich deutlich machen. Aber er zeigt seine Dankbarkeit für
Gottes Erziehungsarbeit an seinem Volk. Vor der Welt steht Israel
anders da als die Heiden. Das wurde in der Zeit der Apostel deutlich an der großen Zahl der Proselyten (Luther übersetzt „Gottes-
fürchtige"), die sich dem Gottesdienst des Tempels in Jerusalem
und der Synagoge anschlossen. Dieser Vorzug machte freilich nicht
schuldlos. Im Gegenteil: „Wem viel gegeben ist, bei dem wird man
viel suchen."

Mt 19, 12
Kap 5, 6

1 Ko 10, 12

Rö 9, 4. 5
Jo 10, 35

5 Mo 32, 43
5 Mo 33, 29
Ps 33, 12
89, 16
144, 15
Apg 17, 30
14, 16. 17

Lk 12, 48

V e r s  1 6 . Was hat uns denn diese Bevorzugung eingetragen? fragt der Apostel. Die Verantwortung wurde größer, das Wohlgefallen Gottes aber konnten wir durch unser Verhalten nicht erringen! In einem eigenartig umständlichen Satz zeigt Paulus, daß auch dem Juden kein anderer Weg blieb und bleibt als den Heiden, um mit seinem Gott zurechtzukommen.

„Wir wissen" — Paulus rechnet an jener Stelle mit keinem Widerspruch des Petrus. Hier sind sie sich ganz einig und stehen in voller Bruderschaft: „Ein Mensch wird aus Gesetzeswerken nicht gerecht." „Aus" (nicht wie bei Luther: „durch"). Es ist, als wollte Paulus sagen: Unsere Kasse ist leer, im Beutel der Gesetzeswerke findet sich keine Münze zur Bezahlung unserer Schuld vor Gott. Diese Bankrotterklärung des Gesetzeschristen ist eine Gewißheit, die Paulus und Petrus, die Heidenchristen und die Judenchristen verbindet. Eine Gerechterklärung erfolgt von Gottes Seite niemals, wenn ein Mensch auf seine eigenen Leistungen zeigt. Damit ist aller ethische Idealismus, jeder Moralismus, jeder Versuch einer Selbsterlösung erledigt. Mag sie so plump sein wie das Gassenwort: „Ich tue recht und scheue niemand!" — oder noch so hochgeistig wie beim kategorischen Imperativ des Philosophen. Ethiker aller Zeiten und Religionen empfehlen viele Methoden. Doch wir sind aussichtslos gefangen in unseren Werken, unserem „freien Willen", unseren sogenannten guten Absichten und steckengebliebenen Vorsätzen wie eine Maus in der Mausefalle.

Jo 10, 9
14, 6
Gibts denn keine Befreiung? Ja, doch: Eine! Aber wirklich nur eine: „Allein durch den Glauben an Christus Jesus." Dem verhafteten Menschen bleibt nur eine Zuflucht: Jesus, der Christus! Er allein ist die Tür in die Freiheit, in die Gnade, in den Frieden!
Rö 3, 22 ff
3, 28
1 Ko 3, 11
u. a.

Kap 3, 1
Wer das weiß, der sucht keinen anderen Weg, der wirft alle Krücken weg, der hat nur e i n e Richtung, e i n e Hoffnung. Der Ertrinkende, der den Rettungsring faßt, läßt alle Strohhalme fahren, sonst ist er ein Narr, „unverständig" oder „bezaubert".

Daher „wurden wir an Christus Jesus gläubig". Mag der äußere Verlauf noch so verschieden sein bei jedem Einzelnen, — es gibt keine genormte Form einer Bekehrung! — In dem Einen sind sich alle wahren Christen einig: Wir verzweifelten an uns selber und
Kap 1, 6
wir faßten einen Mut zu Jesus! Er rief uns in seiner Gnade. Wir erkannten die einzige Möglichkeit unserer Errettung. Sein Wort überwand unsere Zweifel. Wir wagten es mit ihm: „Wir wurden
Jer 20, 7
2 Ko 4, 6
Lk 5, 10
19, 9
gläubig." Das war ein Schritt, eine Entscheidung, ein Überwundenwerden. Es geschah an uns ein Wunder, ein Neuanfang, ein göttliches Schöpfungswort: „Von nun an", ein Gnaden-„Heute"!

Dieser Glaubensvorgang hatte ein Ziel. Es war eine Absicht damit verbunden: „**Damit wir gerecht gesprochen würden aus dem Glauben an Christus.**" Jetzt ist das Lösegeld da, das wir bisher vergeblich in unserem Frömmigkeitsbeutel suchten: „**Aus dem Glauben.**"

Glaube ist für sich eine leere Form, eine Haltung, ein Vorzeichen! Der Glaube ist ganz auf den geworfen, dem er glaubt. Er lebt nie aus sich selbst, sondern ganz aus dem anderen. Er hat daher keinen anderen Ruhm als Jesus allein. Nicht die Glaubenshaltung, nicht die Glaubensfähigkeit, nicht unsere „Gläubigkeit" rettet uns. Glaube ist nicht ein „gutes Werk", das wir als Ersatz für andere Werke anbieten. Glaube bekennt: Ich habe nichts als das, was mir aus purer Gnade geschenkt wird. „An mir und meinem Leben ist nichts auf dieser Erd, was Christus mir gegeben, das ist der Liebe wert." Im Lichte dieser Gnadensonne verblassen alle — Eph 2, 8. 9 kleinen Sternlein der eigenen Leistungen und Qualitäten. Noch einmal sei es gesagt: „**Aus Gesetzes Werken wird kein sterblicher** — Ps 143, 2; **Mensch**" — wörtlich: „**kein Fleisch**" — gerecht gesprochen werden. 130, 3 Man lese diesen 16. Vers unseres Kapitels einigemale laut vor Hio 9, 2 sich hin. Dann merken wir, wie Paulus hier im Zentrum seiner Verkündigung steht. Hier ist die Achse des Evangeliums, um die sich alles andere dreht. Das ist, wie Luther sagte: „punctum stantis et cadentis ecclesiae", der Punkt, an dem die Kirche steht oder fällt.[15]

Es ist, als ob hier ein Knoten über den andern geschürzt wird, damit das Band ja fest sitzt. So umständlich wiederholt hier Paulus seine Gedanken! Es geht um ein heiliges Glaubenswissen, das die Gemeinde des Glaubens durch die Erleuchtung des Heiligen Geistes empfing. Ja, das „**wissen wir**"!

V e r s 1 7 . Nun sind wir solche, „**die suchen, in Christus gerecht gesprochen zu werden**". Wir suchen danach, denn wir tun es ja nicht selber. Wir haben nicht etwa eine todsichere Methode gefunden, etwa eine feste Formel der Beichte oder eine kultisch festgelegte Form eines sicher wirkenden Sakraments oder eine uns gewiß machende Mitgliedschaft in einer religiösen Gesellschaft oder Sekte! Nein, wir sind ganz auf das Schenken Gottes angewiesen, das uns zugesagt ist.[16] Es bleibt im Glauben in aller seiner Gewiß- — Hbr 11, 1 heit stets auch ein Hoffen.

[15] Luther schrieb darüber in den Schmalkaldischen Artikeln: „Von diesem Artikel kann man nicht weichen oder nachgeben, es falle Himmel und Erden, oder was nicht bleiben will. Auf diesem Artikel stehet alles, daß wir wider den Papst, Teufel und Welt lehren und leben. Darum müssen wir des gar gewiß sein und nicht zweifeln, sonst ist alles verloren und behält Papst und Teufel und alles wider uns den Sieg und Recht."

[16] „Glaube ist noch kein Besitz, Sehen und Genießen, sondern ein Begehren und Erwarten, das aber auf gewissem Grunde steht und weiß, was es empfangen wird" (Ad. Schlatter).

Wie steht es nun mit solcher Hoffnung der an Christus Glaubenden? **„Durch Christus"** (auch so können wir übersetzen) suchen sie
ihren Freispruch. Glauben sie nun zu Unrecht? Hoffen sie ins
Leere? Ist für sie nichts zu erwarten? Geschah nichts oder doch zu
wenig für sie durch Christus? Wenn an ihnen in Gottes Augen sich
gar nichts änderte, wenn trotz ihrem Glauben alles beim Alten
blieb, d. h.: **„sie als Sünder erfunden werden"**, — dann war ihr
Glaube eine Täuschung! Wenn der Patient, dem der Arzt die Ge-
nesung versprach, diese beim Arzt vergeblich sucht, dann ist dieser
Arzt ein Scharlatan. Ja, dann ist er an meiner Krankheit mitschul-
dig, denn er hat sie mit seiner Täuschung gefördert, statt sie zu
überwinden. Er ist ein Diener der Krankheit statt der Gesundheit.
Ist der Glaube an Jesus nicht ausreichend, dann hätte sein Wort:

Mk 5, 36    „Glaube nur!" mich getäuscht, denn da hätte diese Glaubenshaltung mich von allen Selbsthilfen, die nötig gewesen wären, fern-
gehalten. Es würde mit mir schlechter stehen denn zuvor. Jesus
wäre ein Förderer meiner Sünde geworden, statt ihr Überwinder
zu sein.[17]

Welch ein unvollziehbarer Gedanke! **„Nie und nimmer!"** Voller
Abscheu wendet Paulus sich von diesem lästerlichen Gedanken ab,
als könnte Jesus der Förderer unserer Sünde sein. Seht, in welch
eine Finsternis ihr geratet, wenn ihr da meint: Was Jesus tat und
tut, reicht nicht aus! Ich muß noch etwas hinzutun! — Dann habt
ihr einen hilflosen Helfer, einen heillosen Heiland! Denn trotz seiner
Macht und Liebe **„werden wir als Sünder erfunden"**, als Hoffende
hoffnungslos, — wie entsetzlich!

Den Ausdruck **„erfunden"** können wir kaum anders wiedergeben.
Er ist in dem deutschen Wort „Befund" enthalten, der ja gerade
von der ärztlichen Diagnose gilt. Man untersuchte unseren Zustand
und man fand: Sünder, d. h. unheilbar krank! Das also bleibt unser
Befund trotz unserer Verbundenheit mit Jesus!

Petrus und die anderen Judenchristen werden tief erschrocken
gewesen sein über diese Umschreibung der Folgen ihres Verhaltens. So hatten sie es gewiß nicht gemeint! Paulus ist daher bereit,
seinen Gedanken noch deutlicher auszuführen.

V e r s 1 8 . Paulus sagt: Bedenkt, was ihr **„abgebrochen habt"**.
Als er einst vor Damaskus dem Auferstandenen begegnete, da brach
etwas zusammen, — seine alte Frömmigkeit, seine alte Art, Gott
zu ehren. Der Weg, durchs Gesetz, durch eigenes Handeln Gottes
Wohlgefallen zu finden, ging unter, „löste sich auf", wie Schnee in

---

[17] „Wollt Ihr Christus ehren, so zweifelt nicht, daß er Eure vollkommene Rechtfertigung ist"
(Ad. Schlatter).

der Sonne wegschmilzt und hernach nicht wieder zu finden ist. Das alte Gehäuse der Gesetzesgerechtigkeit wurde abgerissen. Es war so baufällig geworden, daß man darin nicht mehr wohnen konnte. Es war geradezu lebensgefährlich — in allertiefstem Sinn, — darin weiterzuwohnen. Jeder Christ zieht in seiner Bekehrung um: aus dieser gefährlich baufälligen Behausung in das Gnadenschloß, das allem Stürmen und Beben standhält.

Welch ein Narr wird dieses feste Schloß aufgeben und wieder die morschen Bretter des alten Hauses zusammennageln, um sich ein Quartier in voriger Weise zu schaffen? Wenn dir dann das Dach auf den Kopf fällt und dich erschlägt, bist du selber schuld. Spr 18, 10

Wer das Wohlgefallen Gottes in Christus fand, sehnt sich normalerweise nicht nach einem Heil, das von den eigenen Werken abhängig ist. In Christus ist Vergebung! Läßt du seine Hand los, um dir doch selber zu helfen, so hast du dirs selbst zuzuschreiben, daß dich Jesus nicht mehr schützt. Du wirst in der Schande deiner Nacktheit offenbar, die allein zugedeckt wird durch den „Rock der Gerechtigkeit" und die „Kleider des Heils", die der Vater dem verlorenen Sohn statt seiner Lumpen umlegt. Ohne dieses Kleid der Gnade „zeige ich mich" — oder: „beweise ich mich, erweise ich mich" — „selbst als Übertreter". Ich brauchte es nicht zu sein, denn Jesus ruft mich in seine reinigende Gemeinschaft. Aber indem ich mein Heil in meine eigene Regie übernehme, setze ich Jesus als Heiland und Helfer ab. Nun bin ich wieder, was ich ohne ihn bin: ein elender, erbarmungswürdiger Sünder! Jes 61, 10<br>Lk 15, 22

Gerade dieses wollten jene Judenchristen vermeiden. Sie wollten ganz gerecht und untadelig sein, als sie sich von den Heidenchristen trennten. Aber damit trennten sie sich auch vom Sünderheiland, als wollten sie sagen: „Hier kann ich mir schon selber helfen." Und nun wurden sie just das, was sie vermeiden wollten. Das ist das Ende derer, die sich auf ihre Gesinnung, ihre Moral, ihre Bemühungen und guten Vorsätze stützen — statt auf Jesus allein!

Wer nur ein halber Sünder zu sein meint, hat nur einen halben Heiland. Und das ist ein elend Ding! Zuweilen glaubt man und zuweilen hilft man sich selber. Zuweilen verzweifelt man, und dann hat man wieder etwas Zuversicht. Dieser Zickzackweg ist der Weg derer, die Jesus und das Gesetz verkoppeln wollen und schließlich keines von beidem ganz haben.

Wie sehr mußte diese Rede die Judenchristen mit Petrus erschüttern! Es mag sein, daß sie mit Paulus diskutierten und ihre Einwände machten. Die Antwort des Paulus ist in diesen Versen kurz zusammengefaßt.

Ja, mögen sie gesagt haben, Paulus, du bist ein studierter Mann,

du kannst das mit deinen Worten so schön zurechtlegen, aber ganz
wohl ist uns dabei nicht. Wie gehst du denn mit dem Gesetz um?
Es ist doch auch Gottes Wort, den Vätern für ewige Zeiten ge-
Mt 5, 17. 18    geben! Sogar unser Meister hat gesagt, er sei gekommen, das Gesetz
zu erfüllen, von dem kein Tüttel, kein Jota hinfällig sei. Du aber
wischst das Gesetz Gottes wie mit einem nassen Schwamm die
Schrift von der Tafel. Du nimmst das Gesetz Gottes nicht ernst
genug!

So mögen Petrus und seine Genossen geantwortet haben.

So? Meint Ihr? antwortet Paulus. Denkt ihr denn wirklich, ihr
nehmt Gottes Gesetz ernst, indem ihr euch einige Vorschriften
herausnehmt, um sie bis zur äußersten Konsequenz zu halten? Es
Jak 2, 10       geht hier aber ums ganze Gesetz. Ich aber habe die ganze Drohung
und Qual des Gesetzes durchgemacht, ja:

V e r s 19. „Ich starb durchs Gesetz." Es hat mich nicht nur ge-
quält, weil ichs nicht halten konnte, wie ichs sollte. Es hat mich
nicht nur mit dem Gericht bedroht und schließlich zum Tode verurteilt. Es hat dieses Todesurteil auch vollzogen! Ich wurde getötet.
Rö 7, 10        Mir wurde jedes Recht zum Leben abgesprochen und jede Lebensquelle verschüttet. Weil das so ist, so bin ich „dem Gesetz gestorben". Ich bin für das Gesetz tot. Ich höre weder seine Drohungen
noch seine Lockungen! Ich habe es so ernst genommen, wie man es
nehmen muß. Ich bin ihm nicht mit lahmen Entschuldigungen aus-
gewichen. Ich konnte nicht mehr heucheln, und ich erkannte mich
als des Todes würdig. Da halfen keine Gelübde noch Versprechen,
mich zu bessern. Ich fiel in den Todesabgrund. Da gab es für mich
Jon 1, 12       keine Hoffnung mehr. Weil ich das Todesurteil des Gesetzes für
gerecht hielt, ging mir Auge und Ohr für ein neues Leben auf —
„für Gott".[18] Das war der Zweck und das Ziel des Gesetzes, daß ich
aufhörte mir selber zu leben, und anfing, für Gott da zu sein.

Diese grundlegende Wandlung ist keine Idee oder Theorie. Es
ist ein göttliches Geschehen, ein Stück gottgewirkte Geschichte. Das
tat Gott im Kreuzestod seines Sohnes, des Christus. Als Paulus vor
Damaskus erkannte, daß der gekreuzigte Galiläer Jesus wirklich der
Christus Gottes sei, der das Gericht an den Sündern an seinem
eigenen Leibe erfuhr, — da wußte er: Ich gehöre zu ihm! Er hat
mich gerufen und damit in seine Gemeinschaft gestellt. Was ihm
Jes 53, 3—6     in seiner Person widerfuhr, ist auch mir widerfahren. Sein Tod ist
Jo 1, 29        mein Tod, denn er ist ja der Christus, das Lamm Gottes, das der
Rö 8, 3         Welt, auch meine, Sünde trägt. Hier wird die Sünde der Mensch-
heit gerichtet.

---

[18] Aber „erst als mir das Gesetz unterging, fand ich Gott" (Ad. Schlatter).

Seit Paulus das erfuhr, kommt er vom Tode her und ist nicht — wie die anderen Menschen — auf dem Weg zum Tode. Er ist seit seiner Taufe mit Christus in den Tod gelegt. Nun hat er kein eigenes Leben. Sein Leben ist jetzt Christus. **V e r s 2 0 .** Sein Ich hat sein Leben verloren. „**Ich selber lebe nicht mehr**", d. h. nicht mehr jenes Ich, das selbstgerecht und eigenwillig seine Ansprüche anmeldete.[19]

Aber Paulus! — mögen manche Hörer gedacht haben — wir verstehen dich nicht! Du lebst doch noch, wir hören doch deine Stimme und du regst und bewegst dich vor uns! — Ja, freilich: „**Christus lebt in mir**." Er hat mir ja die Gemeinschaft mit sich selbst gewährt. Ich bin nicht nur mit ihm gekreuzigt, sondern auch mit ihm auferstanden. So wahr ich an seinem Tode teilhabe im Glauben, so wahr habe ich auch Teil an seiner Auferstehung. Denn er ist der Christus, der Weinstock der Seinen und der Quell des neuen Lebens.

Dieses Verbundensein des Paulus mit Jesus ist nicht das Resultat seiner Hingabe an ihn, sondern vielmehr die Frucht der Liebe Jesu zu Paulus, die ihrerseits dann zur gehorsamen Übergabe des Lebens an Jesus führte. Paulus weiß wohl: „**Ich lebe**" — noch — „**im Fleisch, im sterblichen Leibe**", den ich noch als ein sehr schwaches Werkzeug benutzen muß. Aber: „**Ich lebe im Glauben**", das ist eine ganz andere Weise als jene, in der ich früher lebte. „**Ich lebe im Glauben an den Sohn Gottes.**" Dieser Glaube ist nicht eine dogmatische Aussage über Jesus, ist nicht eine schwärmerische Steigerung meiner seelischen Kräfte, sondern eine Verbundenheit mit Jesus, mit seinem Leben, seinen Kräften, seiner Gnade, seinem Frieden, seinem Geiste — wie viel er in seiner Liebe mir davon zuteilen mag.

„**Christus in mir**" — das ist für Paulus der geeignete Ausdruck für das, was er Glauben nennt. So wenig versteht er den Glauben rational, intellektualistisch, verstandesmäßig, als bloße Idee. Für ihn heißt das: „**Ich lebe im Glauben an den Sohn Gottes, der mich geliebt und sich selbst für mich gegeben hat.**" Das ist weder ein Gedankengebilde, noch ein Naturprozeß. Es ist die Tat Jesu Christi, Frucht seiner Heilandsliebe, Folge seiner Hingabe in Leiden und Tod.

„**Für mich**" — hier ist wieder die Klammer, die das Objektive,

Rö 6, 4
Kol 2, 12
Phil 1, 21
Kol 3, 3

Jo 15, 4 u. 5

Eph 3, 17
2 Ko 13, 5

---

[19] „Meines Lebens Grund kann nimmermehr in mir selber liegen; ich bin nicht mehr der Lebendige. In mir wirkt und herrscht der Tod. Aber Christus lebt, und er lebt nicht bloß für mich in der Herrlichkeit seiner eigenen Person, sondern er lebt auch in mir und macht, daß sein Leben an mir erscheint und mich durchdringt, so daß ich eine Schöpfung und ein Zeugnis seines Lebens bin" (Ad. Schlatter).

das allen Gültige zum subjektiven Besitz erhebt und persönlich zuteilt. „Für unsere Sünden" so lasen wir im ersten Kapitel, wo er im Namen aller Brüder, die mit ihm sind, schreibt. Hier setzt er das Wort in der Einzahl, ganz persönlich als Zeugnis des Sünders Paulus, der im Glauben seine Rettung und Wandlung erfuhr. M i c h hat er geliebt, der ich von seinen Feinden war! — Für m i c h gab er sich hin, um mich aus dem Verderben zu retten. Am Kreuz hat mein altes Leben mit Christus sein Todesurteil empfangen. In der Liebe des Auferstandenen empfange ich den neuen Lebensgrund, die neue Lebenskraft, den neuen Lebensinhalt, die neue Lebenshoffnung. „Ich weiß von keinem andern Grunde, als den der Glaub' in Christo hat", singt jener pietistische Adelige v. Bogatzky. Anders kann Paulus nicht mehr leben. Löse die Rebe vom Weinstock, und sie verdorrt! Laß die Hand Jesu los, dann bist du wieder ein verzweifelter Sünder. Wer erst an Jesu Kreuz starb, kann nicht ohne Jesus leben.

V e r s 2 1 . Wie sollte Paulus daher „die Gnade Gottes" gering halten, die ihm das Kreuz Jesu zum Heil werden ließ? Er kann „die Gnade Gottes nicht verwerfen", nicht für unzureichend halten. Er kann sie nicht disqualifizieren, wie diejenigen tun, die sagen: „ja, ja, die Gnade ist schon gut, aber ein wenig müssen wir auch selber tun". Paulus kann diese Additionsmethode, dieses Rechenexempel nicht mitmachen. Er würde das Kreuz Christi entleeren, es wäre sinnlos und zwecklos. „Christus" wäre „vergeblich gestorben." Golgatha ist umsonst „wenn es eine Gerechtigkeit durchs Gesetz gibt". Dann brauchen wir Jesus Christus nicht.

Hier steht Paulus vor einem Entweder-Oder. Auch seine Hörer und Leser nötigt er zu einer klaren Entscheidung. Er hat sie bis zu dieser Spitze geführt. Hier darf sich niemand vor der Glaubensentscheidung drücken: Entweder Jesus und Jesus allein, — oder das Gesetz und das Gesetz allein. Das Erste ist das Leben, das Zweite ist der Tod.

## III. AUFGABE UND SCHRANKE DES GESETZES
(Der dogmatische Teil des Briefes)
Galater 3, 1—4, 31

### 1. DIE VERBLENDUNG DER GALATER
Galater 3, 1—5

1 Ihr unvernünftigen Galater! Wer hat euch bezaubert (der Wahrheit nicht zu gehorchen), denen Jesus Christus vor die Augen ge-
2 zeichnet wurde als ein (in eurer Mitte) Gekreuzigter.[20] * Dies
allein will ich von euch erfahren: Empfingt ihr den Geist aus
3 Werken des Gesetzes oder aus Hören des Glaubens? * Seid ihr
so unvernünftig? Nachdem ihr durch den Geist begonnen habt,
4 führt ihr's zu Ende durch das Fleisch? * Soviel erlittet ihr [dem-
5 nach] vergeblich? wenn es wirklich vergeblich ist! * Der euch also
den Geist darreicht und in eurer Mitte Kräfte bewirkt, [tut er es]
aus Gesetzeswerken oder aus dem Hören des Glaubens?

Paulus hat im vorhergehenden Teil seines Briefes einen Rückblick
auf seine bisherige Führung getan. Im Besonderen hat er jene Be-
gebenheiten hervorgehoben, die zeigen, daß er im Auftrag und
unter der Autorität Christi seinen Dienst tat: Seine Berufung durch
Christus, die Verhandlung in Jerusalem und seinen Zusammenstoß
mit Petrus. Nun kommt er in einem ausführlichen Teil zu einer
grundsätzlichen Beweisführung. In dieser will er den Galatern einen
Unterricht geben, damit sie selbst zur Einsicht und zu einer festen
Überzeugung kommen.

Wir staunen darüber, daß die Apostel jene ersten Gemeinden
nicht unter Glaubensgesetze stellen, die sie unter knechtischem
Gehorsam gebracht hätten. Davon findet sich keine Spur. Die
Apostel haben die Gemeinde nicht kommandiert. Paulus liegt nichts
daran, daß seine Gemeinden ein neues Gesetz an die Stelle des
alten erhalten. In der Freiheit, zu der er berufen ist, sollen auch
die Galater zur eigenen Einsicht kommen. Zu diesem Zweck scheut
er keine Ausführlichkeit. Er läßt sie einen ausführlichen Blick tun

---

[20] In Vers 1 ist der Satz „der Wahrheit nicht zu gehorchen" vielleicht ein späterer Einschub eines
Abschreibers, da diese Worte in der älteren, sog. ägyptischen Textform nicht zu finden sind,
obwohl sie am Sinne des Textes nichts ändern. Auch die in unserem Luthertext zu lesenden
Worte: „unter euch" — stehen in den besten alten Handschriften nicht. Die anderen Worte in eckigen Klammern sind nur zur Sinnerleichterung in der Übersetzung hinzugefügt.

Mt 11, 28—30
Rö 8, 21
Kap. 5, 1

in Gottes Walten und seine Absichten. Sie sollen darob froh werden, daß sie aus dem Joch heraustraten, das jene anderen ihnen auflegen. Er ruft sie in die Freiheit der Kinder Gottes.

Damit treten wir in den von uns der Kürze halber „dogmatisch" genannten Teil. Nicht in dem Sinn, daß hier Glaubensnormen verbindlicher Art statutarisch festgesetzt werden. Aber wohl so, daß lehrhaft entfaltet und unterbaut wird, was Paulus bisher schon erzählend — besonders im Gespräch mit Petrus — berichtet hat. Ehe wir dem interessanten apostolischen Gedankengang zu folgen suchen, der uns ähnlich wie im Römerbrief zeigt, wie Paulus forschend und betend der göttlichen Offenbarung sich öffnet, hören wir zuerst noch eine lebhafte Anrede paränetischer (ermahnender) Art, die doch schon den Grundgedanken seiner Lehre enthält.

V e r s 1. „Unvernünftig", unverständig, nennt Paulus die Leser. Sie haben nicht recht nachgedacht und haben sich unüberlegt auf einen Irrweg locken lassen. Paulus denkt also nicht entfernt daran, daß dem Christen sein Verstand im Wege stehen könne, wenn er recht glauben möchte. Im Gegenteil: Es scheint ihm ein Unheil, wenn ein Christ nicht sein ganzes Vermögen, das Gott ihm gab, auch in seinen Dienst stellt. Weil Glaube Leben aus und mit Gott ist, kann sich der Mensch weder auf sein Gefühl, noch auf sein Willensleben allein zurückziehen, der ganze Mensch ist in Gottes Dienst gerufen. Weder eine sentimentale Gefühlsseligkeit, noch eine voluntaristische (willensmäßige) Aktivität, aber auch nicht ein einseitiger Intellektualismus (als könnte unser Intellekt entscheiden, was und wie wir glauben könnten) — kann uns helfen. Alle Fähigkeiten nimmt Gott in seinen Dienst. Aber eben: zum Dienst, nicht zum Herrschen sind wir berufen!

Oder liegt hier eine „Bezauberung" vor? Paulus hat gewiß sehr ernsthaft auch mit den Einflüssen finsterer Mächte gerechnet. Die kleinasiatischen Provinzen waren mit magischen Kulten und Sekten erfüllt. Paulus nennt die Zauberei auch unter den „Werken des Fleisches". Hat die alte magische Religion wieder Gewalt über euch bekommen? Es liegt im Wesen der Zauberei, daß sie uns betäubt und unsere Kräfte lähmt.

Apg 19, 19
Kap. 5, 20

Kap. 1, 6

Paulus fragt nach solchen Ursachen ihres Irrweges, weil er erstaunt ist, daß gerade die Galater sich abwenden ließen. Denn ihnen war durch seine Missionsverkündigung Jesus vor „die Augen gezeichnet" oder gemalt. Sie konnten ihn handgreiflich sehen. Rechte Predigt hat es viel weniger mit logischen Beweisführungen zu tun, als vielmehr mit dem Aufzeigen der Großtaten Gottes. Darum wurde die Bibel, die Urkunde der Glaubenspredigt, nicht ein Lehrbuch, sondern ein großes Bilderbuch Gottes, wo seine

Apg 2, 11
Ps 78, 7

Taten, seine Wirkungen berichtet und gezeigt werden. Wir sehen
hier in die Predigtweise des Paulus hinein: Jesus vor die Augen zu
stellen gilt es! Und zwar **„als den Gekreuzigten".** „Wir predigen,
verkündigen den gekreuzigten Christus" — das ist seine Aufgabe.      1 Ko 1, 23
Ganz gewiß hat er das Kreuz in die Gegenwart der Hörer gestellt
und nicht etwa nur Erinnerungen an den Karfreitag in Jerusalem
erzählt. Insofern ist die Lesart „ i n  e u r e r  M i t t e " ganz recht.
Einen anderen Gekreuzigten als den, der persönliche Beziehungen
zu uns selbst hat, kennt Paulus nicht, sonst hieße er es: „Christus
nur fleischgemäß kennen." Das „in unserer Mitte" gleicht dem:       2 Ko 5, 16
„für euch".[21] So Großes hörtet und saht ihr, — und dennoch wand-    1 Ko 11, 24
tet ihr euch ab!

V e r s  2 . Paulus läßt alle anderen Fragen beiseite und greift
nach der entscheidenden. Er tut wie ein Feldherr, der den strategischen Punkt ins Auge faßt und weiß: Hier muß der Durchbruch
der feindlichen Stellung geschehen! Nur **„eines will ich von euch
erfahren"**, über dieses denkt einmal scharf nach! Wenn ihr hier einfältig und freimütig antwortet, so kann euch noch geholfen werden:
**„Wodurch empfingt ihr den Heiligen Geist?"**
Es ist für unsere heutige kirchliche und theologische Sprache
ungewohnt, so gefragt zu werden. Uns scheint die Frage nach dem
Heiligen Geist und seinem Empfang leider oft nicht so dringend.
Wir fragen etwa nach der Konfession oder nach der kirchlichen
Richtung: Bekenntnismäßig? Freisinnig-liberal? Oder: Gehören Sie
zu pietistischen Gemeinschaftskreisen? Wenn wir nach der persön-
lichen Glaubensentscheidung forschen, fragen wir etwa: Stehen Sie
im Glauben? Wissen Sie von einer Wiedergeburt zu sagen? Sind
Sie ein überzeugter Christ? — Die Sprache des Paulus war anders.
Sein Augenmerk ging offenbar in eine andere Richtung.
Er hat auch in anderen Fällen so gefragt. Für ihn war das Glau-    Apg 19, 2
bendwerden eine Tat Gottes durch den Heiligen Geist. Wer seine     Rö 8, 15 ff
Briefe daraufhin durchliest, bekommt eine eindeutige Antwort.      1 Ko 6, 11
Auch Jesus sagt: „Der Geist ist's, der lebendig macht, das Fleisch"  2 Ko 1, 21 f;
— auch das fromme, religiöse Fleisch! — „ist nichts nütze". Darum    3, 3
fragt Paulus nach dem Heiligen Geist.                              Eph 1, 13
Weil nur der Geist Gottes neues Leben geben kann, und weil die     u. a.
Galater unter der Predigt des Paulus das neue Leben aus Gott        Jo 6, 63
empfangen hatten, darum kann er so fragen: Wodurch kam Gottes
Geist schöpferisch über euch?

---

[21] „Uns geht es an; durch uns Menschen und für uns Menschen ward dies vollbracht ... Wer
aber den Gekreuzigten geschaut hat, der hat den Mut verloren, auf sich selbst zu bauen und
hat zugleich den Mut gewonnen, der Gnade Gottes gewiß zu sein" (Ad. Schlatter).

Apg 2, 2 f
8,36;10,46
16, 14

Rö 8, 15 f
Jo 16, 14
2 Ko 3, 3
Kap. 5, 18
Rö 8, 14

Apg 19, 2

Wieweit mit diesem Akt Gottes äußere Zeichen verbunden waren, ist nicht entscheidend, denn diese Zeichen wechselten. Am Pfingsttage gab es Sturm und Blitzezucken. Beim Kämmerer aus dem Mohrenland ging es lautlos zu, im Hause des Kornelius gab es Reden mit Zungen, der Lydia ging bloß das Herz auf, — es ist, als ob sich der allmächtige Gott auf keine Systematik einer Bekehrung einlassen wollte. „Er hat viel tausend Weisen zu retten aus dem Tod", singt Paul Gerhardt. Formen und Zeichen wechseln, aber der Inhalt bleibt.

Der erneuernde Geist, der die knechtische Furcht vertreibt und Gewißheit schenkt über Gottes Liebe, der Jesus „verklärt" und uns, die sündigen Menschen, zu Briefen Christi werden läßt, der uns unter das Regiment und die Regierung Gottes stellt, dieser erneuernde, zum Glauben fähig machende Geist, hatte auch unter den Galatern sein Wunderwerk getan. Paulus erwartet bei seiner Frage keine Antwort, wie dort in Ephesus: „Wir haben nie gehört, daß ein heiliger Geist sei." Darin ist er mit den Lesern ganz einig: Den Geist Gottes empfingen sie.

Die Frage ist nur: Wodurch kam er zu ihnen? Wir stehen hier vor der Kernfrage aller Mission oder Evangelisation. Es gibt viele Kirchen und Sekten, die hätten auf diese Frage eine sehr komplizierte Antwort gegeben. Müssen etwa zuerst die Reliquien von Heiligen ins Land gebracht werden? Oder Kreuzesbalken an den Straßen aufgerichtet sein? Oder gilt es, gewisse Konzentrationsübungen zu veranstalten? Oder ist ein intensives und ausdauerndes Gebet die Voraussetzung? Oder gilt die Erfüllung gewisser ritueller oder sittlicher Vorschriften, um dem Geist Bahn zu machen? Lauter Fragen, die in der Religions- und Kirchengeschichte sehr verschieden und bunt beantwortet werden.

Paulus bringt alle diese Möglichkeiten auf zwei Nenner: Entweder „aus Werken des Gesetzes" oder „aus der Kunde des Glaubens", d. h. „Glaubenspredigt". Es gibt nur diese zwei Möglichkeiten: Entweder der Mensch hat es in der Hand. Dann ist es eigentlich unwesentlich, was er tut; denn es sind auf jeden Fall vorgeschriebene Werke, „Werke des Gesetzes". Sind sie nicht den Büchern Mose entnommen, dann den Regeln des Konfuzius oder des Buddha, vielleicht auch sonst einer Ethik, und wäre es der kategorische Imperativ des Idealisten. Alles, alles — auch wenn es in christliche Formen verfaßt wäre — nennt Paulus „Werke des Gesetzes".

Aber es gibt noch die andere Möglichkeit. Paulus nennt sie „das Hören des Glaubens". Luther hat selbst empfunden, daß seine Übersetzung „Predigt vom Glauben" dem Text nicht entspricht. Er sagt einmal, es müßte eigentlich heißen: „Das Gehöre des Glaubens." Es geht nämlich nicht etwa um die Tätigkeit des Hörens, als wären alle anderen Gesetze durch das eine ersetzt: Du sollst hören! Es geht aber auch nicht um eine Formel, die als alleinseligmachende ausgerufen und übernommen werden könnte. Hier wird vielmehr der Vorgang des Glaubens umschrieben. Glaube ist Bereitschaft zu n e h m e n , was ihm gegeben wird. Das W o r t macht's! Der Glaube macht's! — Beide Sätze drücken das Gleiche aus. Weder das Wort als objektiver Satz, noch das Hören als subjektive Tätigkeit, sondern gerade das, was zwischen beiden vorgeht.

Das Wort nötigt zur Aufnahme, und das Ohr des Glaubens läßt sich überwinden und überreden. Paulus hat darüber auch den Römern geschrieben: „Wie sollen sie glauben, wo sie nicht gehört haben?" Glaube ist an und für sich eine Form ohne Inhalt. Der Inhalt kommt von außen, von oben, durchs Wort! Und dieser gewaltige Inhalt formt den Glauben. Der Glaube ist erst durchs Wort gestaltet, darum tat Paulus nichts anderes, als daß er den Ruf Jesu erschallen ließ, des Gekommenen und des Kommenden. Und er wußte: Mehr tut nicht not. Dieser Ruf, dieses aus dem Geist kommende und von dem Geist beladene und begleitete Wort schafft Glauben.

Immer wieder lesen wir: „Das Wort ist gesandt", „sie sagten ihnen das Wort", „sie predigten des Herrn Wort". Paulus selbst erwartet, daß die Botschaft als vollmächtiges Wort Gottes gehört und aufgenommen werde. Durch das Wort, auf das sie hörten und achthatten, haben die Galater also den Geist Gottes empfangen. Ihr Glaube war selbst ein Werk dieses dem Worte innewohnenden Geistes.

V e r s 3 . Wenn sie nun diesen Boden verlassen, so ist das töricht und ohne Vernunft. Die Galater haben aus Gottes Baumaterial einen Grund gelegt bekommen. Nun wollen sie mit untauglichem Material weiterbauen. Sie verpfuschen damit den ganzen Bau.

„Geist" und „Fleisch" ist in der Sprache des Apostels ein absoluter Gegensatz. Geist ist das Wirken Gottes, Fleisch ist das Handeln des Menschen. Der Geist kommt zu uns durch die Gnade Jesu Christi. Das Fleisch ist uns von Natur gegeben und kann nur Gesetzeswerke wirken. Der Geist wendet sich an den Glauben des Bußfertigen, das Gesetz richtet sich an den, der noch außerhalb des Glaubens steht. Der Glaube weiß sich auf Gottes Gnade allein geworfen — wie der verlorene Sohn. Das Fleisch rühmt sich der eigenen Taten und Verdienste — wie der ältere Bruder im Gleichnis. Diese konträren Gegensätze können nicht unter einen Hut, auf

Jer 20, 7

Rö 10, 14

Phil 1, 18
2 Kor 4, 5
1 Ko 1, 23
1 Ko 15, 12
Apg 13, 26 u.
42; 15, 35

1 Th 1, 6
2, 13

1 Tim 1, 9

Lk 15, 21 u. 29

Rö 8, 5—9

einen Nenner gebracht werden. Paulus sieht hier sich schlechthin: Ausschließendes (s. 4. Exkurs!).

Ihr wollt „im Fleisch vollenden", d. h. selbst mit eurem Wirken und Wollen das zum Ziele bringen, was „im Geist begonnen" — von Gott selbst gewirkt wurde. Ihr rückt euch selbst beängstigend nahe in Gottes heilige Nähe. Was im Glauben durch Gottes Gnade entstand, das kann auch nicht ohne Glauben, d. h. im Fleisch, vollendet werden. So kommt ihr nie zum Ziel, zur Vollendung. Ihr reißt vielmehr ab, was Gott tat, und setzt eure Tat an die Stelle Gottes.

V e r s 4 . Damit verratet ihr euren bisherigen Weg. Das Bekenntnis zur Gnade des Gekreuzigten schaffte euch Leiden. Die hättet ihr euch ersparen können, wenn ihr doch den Weg der Selbsterlösung gehen wollt. Die Welt hat noch je und je die wunderlichsten Methoden der Selbsterlösung geduldet und sogar „interessant" gefunden. Aber das Bekenntnis zum Kreuz, das alle Menschen und alles Menschliche ins Unrecht setzt, ist und bleibt ihr

1 Ko 1, 23

Phil 3, 18

unerträglich. „Feinde des Kreuzes" nennt Paulus alle die, die sich für tüchtig halten, Gott mit ihren eigenen Eigenschaften und Taten zu imponieren. Wenn sie den Weg des Fleisches, der Welt, des selbstgewissen und selbstgenügsamen Menschen gehen, dann war ihr bisheriger tapferer Leidensweg sinnlos und „umsonst".[22] „Wenn es wirklich vergeblich ist", fügt Paulus nur andeutend an. Denn zutiefst bleiben Gottes Wort und Geist nicht ohne Wirkungen. Öffnen wir uns nicht der Gnade Jesu und lassen wir uns nicht im Glauben von ihm in Beschlag nehmen, dann werden jene göttlichen Wirkungen uns zur Stumpfheit oder gar zur Verstockung führen. Dann folgt statt einer Neubelebung das Gericht. Paulus nimmt an, daß die Galater seine Andeutung verstehen werden, ohne daß er ihnen an dieser Stelle Furcht wecken will. Seine folgenden Ausführungen zeigen, daß er sie noch nicht für verstockt, sondern für zugänglich für das belehrende Wort hält.

V e r s 5 . Noch einmal erinnert Paulus daran, was Gott an ihnen bisher getan hat: Er hat ihnen seinen „Geist gegeben" und „in ihrer Mitte Kräfte bewirkt". Es ist etwas geschehen bei ihnen. Menschen wurden die Geisterfurcht los, weil sie von Gottes Geist überführt wurden. Sie warfen ihre Götzen weg, weil sich Gott mächtig in ihren Herzen kundtat. Feinde versöhnten sich, Ehen wurden erneuert. Geraubtes Gut wurde wiedergegeben. Die Kraft der Bruderliebe dokumentierte sich. Es mögen auch erstaunliche Gebetserhörungen oder Heilungen vorgekommen sein. Über die einzelnen

---

[22] „Wer so großes erlebt hat, der darf es nicht umsonst erlebt haben" (Ad. Schlatter).

Formen jener galatischen Erweckungen sind wir nicht orientiert.[22a] Aber immer wieder wirkt Gottes Geist Offenbarung der erneuernden Gnadenmacht Jesu. So war es und bleibt es stets, wo Menschen in ihrer Sünde sich der Wahrheit des Evangeliums öffnen und ihr Leben an Gott hingeben. Das alles ist auch bei euch geschehen, ihr Galater, — ohne daß ihr dazu angehalten wurdet, gesetzliche Vorschriften als Vorbedingung zu erfüllen. Woher kamen jene Wirkungen? Nicht „aus Gesetzeswerken", sondern ganz allein aus dem „Hören des Glaubens". Das Wort allein macht es, das Christuswort! Ihr hörtet es, trautet ihm und wurdet nun Glaubende, an Jesus glaubende Menschen!

Genügt euch das nicht mehr? Wollt ihr mehr haben? Mit dieser Fragestellung sind wir alle vor das Problem der Gesetzlichkeit oder der Schwärmerei gestellt. So unterschiedlich beide aussehen mögen, so sind sie doch Zwillinge. Ob „Sabbatgebot" oder „Geistestaufe" oder „Versiegelung" durch Menschenhand! Ob Ablaß durch Kerzenbrennen oder Rosenkranzbeten — immer will der Mensch mehr als bloß glauben! Es ist aber Phantasterei, ja sogar Unglaube und Ungehorsam, wenn wir in diesem Äon des Glaubens mehr erringen wollen als ihn. Das Schauen kommt erst im nächsten Äon.[23] Wieviel Schmerzliches wäre der Kirche erspart geblieben, wenn wir alle diese Grenzen erkennten und uns darin Genüge ließen! Aber immer wieder versucht der Mensch in seiner Hybris, d. h. Vermessenheit, sich über die von Gott gesetzte Schranke zu erheben und merkt nicht die Teufelfratze dahinter, die immer noch spricht: „Versuchs doch! dann wirst du sein wie Gott." Auch Frömmigkeit kann zur Sünde führen, wenn sie sich über das Wort Gottes erhebt.

1 Mo 3, 5

## 2. ABRAHAMS SEGEN GEHÖRT DEM GLAUBEN
### Galater 3, 6—14

6 Ebenso wie Abraham Gott glaubte, und es wurde ihm zur Ge-
7 rechtigkeit gerechnet. * Ihr erkennt daraus, daß die aus Glauben
8 [sind], diese sind Söhne Abrahams. * Da die Schrift aber voraussagt, daß Gott die Völker (die Heiden) aus Glauben gerecht

---

[22a] Es sei denn, daß wir die galatischen Gemeinden in Apg 13 und 14 suchen (s. Einleitung).

[23] „Niemand ist höher, heiliger, Gott näher, als der Glaubende. Über den Glauben hinaus gibts in diesem Leben keine höhere Stufe der Vollkommenheit, weil Geist und Glauben beisammen sind" (Ad. Schlatter).

spreche, so hat sie dem Abraham schon im voraus als Evangelium verkündigt: In dir werden alle Völker gesegnet werden.
9 * Folglich werden die aus Glauben mit dem gläubigen Abraham
10 gesegnet. * Denn alle, die aus den Werken des Gesetzes sind, sind unter dem Fluch; denn es steht geschrieben: Verflucht ist jeder, der nicht bleibt in allem, was im Buch des Gesetzes ge-
11 schrieben ist, um es zu tun. * Daß im Gesetz niemand gerecht gesprochen wird vor Gott, ist offenbar, weil der Gerechte aus
12 Glauben leben wird. * Das Gesetz aber ist nicht aus Glauben,
13 sondern: wer das tut, wird dadurch leben. * Christus hat uns herausgekauft aus dem Fluch des Gesetzes, indem er für uns ein Fluch wurde, da geschrieben ist: Verflucht ist jeder, der am
14 Holz hängt,* damit der Segen Abrahams zu den Völkern in Christus Jesus käme, auf daß wir die Verheißung des Geistes empfingen durch den Glauben.

Vers 6. Aus dem Glauben, der hört und empfängt, kam die Gabe des Geistes und der Kindschaft zu den Galatern. Das entspricht der Heilsgeschichte, in die Paulus nun seine Leser einführt. Sie meinten, nur Abrahams Kinder hätten Teil an der Verheißung des Heiligen Geistes. Darum erwogen sie, ihre Söhne auch der Beschneidung zu unterwerfen. Aber wie war es denn mit Abraham?

1 Mo 15, 6    Auch Abraham „glaubte", und weil er glaubte, wurde er von Gott gerecht gesprochen. So sagt die Schrift. Um das Wohlgefallen Gottes geht es auch bei euch. Es kam zu euch, als ihr glaubtet. Der Heilige Geist machte euch zu Gottes Kindern. Das ist der gleiche Vorgang wie bei Abraham: Auch er empfing die Zusage des Wohlgefallens Gottes ohne gesetzliche Haltung, ohne eine entsprechende Qualität an sich selber aufweisen zu können. Hier seht ihr euren eigenen Glaubensweg bestätigt.

Vers 7. Nun darf euch kein Irrlehrer mehr sagen: Dir fehlt etwas, wenn du bloß glaubst und nicht auch die Beschneidung oder das Gesetz Moses einhältst. Ihr dürft ihm antworten: Wir glauben, wie Abraham glaubte, und haben darum Gottes Wohlgefallen, wie Abraham es hatte. Das „sind" die „Söhne Abrahams", die „aus Glauben sind". Aus Glauben sein — das ist eine treffende Umschreibung jener neuen Existenz, die wir in Jesus haben. Woraus schöpfst du deine Kräfte? Aus deinen Leistungen, deinen Eigenschaften, deinen Tugenden, deiner Gesinnung, deinem Blut, deiner Tradition? Das alles schafft dir keinen Zugang zur Gnade. Abraham, Paulus, die ganze neugeschaffene Christusgemeinde lebt „aus Glauben".

„Was ich jetzt als sterblicher Mensch lebe, das lebe ich im Glauben", hat Paulus soeben den Galatern bezeugt. „Wir sind des    Kap. 2, 20
Glaubens" — als wäre der Glaube ein Material unserer Existenz.
Er umfaßt das ganze Leben, alle Regungen und Strebungen. Nichts
ist ausgenommen. Wir „sind" — unser Wesen hängt ganz daran,
wir „sind" des Glaubens. Ohne ihn sind wir nichts. Darum geht es    Mt 3, 9
hier nicht um das Blut Abrahams, sondern um den Glauben Abrahams, um wahrhaft zu seinen Söhnen zu zählen. Der Weg aber,
den die Galater beschreiten, der führt von der Abrahamskindschaft
weg. Verleugnet ihr den Glauben in seiner Allgenugsamkeit und
greift statt dessen oder auch nur ergänzend nach dem Gesetz, so
seid ihr nicht mehr Abrahams Söhne. Ihr verliert auf dem Weg des
Gesetzes das, was ihr zu erlangen trachtet.

V e r s 8. Gott hat uns darüber nicht im Dunkeln gelassen. Lest
nur die Schrift! Sie gibt euch Klarheit. Sie hat eindeutig gesagt,
daß die Gabe Abrahams nicht nur seinen leiblichen Nachkommen
zugute kommen solle. Abraham selber sollte es wissen, deshalb
wurde es ihm „**schon im voraus verkündet als frohe Botschaft**", als
Evangelium evangelisiert: „**In dir werden alle Völker**", d. h. die
Heiden, die kein Gesetz haben, „**gesegnet werden**".

„**Die Schrift sah es voraus.**" Die Schrift ist ja die Stimme Gottes.    Apg 15, 18
Er wußte, was er tun wollte. Er hatte seinen ewigen Heilsplan. Den    Kap. 2, 15
führt er auch durch. Er ist bereit, die heidnischen Völker auch in
seinen Bund aufzunehmen. Sie dürfen glauben wie Abraham, ob-    Jo 10, 35
wohl sie „Sünder aus den Heiden sind". „Die Schrift kann nicht gebrochen werden", wie Jesus sagte, das gilt auch hier. „Es steht geschrieben" — das ist auch für Paulus der Halt und das Licht zur
Orientierung.

V e r s 9. Weil das so ist, so macht der Glaube ebenso reich, wie
einst Abraham reich war. Auf einem andern Weg ist der Segen
Abrahams nicht zu empfangen. Wer aus Glauben ist und lebt, dient
und liebt, leidet und stirbt, — wer einfach glaubt und immer
glaubt, hat teil am Segen des „**gläubigen Abraham**". Mehr könnt
ihr auf keinem anderen Weg erreichen, ihr alten und neuen Galater.

V e r s 10. Es bliebe ja sonst nur der andere Weg: „**Aus den
Werken**", statt aus Glauben. Der Glaube hängt an Gottes Gnaden-
handeln. Der andere Weg aber hängt an den eigenen Taten. Darum
nennt Paulus ihn oft den Weg des Fleisches. Die Frage ist nun:    Rö 8, 4—9
Worauf stützt du dich? Auf Gottes Taten oder auf deine Tat?
Gottes Tat verbrieft die Rettung. Deine eigene Tat kann dir aber
nie Gottes Wohlgefallen bringen, sondern nur Gottes Zorn. Und
damit stehst du „**unter dem Fluch**". Ein solcher lebt nicht aus dem

Glauben, sondern „aus den Werken". Diese reichen nie aus, um
Gottes Wohlgefallen zu finden. Dann bleibst du, wie und wo du
bist: in der Gottesferne.

Auch hierüber hat die Schrift ein gültiges Wort, das niemand
umstoßen kann: „Verflucht ist jeder, der nicht in allem bleibt, was
im Buch des Gesetzes geschrieben ist, um es zu tun."

5 Mo 27, 26

Es genügt nicht, daß du das Gesetz kennst, sei es das Gesetz
Moses oder das moralische Gesetz in dir! Es genügt nicht, daß du
einiges tust und anderes läßt. „In allem" mußt du bleiben, um es
auszuführen und es zu befolgen. Es gehört zum Wesen aller gesetzlichen Frömmigkeit, daß sie zwar einiges erfüllt, aber nicht alles.
Daß Wichtiges vom Unwichtigen unterschieden wird. Und daß wir
selbst wählen, was wir für wichtig halten, sei es eine gewisse Askese
oder eine bestimmte Form sozialen Handelns, eine politische Entscheidung oder besondere Grundsätze der Erziehung! Die Muster-
karte der Gesetze ist unübersehbar, weil alles zum Gesetz, zur Bedingung eines Versuchs der Selbsterlösung gemacht werden kann.
Wer aber nichts mehr bringt als eine gebrochene Haltung, uner-
füllte Vorsätze, Eigenes, Menschliches, Allzumenschliches — den
trifft Gottes Nein.

V e r s 11. Es gibt außer dem verneinenden Wort vom Fluch
über den, der das Gesetz nicht völlig hält, noch ein anderes Wort
der Schrift, das positiv den Weg zum Heil zeigt und zum Leben
aus Gott ruft. Es steht im Propheten Habakuk: **„Der Gerechte aus**

Hab 2, 4

**Glauben wird leben."** Damit ist der Weg eindeutig beschrieben.
Ein anderer Weg führt nicht zum Ziel. Leben, im wahren, göttlichen Sinn leben, wird nur der Gerechte aus Glauben. Jesus hat es

Mk 5, 36
Lk 7, 50
Jo 6, 47
Jo 11, 40

einst in seiner Seelsorge unermüdlich gesagt: „Glaube nur!" „Dein
Glaube hat dir geholfen!" „Wer an mich glaubt, der hat das ewige
Leben." „Habe ich dir nicht gesagt, daß so du glauben würdest, du
solltest die Herrlichkeit Gottes sehen" usw. Gesetzesweg und Glaubensweg schließen sich also aus. Auch hier gibt es nur ein Entweder-Oder.

V e r s 12. Das Gesetz wendet sich nicht an den Glauben, sondern an das eigene Vermögen des Menschen. Da gibt es keine Verheißung, keine Gnade, kein Schenken, sondern nur eine eiserne
Forderung. Da heißt es unerbittlich: **„Der das tut, wird dadurch**

3 Mo 18, 5

**leben."** Nur der Verblendete kann meinen, dem Gesetz Genüge tun
zu können. Aber der durch das Gesetz und seine Drohung Er-
schreckte darf seine Zuflucht zur Gnade nehmen. Er darf dem Gna-
denbringer Jesus trauen. Aber nun auch mit ungeteiltem Herzen.
Wer glaubt, hat es mit Jesus zu tun. Wer durchs Gesetz gerecht

sein will, hat es mit sich selber zu tun. Mit sich selber ganz allein!
Wie der Glaubende mit Jesus ganz allein! Aber dort ist der Fluch
— und hier ist das Leben!

V e r s 1 3 . Und nun richtet der Apostel unseren Glaubensblick
auf Jesus, als wollte er sagen: Schaut dorthin — Christus ist da! Er
hats vollbracht! Entscheidendes ist geschehen, die Erlösung ist da!   Hbr 12, 2
                                                                       Hbr 9, 12
Wir alle waren unter dem Fluch, da wir Gottes Willen nicht
taten. Uns alle verurteilte das Gesetz zum Tode. Wir hatten alles     Kap. 2, 19
Recht auf das Leben verloren. Wir waren alle in Schuldhaft ohne
Aussicht, je unsere Schuld begleichen zu können. Da kam Jesus als
Christus und Herr, als Lamm Gottes, als der, der den Loskauf voll-    Lk 2, 11
zog. Es war keine leere Demonstration, was auf Golgatha geschah.      Jo 1, 29. 36
Es war kein mißglückter Versuch eines Idealisten oder Schwärmers.     Mt 20, 28
„**Er wurde ein Fluch für uns.**" Wieder lesen wir das „Für uns" im   Kap. 1, 4
Blick auf das Kreuz Jesu. Wieder wird die persönliche Beziehung       Kap. 2, 20
geknüpft zwischen dem Geschehen von Karfreitag und den einzel-        Rö 4, 25
nen Menschenherzen. Dort starb nicht irgend jemand, sondern der          5, 8
Christus Gottes! Wäre er es nicht gewesen, dann bliebe vielleicht      8, 31—32
ein erschütterndes Martyrium, ein unerhörter Justizmord, aber der    1 Pet 2, 21
Tod am Kreuz hätte keine Folgen für uns. Nun aber ist in ihm            3, 18
erfüllt, was einst der Prophetenmund bezeugte: „Die Strafe liegt auf  u. öfter!
ihm, auf daß wir Frieden hätten." Dieser Loskauf, diese Befreiung
und Erlösung ist eine vollständige und bedarf keines Zuschusses       Jes 53, 4—12
von unserer Seite.

Darin liegt der verhängnisvolle Irrtum der Galater aller Zeiten.
Auch diese wollen durch Jesus und sein Blut gerettet sein, aber das
selbstgerechte Menschenherz erkennt nur schwer an, daß es selbst
nichts, rein gar nichts zur eigenen Erlösung beitragen kann. „Ich
muß doch auch etwas dazu tun", so lamentiert der Mensch, hält
sich noch für wer weiß wie fromm und zeigt doch nur seine ab-
grundtiefe Gottlosigkeit, weil er das Kreuz Jesu für zu gering achtet
und noch seinen Beitrag zum ewigen Schatz der Liebe Jesu
hinzutun will. Aber: „Wie sollte Gott uns mit ihm nicht alles schen-  Rö 8, 32
ken?" Du tastest die Ehre deines Heilandes an, wenn du seine
Gnade mit deinen guten Taten addieren, zusammenrechnen willst!

„**Er wurde ein Fluch**", das ist für Paulus kein Bild oder Gleichnis, sondern schauerliche Wirklichkeit. Er wurde selbst zum Fluch.
Gott strich die Sünde nicht aus ohne für alle Welt sichtbares Gericht. „Er verdammte die Sünde im Fleisch", er behandelte Jesus,   Rö 8, 3
als wäre er lauter Sünde, um durch dieses Fluchgericht hindurch
seiner Gnade erst die ganze heilige Wirklichkeit zu geben: daß wir
„zur Gerechtigkeit Gottes" würden! So bezeugt es Paulus den Ko-    2 Ko 5, 21
rinthern. Am Kreuz ist unsere Schuld offenbar geworden und ge-

richtet. Der Fluch war in vollem Recht. Hätte ihn Jesus nicht getragen, wären wir verloren.[24]

5 Mo 21, 23     Das Wort der Schrift vom „**Fluch über jeden, der am Holz hängt**"
ist erfüllt. Gottes Liebe ist nicht in Gutmütigkeit oder Sentimenta-
lität verfälscht, sie ist wahr und echt. Sie richtet die Sünde und begnadigt den Sünder. Wäre die Sünde bagatellisiert, verharmlost, so
würde kein Sünder in der Gnade Frieden finden. Die „billige
Jo 3, 16     Gnade" ist unwahr. Gottes Gnade ist die teuerste Gabe, — weit
1 Ko 6, 20    über alles Denken hinaus.

Vers 8       V e r s 1 4 . Damit ist aber erfüllt — am Kreuze Jesu erfüllt —
was einst Abraham verheißen wurde: „**Der Segen Abrahams**", der
den heidnischen Völkern verheißen war, ist nun „**unter die Heiden
gekommen**". Das Gesetz stand zuvor wie ein Zaun dazwischen.
Eph 2, 14    Aber der Zaun ist zerbrochen, seit Jesus der ganzen Welt Sünde —
1 Jo 2, 2     nicht nur die Sünden der Juden — trug. Weil er der Welt Heiland
Jo 4, 42     ist, darum kann nun nicht mehr das jüdische Gesetz der Weg zum
3, 16      Segen Abrahams sein, sondern allein die in Jesus offenbar und
wirksam gewordene Gottesliebe zu allen Glaubenden. Der verheißene Geist der Kindschaft gehört nun diesen.

### 3. NUR CHRISTUS ERFÜLLT DIE VERHEISSUNG DES GEISTES

Galater 3, 15—29

15 Brüder, ich rede so, wie die Menschen reden: Niemand stößt ein
16 beglaubigtes Testament um oder fügt etwas hinzu. * Abraham
wurden die Verheißungen zugesagt und seinem Nachkommen.
Er sagt nicht: Und den Nachkommen, als gälte es vielen, sondern einem einzigen: „und deinem Nachkommen". Das ist
17 Christus. * Das sage ich aber: Das nach 430 Jahren entstandene
Gesetz stößt das von Gott vorher beglaubigte Testament nicht
18 um, so daß die Verheißung ungültig geworden wäre. * Denn
wenn das Erbe aus dem Gesetz käme, so käme es schon nicht
aus der Verheißung. Dem Abraham hat es aber Gott durch eine
19 Verheißung geschenkt. * Was ist also das Gesetz? Um der Übertretungen willen ist es hinzugefügt, bis der Nachkomme eintrifft,
dem die Verheißung gilt, — verordnet durch Engel und in die
20 Hand eines Mittlers. * Ein Mittler ist aber nicht da, wo nur

---

[24] „Nur das gibt eine gerechte Lösung, die den Fluch ehrt als gerecht und gültig und unverbrüchlich. Darum nahm er ihn auf in sein eigenes Geschick und erlebte ihn an sich selbst, und
nun ist er lauter Segen, Gnade und Gabe für uns" (Ad. Schlatter).

21 einer ist, Gott aber ist einer. * Ist nun das Gesetz gegen die
Verheißung Gottes? Das ist ausgeschlossen! Denn wenn ein Gesetz gegeben wäre, das lebendig machen kann, so käme tatsäch-
22 lich die Gerechtigkeit aus dem Gesetz. * Aber die Schrift hat
alles verschlossen unter die Sünde, auf daß die Verheißung aus
Glauben an Jesus Christus den Glaubenden gegeben werde.
23 Aber ehe der Glaube kam, wurden wir vom Gesetz als Einge-
schlossene bewacht für den kommenden Glauben, der offenbart
24 werden sollte, * so daß das Gesetz unser Erzieher zu Christus
hin geworden ist, auf daß wir aus Glauben gerecht gesprochen
25 werden. * Seitdem aber der Glaube gekommen ist, sind wir nicht
26 mehr unter dem Erzieher. * Denn ihr alle seid Söhne Gottes
27 durch den Glauben in Christus Jesus. * Denn ihr alle, die ihr in
28 Christus hineingetauft seid, ihr habt Christus angezogen. * Da
ist kein Jude noch Grieche, kein Sklave noch Freier, kein Mann
29 noch Frau, denn ihr seid alle einer in Christus Jesus. * Wenn
ihr aber Christi Eigentum seid, so seid ihr infolgedessen auch
Nachkommen Abrahams und gemäß der Verheißung Erben.

Es muß vor Augen gehalten werden, daß die ganze hier vorlie-
gende Erörterung unter der Frage steht: Wie erhalten wir die Verheißung des Abraham? Die Verheißung aber ist in diesem Fall das
Verheißungsgut, d. h. der Geist der Kindschaft. Die Galater aber
standen vor dem verderblichen Irrtum: Den Segen und die Verheißung Abrahams bekommen wir nur, wenn wir uns dem Gesetz
Moses unterwerfen. Dieses ist doch das Kennzeichen des Gottesvolkes, zu dem wir gehören wollen und dem die Gotteskindschaft
verheißen ist. Statt nur auf Jesus zu achten, der der Bringer und
Geber des Geistes der Verheißung ist, achten sie ängstlich auf die
Erfüllung gesetzlicher Vorschriften und hoffen, damit etwas zu erlangen.

Paulus hatte ihnen schon gezeigt, daß sie nur durch das gläubige
Verhalten gleich Abraham zu Kindern Abrahams werden. Der verheißene Geist ist also nur durch den Glauben zu empfangen.

Was aber soll denn dann noch das Gesetz, von dem im Alten
Testament so viel gesprochen wird? Wie verhalten sich Gesetz und
Evangelium zueinander?

V e r s  1 5 . Paulus verweigert den Galatern den Brudernamen
nicht. Es liegt ein um neues Vertrauen werbender Ton in seiner
Anrede. Zugleich will er ihnen ihr Verständnis erleichtern, indem er
einen Vergleich aus dem Alltagsleben nimmt: Seht, so denken doch
alle „Menschen"! Darum sollte auch euch das Verständnis nicht
schwer werden. Eine letztwillige Verfügung behält auch vor mensch-

lichem Recht ihre Unantastbarkeit. Niemand kann sie entkräften
oder außer Kraft setzen. Niemand kann ihr eine Klausel oder Bedingung hinzufügen.

V e r s  1 6 . Das gilt nun erst recht von Gottes „Verheißungen".
Wir nennen das ganze Wort des Alten Bundes das Alte Testament,
weil es voller Verheißungen Gottes ist. Hier geht es speziell um
die Verheißung, die Abraham gegeben wurde. Was ihm in Aussicht
gestellt wurde, ist seinem Samen zugesagt. Damals, als Abraham
bereit war, um Gottes Willen Isaak nicht zu schonen, hat Gott ihm
versprochen:

1 Mo 22, 16-18    „Ich habe bei mir selbst geschworen, spricht der Herr, dieweil
du solches getan hast und hast deines einzigen Sohnes nicht ver-
schont, daß ich deinen Samen segnen und mehren will wie die
Sterne am Himmel und wie den Sand am Ufer des Meeres; und
dein Same soll besitzen die Tore deiner Feinde und durch deinen
Samen sollen alle Völker auf Erden gesegnet werden, darum daß
du meiner Stimme gehorcht hast."

Auch wir sind geneigt, solch ein Wort auf die Vielheit des Volkes
Israel anzuwenden. Aber das scharfe Ohr des ehemaligen Schriftgelehrten Saulus von Tarsus hört hier den Singular, die Einzahl,
heraus. Gott spricht nicht von vielen Nachkommen, sondern von
einem Einzigen. Für Paulus ist die Geschichte Jesu die einzig
maßgebende Erklärung für solch ein Wort Gottes. Es ist der Segens-
träger und Heilbringer für alle Völker. Er schafft das Reich Gottes,
das einst alle Feinde unterwerfen wird.[25]

Kap. 4, 1    V e r s  1 7 . „Ich sage" — das ist ein feierlich betontes Wort.
Der Apostel stellt eine These auf, eine unwiderlegbare Behauptung:
Eine Verfügung Gottes wird nicht durch das Gesetz vom Sinai aufgehoben. Schon die Tatsache, daß dieses erst „430 Jahre später"
gegeben wurde, deutet an, daß es mit dem Gesetz eine andere Be-
wandtnis haben muß. Auf jeden Fall macht es „Gottes Verheißung
nicht ungültig".

Wie hoch stellt doch Paulus das Wort der göttlichen Zusage! Eine
Überlegung, die diese schwächt, läßt er gar nicht zu. Sie ist ihm
der Felsengrund unter den Füßen, der nicht wanken kann.

V e r s  1 8 . Hier geht es ja um ein eindeutiges Entweder-Oder.
Entweder wird das verheißene Erbe, der Heilige Geist der Kindschaft, erworben und verdient, — oder es wird aus Gnade „ge-

---

[25] „An ihm allein können wir ermessen, was die Worte Gottes meinen und seine Verheißungen
in sich haben... Nicht das interessiert Paulus, was Abraham oder irgend ein Mensch sich
selbst bei Gottes Wort gedacht hat, sondern das interessiert ihn, was Gott gedacht hat, und
Gottes Gedanken sehen und verstehen wir an Gottes Tat" (Ad. Schlatter).

**schenkt"**, unverdient und ohne unser Zutun. Um die Schenkung „**an Abraham**" aber und seine Kinder ging es.

V e r s  1 9 . Paulus ist in seinem Brief stets in lebendigem Gespräch mit den Lesern. Er doziert nicht als der Wissende von einem Katheder herunter die Unwissenden, sondern er weckt Fragen, um sie zu beantworten. Gewiß bricht nach dem soeben Geschriebenen bei den Galatern die Frage auf: ja, was soll denn das Gesetz? Schließlich ist es doch gegeben, damit es gehalten werde. Man hat den jungen Christen in Galatien das Gesetz überaus wichtig gemacht. Paulus selbst ist in ihm erzogen und hat sich bemüht, es zu halten. Das Gesetz muß darum eine hohe göttliche Bedeutung haben.

„**Es ist hinzugefügt.**" Gott hat es als stützende Hilfe gegeben. Es war ein Erziehungsmittel in seiner Hand. „Zwischenhineingetreten", sagt Paulus den Römern. Man könnte auch übersetzen: Durch einen Seiteneingang eingetreten. Rö 5, 20

Und zwar kam es hinzu „**um der Übertretungen willen**". Es hat seinen Grund nicht in der göttlichen Gnade, sondern in der menschlichen Sünde. Es hat auch nicht den Zweck, uns von der Sünde zu befreien, sondern uns diese zu zeigen. Wir werden am Gesetz und durchs Gesetz nicht besser, sondern schlechter. Nicht nur darum, weil wir uns durch dasselbe recht erkennen lernen, sondern auch, weil es unseren Widerspruch weckt, uns in unserem Schuldgefühl bestärkt und uns nur zu oft trotzig macht.[26]

Das Gesetz hat seine begrenzte Zeit. Es gilt, „**bis der erwartete und verheißene Nachkomme eintritt**". Dann verliert es seine Macht und Stellung. Das ist für Paulus ein wichtiger Gesichtspunkt: Es gibt in Gott nicht nur ein zuständliches Verhältnis zur Menschheit. Sein Wille bereitet vielmehr eine Geschichte, die ein Gestern, Heute und Morgen hat. Insofern ändert sich das Verhältnis zwischen der Menschheit und ihrem Schöpfer. Diese Tatsache nennt die Theologie Heilsgeschichte. Wer die Bibel Alten und Neuen Testamentes liest, darf das nicht aus den Augen verlieren. Das Gesetz war einst nicht da. Dann trat es in die Geschichte und hatte seine herrschende und verurteilende Macht. Aber nur so lange, bis der Stärkere kam und die Herrschaft des Gesetzes durch seine königliche Herrschaft ablöste. Es gibt also ein „Noch nicht" in Gottes Geschichte, aber es gibt auch ein „Von nun an". Jo 7, 39 / Apg 2, 33 / Lk 5, 11

Eigenartig ist, daß Paulus Christus als den Empfänger des Erbes bezeichnet und nicht als den Bringer. Adolf Schlatter hat darauf

---

[26] „Das zerrissene Gebot treibt dich weg von Gott und ist deine Schande und **das Kainszeichen** auf deiner Stirne" (Ad. Schlatter).

hingewiesen, daß hier eine ernste Korrektur unserer üblich gewordenen Auffassung vorliegt. Wir wollen gerne nehmen und empfangen. Dazu soll uns Jesus verhelfen. So machen wir ihn in unserer landläufigen Frömmigkeit nur zu leicht zu einer Hilfsfigur und schieben ihn aus dem Zentrum, wo er hingehört. Unvermerkt rücken wir uns selbst in den Mittelpunkt. Aber: Er ist der Nachkomme, er empfängt das Erbe. Ob wir auch erben, hängt daher von unserem Verhältnis zu ihm ab. Er reicht uns also nicht einen himmlischen Segen hin, um dann selber beiseite zu treten. Wir haben vielmehr nur so viel Teil am ewigen Erbe und der Verheißung Abrahams, als wir selber Jesus im Glauben angehören: „Glaube an den Herrn Jesus Christus, so wirst du selig." Einen anderen Zugang zur Verheißung gibt es nicht, als allein durch den einzigen Nachkommen und Erben.[27]

Noch einen besonderen Zug des Gesetzes erwähnt Paulus, der uns gleichfalls überrascht: **„Das Gesetz wurde durch Engelhand angeordnet."** Davon erzählt uns der Text des Alten Testamentes nichts. Wohl aber erwähnt Stephanus in seiner Rede vor dem Hohen Rat, daß Mose auf dem Berge Sinai mit dem Engel geredet habe. Auch der Hebräerbrief weiß davon. Das zweite Buch Mose (Kap. 19 u. 23, 20 ff) berichtet von Naturerscheinungen, die die Übergabe des Gesetzes begleitet hätten. Diese aber führt die Bibel vielfach auf die Einwirkungen der Engelwelt Gottes zurück. Donner, Blitz und Posaunenton, Wolken und Finsternis werden in den Psalmen wie in den Apostelbriefen den Boten Gottes zugeschrieben. Offenbar ist diese Seite im Unterricht der Synagoge noch viel stärker betont worden.

Da sich Paulus hier mit Vertretern der jüdischen Theologie und ihrem Einfluß auf die junge Gemeinde der Christen auseinandersetzt, ist er berechtigt, diese Seite des Berichtes von der Gesetzesübergabe heranzuziehen. Er sagt also: nicht von Gott unmittelbar, sondern durch Engelhand wurde das Gesetz gegeben. Auch darin zeigt es seinen minderen Charakter gegenüber den Verheißungen, die Gott Abraham gab. Zwar wird auch dort der Bote genannt, aber er wird bezeichnet als „der Engel des Herrn". Das ist die höchste Form der Wortoffenbarung des Alten Testaments, so daß alte Bibelausleger in ihm eine Erscheinung des ewigen Wortes, d. h. Christi, sehen wollten.

Auch wurde dem Volk Gottes das Gesetz nicht selbst gegeben, sondern dem Mose als dem Vermittler. Er ist auf Bitten des Volkes hin der Unterhändler mit Gott. Schon damit wurde deutlich,

Apg 16, 31
13, 39
Jo 6, 47
Mk 5, 36
Rö 3, 28 u. a.

Apg 7, 38
Hbr 2, 2
2 Mo 19, 16-19

Ps 103, 20 ff
Ps 104, 4
Hbr 12, 18 ff
1 Th 4, 16
1 Ko 15, 52
(Ps 68, 18 u.
5 Mo 33, 2)

1 Mo 22, 15

---

[27] „Nicht neben Jesus, nur unter ihm umfaßt die Verheißung Gottes auch mich" (Ad. Schlatter).

daß das Gesetz nicht Gemeinschaft schafft, sondern die Distanz
betont. Der Hebräerbrief sieht in der fluchtartigen Angst des Volkes
sogar ein schuldhaftes Verhalten.

V e r s 2 0 . Das meint wohl auch dieser Vers, der allen Auslegern
viel Kopfschmerzen machte. (Man weiß von einigen hundert Aus-
legungsversuchen!) Entweder dieser Satz meint: Die Menge der
Himmelsboten brauchte einen Vermittler, nämlich Mose, — wo aber
Gott selbst redet, ist ein solcher nicht nötig. Bei ihm ist die volle
Einheit!

Oder aber: Wo von einem Vermittler die Rede ist, da ist ein Riß
zu heilen. Ein Mittler ist dort vorhanden, wo mehrere einig werden
wollen, die sich bisher uneinig sind. Das war bei dem trotzigen
Volk am Sinai nötig. Nun aber, in der Verheißung des Heiligen
Geistes, wirkt Gott allein. In wunderbarer Einheitlichkeit und Ein-
zigkeit.

Wie wir dieses für uns dunkle Wort nun auch verstehen wollen,
— auf jeden Fall zeigt es: Das Gesetz ist die vorläufige Gabe. Das
Evangelium aber ist das endgültige Geschenk.

Bekanntlich nennt Paulus im ersten Brief an Timotheus Jesus
dennoch den „Mittler". Wir erkennen daraus, daß der Bibelleser nie beim bloßen Wortklang hängen bleiben darf, sondern sich
bemühen muß, den Wortsinn im Zusammenhang zu verstehen. Dort
heißt Jesus der Vermittler der Gnade, um daran zu erinnern, daß
wir ohne ihn „Feinde Gottes" sind.[28] Nur in ihm sind wir eins mit
Gott. Hier im Galaterbrief dagegen gilt es, die Einzigartigkeit des
Evangeliums im Gegensatz zur Vorläufigkeit des Gesetzes zu erkennen.

V e r s 2 1 . Diese starke Abwertung des Gesetzes — als nicht
unmittelbar von Gott gegeben! — könnte dazu führen, daß wir
das Gesetz überhaupt verwerfen. Dieses ungöttliche Mißverständnis
vertrat im 2. Jahrhundert der Kirchengeschichte der Irrlehrer Mar-
cion aus dem nördlichen Kleinasien. Ja, er wagte den Satz: Das
Gesetz sei überhaupt nicht von Gott, auch nicht durch Gottes Engel
vermittelt, sondern stamme von einer niederen Gottheit, die im
Gegensatz zum Vater Jesu Christi stehe. Diese halb heidnische Irrlehre bekämpft Paulus kräftig. Vielleicht haben ihm seine Gegner
eine solche Meinung unterstellt. Denn immer, wenn Paulus in
seinen Briefen solche rhetorische Fragen stellt, greift er einen Vorwurf der Gegner auf, die eine falsche Folgerung aus seinen Sätzen
ziehen wollen. **„Ausgeschlossen!"** ruft der Apostel mit Nachdruck,
daß das Wort Gottes gegen das Wort Gottes stände! Aber jedes

Hbr 12, 25
2 Mo 20, 19

1 Tim 2, 5

Rö 5, 10

Rö 3, 5—8
Rö 3, 31
viell. auch
Kap. 2, 17

---

[28] „Wir kennen Gott nicht ohne ihn und können Gott nicht lieben ohne ihn" (Ad. Schlatter).

Gotteswort hat sein Ziel und auch seinen besonderen Platz. So kann das Gesetz uns nicht lebendig machen. Wer Leben aus Gott sucht und ein Leben für Gott führen will, dem ist mit dem Gesetz nicht geholfen.

Wenn doch die Christenheit aller Zeiten diesen so einfachen Satz mit seiner unwiderlegbaren Wahrheit immer beherzigt und nicht so schnell vergessen hätte! Auch heutzutage! Gesetz — und wäre es das göttliche — wandelt dich nicht und schafft in dir nichts Neues. Kein guter Vorsatz, auch nicht die zehn Gebote und keine durch Synodenmehrheit beschlossenen kirchlichen Ordnungen helfen hier etwas. Trotz dieses unwiderlegbaren Satzes gleiten wir doch immer wieder in die Versuchung der Galater und unternehmen es, unsere geistliche Armut mit gesetzlichen Mitteln aufzufüllen. Paulus nennt

**Kap. 3, 3**    das: Mit dem Fleisch vollenden, was im Geist begann. Doch schon Jesus hat gesagt: „Was vom Fleisch geboren ist, das ist Fleisch

**Jo 3, 6**    und bleibt Fleisch." Gerechtigkeit, d. h. Gottes Wohlgefallen, kommt nicht aus der Forderung des Gesetzes, sondern aus dem Schenken des Evangeliums.

V e r s 2 2. Gerade um dieses Evangelium in Herrlichkeit aufleuchten zu lassen, dazu hilft das Gesetz. Paulus sagt, „der Buchstabe (das Geschriebene) tötet", damit meint er, das Gesetz des Alten Testamentes, — „der Geist macht lebendig". Das geschrie-

**2 Ko 3, 6**    bene Wort des Alten Testamentes ist eine einzige Anklage gegen den Menschen. Diese Anklage, die feststellt, daß alle Menschen schuldig sind vor dem heiligen Gott, ist wie ein Gefängnis, in dem wir verhaftet sind. Man muß es einmal gehört haben, wie das klingt, wenn der schwere Riegel vor die eiserne Tür geschoben wird und der Schlüssel sich im Schloß umdreht und alles laut ruft: Du bist jetzt gefangen! Du hast die Freiheit verloren! Du bist jetzt eingesperrt! **„Verschlossen unter die Sünde"**, unter ihre herrschende Macht, unter der Last der Schuld, unter schwerer Anklage, von der du dich nicht frei sprechen kannst!

Erwarte darum keine Freiheit von seiten des Gesetzes. Dieses hat unsere Unfreiheit eindeutig bewiesen. Es bleibt uns allen nur e i n e Hoffnung: **„Die Verheißung"** Gottes, und diese gehört **„Jesus Christus"** allein. Er ist der Erbe, er ist der einzige legitime Nachkomme. Willst du frei werden und frei bleiben, so hänge dich im Glauben an ihn! Nur **„den Glaubenden"** geht die Tür aus der Gefängniszelle des Gesetzes auf. Niemandem anderem.

Wohin soll ich also mit meiner Sünde gehen? Wohin soll ich die Zuflucht nehmen? Zum Gesetz? — O nein! Das sperrt mich ein. Wenn ich das nun weiß, soll mir die Umkehr und Hinkehr zu Jesus um so leichter sein. Der Ernst des Gesetzes läßt mich die

Süßigkeit des Evangeliums um so mehr schmecken. Den Glauben-
den wird die Gabe geschenkt, die kein noch so eifriger Diener des
Gesetzes je verdienen kann. „Das Gesetz bereitet die Armut, die
Raum hat für Christi Fülle; es läßt uns nicht Ruh und Frieden in
uns selbst, und schafft dadurch das Herz in uns, das glauben kann"
(Ad. Schlatter).

V e r s 2 3 . „Der Glaube" muß „kommen". Er wird weder ange-
boren, vererbt, noch anerzogen, gelernt oder angewöhnt. Er kommt,
wie Christus kommt. „Bist du, der da kommen soll?" fragte Jo-     Mt 11, 3
hannes der Täufer. „Gelobt sei, der da kommt", jubelten die Ga-        21, 9
liläer beim Einzug Jesu in Jerusalem. „Ich bin gekommen", sagte   Jo 9, 39
Jesus je und dann zu seinen Hörern. Mit ihm kommt die große          10, 11
Gelegenheit zum Glauben, die göttliche Chance der Gnade. Gewiß    12, 46 u. ö.
nicht mit dem Zwang eines Naturgesetzes, aber mit dem Drang
wärmender Liebe. Der Glaube kam mit Christus. Denn nun konnte
geglaubt werden. Christus ist der Glaubensgrund. Er ist Anfänger
und Vollender des Glaubens. Er reizt zum Glauben durch seine       Hbr 12, 2
Liebe. Er gibt Vollmacht zum Glauben und befähigt dazu durch
seinen Geist. Wieviel Christus in unser Leben tritt, soviel Glaube
kommt in unser Leben.[29]
Wie ein Wächter hat uns das Gesetz gehütet. Das war sein posi-
tives Verdienst. Ohne Gesetz verwildert der Mensch und wird
stumpf im Gewissen. So schwer die Haft unter dem Gesetz ist, —
es ist eine Art Schutzhaft vor uns selber. Wohl dem, der das Gesetz  Ps 119, 77. 92
liebt! Es tut ihm einen guten Dienst. Wer es ernst nimmt, wird        127. 162
gnadenhungrig und glaubensfähig. Aber wehe dem, der in ihm
verharrt! Es bringt uns wohl Erkenntnis der Sünde, aber es hilft   Rö 3, 20
uns nicht heraus. Es macht die Sünde mächtig und richtet Zorn an,     4, 15
d. h. es überliefert dem Gericht, wenn wir den Fürsprecher ver-   1 Jo 2, 1
schmähen.
Der Dienst des Wächteramtes des Gesetzes hört auf, wo „der
Glaube offenbar wird". Offenbarung ist stets eine Entschleierung
eines Geheimnisses. Das Evangelium ist solch eine Entschleierung
des göttlichen Geheimnisses, der erneuernden Gnade in Christus    Rö 1, 16 f
Jesus. In das Dunkel der Hoffnungslosigkeit bricht das Licht der  1 Tim 3, 16
Vergebung und Neubelebung durch Jesus in unser Leben. Welch
ein Neuanfang! Jetzt werden Riegel zerbrochen und Schlösser ge-   Ps 107, 15 f
sprengt. Wer wollte sich in sein Gefängnis zurücksehnen!
V e r s 2 4 . Das Gesetz will uns auch gar nicht halten. Es ist
„Erzieher", Pädagoge! Und das Erziehungsziel, das es vor Augen

---

[29] „Nun haben wir den gefunden, in welchem uns Gott gesucht und sein Reich uns aufgeschlossen
hat. Nun ruhen wir, als die da gefunden und empfangen haben" (Ad. Schlatter).

hat, ist „**Christus**". Auf ihn hin zielt, erzieht das Gesetz. Damit ist auch seine vorübergehende Bedeutung umschrieben. Denn jedes Kind soll ja reifen und den Händen des Erziehers entwachsen. Seine Aufgabe ist erfüllt, wenn das Kind das Erziehungsziel erreichte. Dieses ist in unserem Fall „**der Glaube**" an Christus, aus dem für uns „**die Gerechtsprechung**", der Freispruch und die Erneuerung fließt.

V e r s 2 5 . Der Glaube an Jesus ist also die Reife, die den Dienst des Erziehers überflüssig macht. Ist dieses Ziel erreicht, so tritt der Pädagoge ab. Niemand will sich als reifer Mann entmündigen lassen. Das tut ihr aber, indem ihr von Jesus abtretet, um aufs neue dem Gesetz zu dienen. Wer aus dem Gesetz handelt, handelt nicht aus Glauben. Das müssen sich die Galater alter und neuer Zeit immer wieder sagen lassen. Die Frage an uns ist immer wieder: Kam der Glaube? Wurde uns Jesus zum Gegenstand des Glaubens? Danken wir für die Befreiung und den Rechtspruch, den er uns gewährte? Wer Jesus hat, steht unter anderem Einfluß, der weit mächtiger und folgenreicher ist als der Erzieher Gesetz.

V e r s 2 6 . Und nun spricht Paulus ein gewaltiges Wort aus: Er spricht es nicht nur zu einer Sonderklasse von „Heiligen". Er sagt es den wankenden, angefochtenen Galatern. Er sagt es denen, um die er in ernster Sorge ist, ob er nicht umsonst an ihnen gearbeitet habe: „Ihr alle, alle, alle, **seid Söhne Gottes durch den Glauben an Christus Jesus**." Welch ein königliches Schenken Gottes! Den Verhafteten, den Schuldbeladenen, den Übertretern, den durch ihre Sünde Geschändeten — allen ist das Heil erschienen. Sie sind „**Söhne Gottes**". Paulus wagt hier den gleichen Ausdruck, der dem Eingeborenen zugehört. Es geht ja auch um Jesu Gabe. Was er hat, hat er für uns. Er, der Erbe und Nachkomme, teilt sein Erbgut mit denen, die an seine Vollmacht und Sendung glauben. „Wie mich mein Vater liebt, also liebe ich euch auch." „Wie mich mein Vater gesendet hat, so sende ich euch auch", hat er seinen Jüngern gesagt. Und wer ihn aufnimmt, dem gibt er Macht, Gottes Kind zu werden, das an seinen Namen glaubt. Wir sind an diese Worte viel zu sehr gewöhnt, um ihre unaussprechliche Größe recht zu ermessen. Wer glaubt, ist Sohn Gottes! „**In Christus Jesus**", sagt Paulus, und zeigt uns damit den Ort, in dem wir wurzeln, auf den wir gegründet sind.[30]

V e r s 2 7 . Den Glauben und die mit ihm verbundene Würde

Kap. 4, 11

Rö 8, 14—16

Jo 15, 9
Jo 20, 21
Jo 1, 12

---

[30] „Was uns Christus gibt, das ist das Göttliche in uns; daß wir bei Christo bleiben, das ist unser Sein und Bleiben bei Gott" (Ad. Schlatter).

gründet Paulus in der Taufe: „**Denn ihr seid in Christus Jesus hineingetauft.**"

Hier kräuselt manch ein Leser mißmutig die Stirne. Der eine fragt überlegen: „Ja, bist du auch gläubig getauft? Warst du schon bekehrt, als du getauft wurdest?" Der andere schüttelt bedenklich den Kopf: Paulus wird doch wohl nicht die Taufwiedergeburtslehre vertreten. Der dritte lächelt triumphierend, weil er meint, seinen Standpunkt hier vertreten zu sehen: „Da habt Ihr's! an der Taufe liegt alles!" Ja, das ist die Not! Wir tragen an einem schweren Kapital erlebter Kirchengeschichte. Wir leben in den Schranken unserer Konfessionskirchen, die der menschlichen Rechthaberei viel Anlaß geben. Paulus würde uns mit unserem Wenn und Aber erstaunt ansehen. Für ihn steht die Taufe nicht als ein Zweites neben Jesus. Als käme da außer dem lebendigen Heiland noch ein Sakramentsgeheimnis dazu. Für ihn ist die Taufe so voller Jesus, wie das Abendmahl und das Wort des Evangeliums. Er fragt nicht danach, was die Taufe nicht sei. Sie führt hinein in Jesus. Sie taucht uns in seine Wirklichkeit. Daß diese Wirklichkeit niemandem aufgezwungen wird, weder dem Säugling, noch dem Glied einer jungen Kirche oder einer Täufergemeinde, das ist ihm so gewiß, wie Jesus sich niemandem aufzwingt. So wie Jesus ein pures Gnadengeschenk des Vaters ist, so ist es auch das Getauchtsein in ihn. So wie Jesus und seine Gnade geglaubt werden darf, so wird auch die Taufe, die in ihn hineinführt, geglaubt. Es ist so wie beim Wort. Das Wort ist Jesus selber. „Ich glaube an das Wort", — so darf ich sagen, und meine doch nichts anderes als: „ich glaube an Jesus."

Hier wird nichts verdient, aber auch nichts amtlich erworben.

„**Ihr habt Christus angezogen.**" Die Taufe bringt uns das neue Kleid. Hier gilt in Wahrheit: Kleider machen Leute. Das Bild von der Kleidung, die den Menschen wandelt, geht durch die ganze Bibel. Vom Paradiese an, wo Gott den gefallenen Menschen Röcke von Fellen (geopferter Tiere?) machte, bis zum herrlichen Ausblick des neutestamentlichen Sehers auf Patmos von der unzählbaren Schar, die angetan war mit weißen Kleidern, hell gemacht und gewaschen im Blute des Lammes. Über die „Kleider des Heils" jubelt der Prophet. An das Hochzeitskleid mahnt Jesus. Das neue Kleid bekommt der heimgekehrte Sohn. Und mit welch einer Liebe beschreibt das Gesetz die Kleidung des Hohenpriesters!

Im alten Denken und auch in der Sprache der Bibel ist die Kleidung nicht nur die unwesentliche Schale eines unsichtbaren Kerns. Die Kleidung zeigt Wesen und Würde, Charakter und Eigenschaften des Trägers.

1 Mo 3, 21

Offb 7, 9. 14
Jes 61, 10
Mt 22, 12
Lk 15, 22
2 Mo 28

Wer Christus angezogen hat, ist mit seiner Würde und seinem
Kennzeichen gekleidet, hat teil an seinem Wesen und seinen Gaben.
Wer die Taufe so ansieht, kann sie nicht gering achten.

Freilich gibt es kein Schenken, das nicht unsere Verantwortung
weckt. Eine Taufe, die uns gegen Jesus und sein Wort, gegen seinen
Geist und seine Gaben gleichgültig und schläfrig macht, ist keine
evangelische Taufe. So wird mancher nachholen müssen, was er in
der Stunde seiner Taufe versäumte, entweder, weil er als unver-
mögendes Kind getauft worden ist, oder weil er, obwohl als Glaubender getauft, diese Seite der Taufe nicht erfaßte. Wer die Taufe
als vorlaufendes Geschenk der Gnade empfangen hat, muß dieses
aktive: „Ihr habt angezogen" praktisch nachvollziehen. Wer sie als
Glaubender empfangen hat, muß dafür sorgen, daß er in Wirklichkeit mit den Kleidern des Christus, mit seiner Gnade, bekleidet ist
und darum im Glauben teil hat an seinem Wesen und an seinen
Gaben.

So ist in dem einen Fall der Getaufte zum Glauben aufgerufen
und zur Bekehrung verpflichtet. Verweigert er die eigene Buße und
den Glauben, so bleibt die Gabe Christi ungenossen und ungenützt.
Doch ebenso wird der andere durch dieses Wort gefragt nach seiner
Teilhabe an Christus. Darum bleibt bei uns beim Lesen solch eines
Wortes die Frage: wie stehst du zu deiner Taufe? Das darf aber
nie etwas anderes heißen als: wie stehst du zu Jesus?

Vers 28. Was der Mensch vor Gott bringt, macht ihn für diese
Gnade weder würdig noch fähig. Nicht die Zugehörigkeit zum
**Judenvolk**, auch nicht die Gliedschaft in der Kultur **Griechenlands**
gibt ihm einen Vorsprung. Der „**Mann**" darf sich seiner Männlich-
keit nicht brüsten, die „**Frau**" braucht keine Minderwertigkeitsge-
fühle zu haben. Ja, sogar der bürgerlich entrechtete „**Sklave**" steht
Gott nicht ferner als der stolze „**Freie**". Es war für die damalige
Auffassung ein unfaßbarer Bruch mit den Vorurteilen der Gesell-
schaft, der hier zum Ausdruck kommt. Nun hat ein jeder, der zu
Jesus gehört, eine neue Würde, die ihn weit über das hinaushebt,
was die Natur oder die Geschichte aus uns macht. Einer macht uns
reich, einer regiert uns und gibt unserem Leben Ziel und Sinn.
Diesem Einen nachzufolgen, ist unseres Lebens Aufgabe. In ihm
sind wir „**alle eins**". Er ist der Einheitsnenner, der die so ungleichen
Menschen in eine lebendige, frohmachende Gemeinschaft bringt.
Nicht ob wir gewisse Gesetze halten, sondern ob wir Gemeinschaft
mit Jesus haben, ist wichtig. Seine Liebe umfaßt uns alle.

Vers 29. Höheres kann niemand erreichen, als „**Christi Eigentum**" sein. „Laß mich dein sein und bleiben", betet das alte Lied

Mt 3, 9
Rö 2, 11
Apg 10, 34 f

1 Ko 7, 19—23

aus der Reformationszeit. Wer sein eigen ist, hat teil am Erbe, das       Rö 14, 8
der Nachkomme Abrahams verheißen bekam. Und der hat darum              Apg 20, 28b
auch den Geist der Kindschaft.

## 4. UNMÜNDIG ODER MÜNDIG?

### Galater 4, 1—7

1 **Ich sage aber: Während der Zeit, daß der Erbe noch unmündig
ist, unterscheidet er sich in nichts vom Sklaven, obwohl er der
2 Herr des ganzen Besitzes ist. * Doch ist er unter Erziehern und
3 Verwaltern bis zu dem vom Vater festgesetzten Termin. * Ebenso
steht es mit uns: Als wir unmündig waren, waren wir versklavt
4 unter die Grundelemente der Welt. * Als aber die Fülle der Zeit
kam, sandte Gott seinen Sohn aus, geworden aus einem Weibe,
5 geworden unter das Gesetz, * damit er uns vom Gesetz loskaufte,
6 auf daß wir die Sohneseinsetzung empfingen. * Da ihr aber
Söhne seid, sandte Gott den Geist seines Sohnes in unsere Herzen,
7 der da ruft: Abba, Vater! * Folglich bist du nicht mehr Sklave,
sondern Sohn. Wenn aber Sohn, dann auch Erbe durch Gott
[oder: durch Christus].[31]**

Paulus liegt daran, daß die Leser seines Briefes ihren zentralen
Irrtum erkennen. Jene Irrlehrer sagen: Erst durch das Halten der
jüdischen Gesetze werdet ihr zu Vollchristen. Das Umgekehrte ist
der Fall: Nicht das Gesetz führt über das Evangelium hinaus, sondern das Evangelium führt über das Gesetz hinaus! Der Gesetzesweg ist das Zeichen der Unreife, Jesus aber macht zu reifen Söhnen
Gottes.

V e r s 1. Auch in jener Zeit haben angesehene und reiche Väter
ihre Söhne in die Hände von Erziehern gegeben. Diese hatten das
Strafrecht und die Kommandogewalt über den jungen Knaben, der
doch einst der Herr über das ganze väterliche Vermögen werden
sollte. In der Zeit seiner Unmündigkeit ist er noch nicht im Genuß
des Reichtums, den er einst erben soll. Er ist dem Willen des Erziehers unterworfen. Er ist **„wie ein Sklave"** gezwungen, den Vorschriften derer zu gehorchen, die ihm vorgesetzt sind.

V e r s 2. **„Erzieher"** oder Vormünder handeln für ihn und an
ihm. **„Verwalter"** seines Erbes entscheiden, was mit diesem zu geschehen hat. Sie ordnen die Landwirtschaft, den Wein- und Garten-

---

[31] Die durch den ägyptischen älteren Text wahrscheinlichere Lesung liest: „durch Gott" — so auch
der Papyrus p⁴⁶ Chester Beatty, der älteste uns bekannte Textzeuge.

bau, sie legen das Barvermögen nach ihrer Einsicht an. Das Mündel
hat nichts zu sagen. Das alles geschieht „bis zu einem vom Vater
des Kindes festgesetzten Zeitpunkt". Nach unseren heutigen Gesetzen wird der Knabe erst mit 21 Jahren mündig. In der antiken
Zeit geschah es viel früher, mit 12 oder 16 Jahren. Auf jeden Fall
aber bestimmt nie das Kind diesen Termin, sondern allein der
Vater, der den Vormund abberufen kann.

V e r s 3 . „Ebenso steht es mit uns" in unserem Verhältnis zu
Gott. Wie ein unselbständiges Kind wird der Mensch bevormun-
det durch das Gesetz. Das hat Gott so angeordnet. Wir werden
nicht gleich mündig gesprochen. Wie Kinder, die der erziehenden
Hand bedürfen, werden wir „versklavt" oder verknechtet unter eine
uns erziehende Macht.

Diese Macht nennt Paulus hier: „die Grundelemente der Welt".
Es ist kein Zweifel, daß er damit Israels Gesetz meint, von dem er
ja soeben ausführlich gesprochen hat. Das Gesetz enthält die „An-
fangsgründe" (Ad. Schlatter) oder das ABC, das jeder wie ein ABC-
Schütze lernen muß. Es enthält das Allernotwendigste, was der
Mensch über Gottes Willen wissen soll. Wir dürfen hier an die zehn
Gebote denken, die die sittlichen Fundamente aller menschlichen
Kultur und Lebensweise enthalten. Aber freilich[32]: Daran gilt es zu
buchstabieren. Da ist niemand ausgenommen. Es gilt der ganzen
Welt — nicht nur Israel — daß sie lernen muß, was Gott will und
was er nicht will, was in seinen Augen gut und in seinen Augen
böse ist. Es sind die „weltlichen Grundlagen" oder „das Fundament" — so könnte man das Wort auch übersetzen. Er nennt sie
Vers 9            wenige Verse später „schwache und arme" Grundlagen; denn sie
ändern das Menschenherz ja nicht. Dazu fehlt ihnen die Kraft.
Bloße Moral — und wäre sie in frommem Gewande! — führt nicht
ins neue Leben durch Christus.

Die antike Welt, die Kultur, die von Athen und Rom über das
ganze Reich sich ausbreitete, hatte viel Rezepte zur Erlösung und
Besserung des Menschen. Man erkannte wohl seine Not. Doch
keiner kann über seinen Schatten springen. Deine heroischen Anstrengungen, dich zu bessern, stehen im Gegensatz zu Christus.
Darum kann Paulus später den Kolossern schreiben, daß die Ge-
Kol 2, 20; 2, 8   meinschaft mit dem Gekreuzigten trennt von den Grundelementen
der Welt. Sie gleichen menschlichen Traditionen und Rezepten und
sind nicht der Christusweg. Wer darin hängen bleibt, bleibt unmündig. Gott hat uns in Jesus mehr, anderes gegeben.

---

[32] „Wer nicht mehr von Gott hat, als was das Gesetz ihm gibt, der ist noch dem Kinde ver-
gleichbar, das erst die Buchstaben lernen muß" (Ad. Schlatter).

Vers 4. Es kam „die Fülle der Zeit!" Es trat ein, wohin alle
Geschichte zielt. Es erfüllte sich, was verheißen und erwartet war.
Die große Stunde kam — der Termin, den der Vater gesetzt hat,
um aus der Unmündigkeit in die Mündigkeit zu führen, — um die
vom Gesetz bevormundeten zu mündig gesprochenen Söhnen anzunehmen.

„Gott sandte seinen Sohn" aus! Er war nicht die Blüte menschlicher Religiosität oder sittlich-religiöser Bemühung. Er war nicht
das Resultat der Erziehung des Menschengeschlechts. Er kam von
oben, vom Vater. Er war der, der kommen sollte! Der Vater hat ihn     Jo 3, 16
ausgesandt. Der Vater trennte sich von ihm, gab ihn hin, „schonte
seines eigenen Sohnes nicht". Und der Sohn gehorchte und löste       Rö 8, 32
sich aus der Herrlichkeit, um in menschlicher Gestalt — „an Ge-      Phil 2, 7
bärden als ein Mensch erfunden" — sich in die menschliche Armut
zu begeben. Er kam nicht als Gott auf diese Erde, wie es in den
Mythen der Heiden erzählt wird, sondern als Mensch — „in der
Gestalt des sündlichen Fleisches". Daher als Kind einer irdischen    Rö 8, 3
Mutter und unter die irdischen Lebensverhältnisse und Umstände
gestellt. Geworden als ein Kind im Mutterleib, geworden unter
das Gesetz, d. h. ihm untertan und unterworfen. Es scheint, als
wolle Paulus mit dem zweimaligen „Geworden" zeigen, wie sehr
Jesus sich in die Vorbedingungen aller menschlichen Existenz ge-
fügt hat.

Vers 5. Seine Stellung unter dem Gesetz führte dazu, „daß er
uns loskaufte", erlöste und befreite von der Vormundschaft und der
Knechtschaft des Gesetzes.[33] Mit seinem Gehorsam und Dienst hat
Jesus dem Gesetz Genüge getan. Jesus selber hat das Bild vom
Loskauf benutzt. Sein Gehorsamsweg ist gleichsam der Preis, durch   Mt 20, 28
den der im Sklavenverhältnis zum Gesetz Stehende seine Freiheit,    Mk 10, 45
d. h. seine Mündigkeit, empfängt. Denn das Resultat des Kommens
und des Weges Jesu ist, daß wir den Tag erleben, wo wir nicht
mehr unmündige Gesetzeszöglinge sind — sondern „die Einsetzung
in die Sohnschaft", d. h. in die mündige Erbenstellung erfahren.

Paulus sieht hier deutlich das Nacheinander der Wege Gottes,
die er mit den Menschen gegangen ist. Mit Jesus ist nicht nur eine
„Idee" sichtbar geworden, sondern eine neue Existenzform des
Lebens vor Gott für die Menschen ermöglicht. Gewiß war das Gesetz Gottes etwas Großes. An anderer Stelle hat Paulus dasselbe    Rö 9, 4; 3, 2
gerühmt. Gesetzlosigkeit ist Anarchie, ist schrecklicher Verfall. Wohl    7, 12
dem Volke, das Gottes Gesetz empfing und kennenlernte. Es war

---

[33] „Seine eigene Untertänigkeit ist der Preis, mit dem er uns die Entlassung vom Gesetze er-
wirbt" (Ad. Schlatter).

Jo 1, 12
Rö 8, 15—17

Rö 10, 2

Mt 1, 20
Lk 1, 35
Mt 3, 16
Lk 4, 1. 14. 18
Jo 3, 34; 3, 5 f
Apg 2, 33

ein großer Schutz gegen eine allgemeine Verwilderung. — Aber das Größere, was Gott den Menschen zu geben bereit ist, gibt er erst in seinem Sohne Jesus Christus. Mit ihm ist die Fülle der Zeit angebrochen. Durch ihn gibt es echte Gottessohnschaft.

Es will oft scheinen, daß die Christenheit in ihrer großen Mehrheit das noch nicht erkannt hat — oder aber: wieder vergaß! Man hat aus dem „Christentum" eine neue Form von Gesetz, Ordnungen, Traditionen, Lebensformen gemacht, unter denen die Frommen wie einst in Israel vielfach mit ehrlichem Eifer moralisch und anständig zu leben suchen und für Gottes Sache eifern. Aber wir mißverstehen Jesus und die Gottesgabe in ihm, wenn wir doch wieder verknechtet und unmündig unter „Gesetzen" stehen und — wir werden und bleiben so ABC-Schützen. Wahre Gotteskindschaft ist das noch nicht. Es ist mit Jesus eine Zeitenwende eingetreten, und diese muß und soll im kleinen Mikrokosmos des Menschen gleichfalls eintreten. Gewiß stehen wir alle — schon durch eine christlichfromme Kindererziehung — unter der Vormundschaft des Gesetzes. Erst dann, „wenn der Glaube kam", werden wir mündig. Erst wo sich auch bei uns die Zeit erfüllt und wir Jesus als Erlöser huldigen und uns seinem Gnadenregiment beugen, erfahren wir die Einsetzung in die Sohnschaft, von der hier die Rede ist.

So sehr es eine Heilsgeschichte Gottes gibt, die in die sehr profane Weltgeschichte Ägyptens und Babels, Persiens, Griechenlands und Roms eingebettet ist, — so gibt es auch ein Heilserlebnis für jeden einzelnen Menschen, obwohl dieser eingebettet ist in alle biologischen, psychologischen und historischen Gegebenheiten, die äußerlich sein Leben ausmachen.

V e r s 6 . Wie die Heilsgeschichte des Alten Testamentes durch den Geist Gottes gewirkt wurde, der Propheten, Könige und Priester zu seinen geistgesalbten Werkzeugen machte, so vollzieht Gottes Heiliger Geist, der der Geist Jesu Christi ist, das Wunder unserer Neugeburt als Söhne, die nicht mehr unter den Grundelementen, die aller Welt gelten, versklavt sind.

Dieses Nun, dieses Jetzt Gottes trat mit Jesus als Neues — wenn auch längst Verheißenes — in die Geschichte der Menschen. Dieses Nun Gottes tritt mit dem Heiligen Geist auch in das Leben jedes Einzelnen. Lebst du noch dem Gesetz, aus deinen eigenen eifrigen Anstrengungen — oder weißt du von deiner Sohnesannahme um Jesu willen? — Diese Frage muß auch heute jedem Leser des Galaterbriefes entgegenklingen!

Wo aber der Geist Jesu Christi in unsere Herzen kam, da beten wir: Vater!! Da haben wir nicht nur das erstaunliche Recht, den ewigen Gott und Schöpfer des Alls Vater zu nennen, — da ruft es

laut in uns als eine Äußerung neuen Lebens: Vater! Der Geist ruft,
wörtlich: er schreit! So wie ein neugeborenes Kind durch seinen
ersten Schrei das Zeichen eigenen Lebens von sich gibt, — so ist es
auch im neuen Leben des Wiedergeborenen. Er schreit — ach nein,
der Geist in ihm schreit: Vater! Mein Vater — dein bin ich, dich lob
ich, dir dank ich, dir diene ich!

Das Herz ist in der Sprache der Bibel nicht der Brennpunkt
unseres Gefühls — so wie wir zu sagen pflegen: „ich liebe dich
herzlich", „von Herzen wünsch ich ihr" — es ist vielmehr die
Willenszentrale der Persönlichkeit, wo die großen Entscheidungen
fallen, wo Wünsche geformt und ihre Erfüllung vorbereitet wird.
Hier im Zentrum zieht Jesu Geist ein und formt ein neues Wollen,
neue Wünsche, Ideale, einen neuen Gottesgehorsam.[34] Der Geist
macht uns selbständig, so daß seine Rede unsere Rede wird, seine
Gedanken unsere Gedanken werden.

V e r s 7 . Weil das so ist — und die Galater haben in der Annahme Jesu einst diesen Reichtum erfahren! — so sind sie „nicht
mehr Sklaven", brauchen die „Grundelemente der Welt" nicht mehr
als ihre Herren anzusehen. Sie brauchen auch nicht zu fürchten, dadurch das Erbe Abrahams zu verlieren, an dem ihnen liegt. Nur
Söhne erben — nicht aber Sklaven! Wer durch Christus auch Sohn    Rö 8, 17
wurde, hat Teil an seinem Erbe und streckt sich nicht aus nach
einer Gesetzesgerechtigkeit.


## 5. EIN APOSTOLISCHES MAHNWORT

### Galater 4, 8—20

**8** **Aber damals, als ihr Gott nicht kanntet, dientet ihr sklavisch**
**9** **denen, die ihrer Natur nach nicht Götter sind.** * **Nachdem ihr**
   **jedoch nun Gott erkanntet — vielmehr von Gott erkannt wurdet**
   **— warum wendet ihr euch wieder zu den schwachen und arm-**
   **seligen Grundelementen, denen ihr euch wieder aufs neue knech-**
**10** **tisch unterwerfen wollt?** * **Ihr beobachtet Tage, Monate, Ter-**
**11** **mine und Jahre.** * **Ich bin in Sorge um euch, daß ich mich nicht**
**12** **etwa umsonst um euch gemüht habe.** * **Werdet wie ich, denn**
**13** **auch ich bin ja wie ihr! Brüder, ich bitte euch!** * **Ihr habt mir**
   **in keiner Hinsicht unrecht getan! Ihr wißt doch, daß ich euch**
   **das erste Mal in Schwachheit des Fleisches das Evangelium ver-**

---

[34] „Wir sind Söhne Gottes geworden; das muß nun auch innerlich in der Bewegung unseres
Herzens durchbrechen" (Ad. Schlatter).

14 kündigte, * und die Versuchung durch meine Gebrechlichkeit
(wörtlich: an meinem Fleisch) habt ihr nicht verachtet und nicht
verabscheut, sondern ihr nahmt mich auf wie einen Boten Got-
15 tes, wie Christus Jesus selbst. * Wo ist nun eure Seligpreisung?
Denn ich bezeuge euch, daß ihr, wenn es möglich gewesen wäre,
16 eure Augen ausgerissen hättet, um sie mir zu geben. * Bin ich
denn euer Feind geworden, weil ich wahrhaftig bin gegen
17 euch? * Man eifert um euch nicht anständig, sondern will euch
absperren mit dem Ziel, damit daß ihr selbst um sie in Eifer
18 geratet. * Es ist löblich, um das Gute allezeit zu eifern — und
19 nicht nur dann, wenn ich anwesend bin. * Meine Kinder, um die
ich aufs neue Geburtswehen erleide, bis daß Christus in euch
20 Gestalt gewinnt — * ich wollte jetzt bei euch sein und meine
Stimme wandeln, denn ich werde an euch irre.

Das Schreiben des Paulus ist bei aller Tiefe seiner theologischen
Gedanken doch kein abstrakter Lehrbrief, sondern ein missionarisch-
seelsorgerliches Schreiben. Er ringt um die Seelen der Menschen,
die Gott ihm zugeführt hat, die die Frucht seines apostolischen
Zeugendienstes sind. — Deshalb ist es nicht überraschend, daß der
Apostel immer wieder sehr persönlich mahnt, bittet, — ja schier
überredet! Er hat den von uns kurz „dogmatisch" genannten zwei-
Kap. 3, 1—5    ten Teil seines Briefes mit einer temperamentvollen Anrede begonnen. Auch jetzt, nachdem er die positive Bedeutung des Gesetzes und seine Vorläufigkeit geklärt hat, zieht er die praktischen
Folgerungen in einer längeren Mahnrede, die er zuletzt noch mit
Kap. 4, 21—31  einer biblisch allegorischen Beweisführung schließt.
          Vers 8. „Damals"! Es gibt im Leben eines wiedergeborenen,
durch Buße und Glauben zu Jesus gekommenen Menschen stets ein
1 Ptr 2, 25     „Damals", — ob er Heide, Jude — oder Namenschrist war!
          Paulus vergleicht die Heidenchristen mit den Juden. Gewiß, das
Gesetz Moses hatten sie nicht, — deshalb ist es ihnen jetzt zur Versuchung geworden, weil es als etwas Neues, Imponierendes in ihr
Leben tritt. Damals „kannten sie" den lebendigen „Gott", den
Schöpfer Himmels und der Erden, den Vater Jesu Christi, „nicht",
— obwohl auch sie Mächten dienten, die sie als Götter bezeichne-
ten. Aber das sind sie eigentlich nicht.
          In der Missionsrede des Paulus finden wir oft die Auseinander-
Apg 14, 15—17  setzung mit dem Götzen- und Dämonendienst der Heiden. Paulus
   17, 22 ff    weiß, daß der Götze ein „Nichts" ist, d. h. eine Größe, die durch
1 Ko 8, 4—6    Jesus entthront und machtlos ist. Aber darum haben sie doch eine
   10, 20      gefährliche Macht dort, wo man sich nicht unter die Herrschaft Jesu
flüchtet. „Es sind viele Götter und viel Herren", kann er den Ko-

rinthern schreiben. Ehe die Galater Jesu Ruf hörten und beherzigten, waren sie unter jene dämonischen Mächte versklavt und „dienten" ihnen.

V e r s 9 . Es ist aber seitdem in ihrem Leben etwas Entscheidendes geschehen, wodurch ihre Stellung zu jenen Mächten völlig geändert wurde. „Ihr habt Gott erkannt" — das war eine entscheidende, ihre Lage umwälzende Entdeckung: Gott ist da! „Wir haben nur e i n e n Gott, den Vater, von welchem alle Dinge sind und wir zu ihm; und e i n e n Herrn, Jesus Christus, durch welchen alle Dinge sind und wir durch ihn." Gott und Jesus Christus kennen, ist nach Jesu eigenem Wort so viel, wie das ewige Leben haben. Wer Gott erkennt, der hat keine anderen Götter mehr neben ihm — oder er verleugnet diese Erkenntnis.

1 Ko 8, 6

Jo 17, 3
2 Mo 20, 3

Aber Paulus ergänzt diese Aussage, fast ist es eine Korrektur: „nicht ihr habt Gott erkannt, sondern er erkannte euch!" Gott ist für Paulus nie ein Objekt, das wir erforschen, ins Auge fassen könnten wie ein Stück der Natur. Wir sind ja Geschöpfe — und er allein der Schöpfer. Deshalb sind wir wohl vor ihm offenbar, er aber uns nur soweit wahrnehmbar, als er sich uns offenbart. Wohl streckt sich Paulus nach der vollen Gotteserkenntnis aus und bittet um erleuchtete Augen der Erkenntnis für die Gemeinden, aber er weiß, daß er erst im neuen Äon — in der kommenden Weltzeit, wenn Jesus sichtbar herrschen wird in seinem Friedensreich — erkennen wird! Und zwar so erkennen wird, wie er jetzt schon erkannt und durchschaut ist! Seit dem Ruf Jesu vor Damaskus: „Saul, Saul, — was verfolgst du mich!" — weiß Paulus sich von seinem Herrn durch und durch erkannt.

Eph 1, 18

1 Ko 8, 3
13, 12
Apg 9, 4
Ps 139, 1—12

Auch an den Galatern ist das Gleiche geschehen: sie wissen sich unter den heiligen Gnadenaugen Gottes! Dennoch suchen sie anderes. Zwar „wenden sie sich" nicht zum alten Heidentum, das sie ablegten und verwerfen lernten — aber es sind wieder schwache und armselige „Grundelemente", die ihnen keine Freiheit, sondern neue Verknechtung bieten — ähnlich wie damals im Dienst des Dämonen- und Heidentums.[35] Gewiß ist das Gesetz Gottes Gabe, aber von Jesu Gnade zum Gesetzesdienst zurückzukehren, das ist so großer Mißbrauch wie Heidentum. Dort wie hier sieht der Mensch auf die eigene Tat und das eigene Wirken und mißt sich selbst die entscheidende Kraft der Rettung zu. Hier wie dort ist Erhebung gegen Gott, weil seine Gnade gering geschätzt und verachtet wird. Das ist das Wesen aller menschlichen „Religion" — ob sie sich nun

---

[35] „Der Apostel schätzt den Unterschied zwischen den verschiedenen Formen menschlicher Religiosität gering" (Ad. Schlatter).

heidnische, jüdische oder auch christliche Gewänder umlegt. Entweder wir ehren Gott als den alleinigen Wirker unserer Rettung, unseres Heils — oder wir setzen den frommen Menschen verschiedener Färbung an seine Stelle. Es ist stets Umkehr von der Wahrheit zur Halbwahrheit oder zum Schein!

Das sollte sich die Christenheit auch unserer Tage merken. Im Suchen nach religiöser Hilfe, die viele entbehren, verfallen wir dem Werben alter und neuer Sekten, auch dem Gesetzesdienst mit christlichen Vorzeichen — ob in der Orthodoxie, im Katholizismus oder im Protestantismus. Dienen wir den „Satzungen" gesetzlicher Vorschriften oder sind wir die befreiten, begnadigten Söhne Gottes als Erlöste Jesu Christi?

**Kap 2, 3**
**5, 2. 3 u. a.**

V e r s 10. Es ist interessant, was Paulus den Galatern als Kennzeichen ihres Abfalls bezeichnet. Er hat vorher von der Beschneidung gesprochen und wird dieses kultische Zeichen auch noch mehrfach erwähnen. Hier aber spricht er von der Beobachtung besonderer „**Tage und Festtermine**". Es handelt sich wohl kaum um die

**5 Mo 18, 10**
**Kol 2, 16 f**

heidnische Tagewählerei der Magie und Zauberei, sondern um den Sabbatdienst und den Festkalender der Juden. Wenn statt der Hingabe des ganzen Lebens einzelne Tage treten, so ist Christus schon verleugnet. Es hat auch in der Christenheit immer wieder Kämpfe über Festkalender, Sonntagsheiligung und Feste gegeben. Vom Osterstreit des römischen Bischofs mit den Kirchen des Ostens im 2. Jahrhundert — über die Reform des Patriarchen Nikon von Moskau im 17. Jahrhundert — bis zu den Sabbatariern oder Adventisten der Gegenwart, die den Kirchen die Einführung des Sonntags zur großen Ursünde machen wollen. Wo aber der Sabbat und Sonntag, ein Festtag oder eine Festwoche nicht als Geschenk, sondern als Pflicht aufgefaßt wird, ist das Evangelium Jesu schon verdunkelt. Paulus stand in voller Freiheit über diesen Fragen, die keinen gesetzlichen Zwang auf ihn ausübten. Es lag ihm alles an der Liebe zu Jesus, die in sehr verschiedener Weise Ausdruck fin-

**Rö 14, 5. 6**

den kann. Entscheidend ist immer die Frage: „geschieht's dem Herrn" — zu Dank und Lob? Paulus konnte keine heiligen Tage, Stunden, Orte, Handlungen haben, — weil er keine unheiligen Tage, Orte, Handlungen in seinem Leben duldete. Es war alles

**Sach 14, 20**

„heilig dem Herrn". Wer sein Leben als Leben des Dienstes Jesu lebt, kann nicht einzelnes zum „Gottesdienst" werden lassen! — Wie weit sind wir von Paulus und seiner Botschaft abgerückt! Man schaue sich unsere „Gemeinden" an — aber man sehe auch sein eigenes Leben im Lichte dieser Verkündigung an! Sollten wir nicht erschrecken?

V e r s 11. Paulus sieht das so ernst an, daß er den sorgenvollen

Ausruf nicht unterdrücken kann: war alles **„umsonst"**? Sollte meine
Arbeit in Galatien ohne echte Frucht bleiben? Er hat sich gemüht
um die Galater — und daß er es immer noch tut, zeigt ja sein Brief.
Apostelarbeit, Missionsarbeit erwartet den ganzen Einsatz und ist
mit viel Mühe und Arbeit verbunden. Man lese, was Paulus darüber den Korinthern schreibt. Und wie freut er sich, wenn Gott
ihm Ernte schenkt. Die Philipper nennt er seine „Freude und
Krone", ähnlich die Korinther seinen „Ruhm".

V e r s 1 2 . Deshalb hat Paulus ein Recht, sie zu bitten und zu
mahnen. Er hat den Mut, seinen Glaubensstand und Weg ihnen
zum Vorbild zu geben. Er hat das auch anderen Gemeinden zuge-
rufen: Folgt mir auf dem Glaubensweg! Er stellt sich nicht als Vorbild der Tugend hin (dann wäre er ja ein Vertreter gesetzlicher
Moral) — er weiß, daß er noch nicht vollendet ist — er verschweigt
seine Sündhaftigkeit nicht. Aber er zeigt in seinem Lauf, was seine
Gerechtigkeit und die Zuflucht seines Glaubens ist. Gerade weil er
allein aus Jesus seine Gerechtigkeit nimmt und nicht aus seinen
eigenen Eigenschaften, kann er sich zum Vorbild stellen.

Er verlangt damit nicht zuviel von ihnen. Auch er ist kein Über-
mensch: **„ich bin ja wie ihr"** — ein Mensch mit Fleisch und Blut,
der ebenso versuchlich ist und dabei weiß, daß das Gesetz nicht
mehr schafft, als Erkenntnis unserer Sünde zu bringen. Nun hat er
nur einen Ruhm: Jesus, der ihn erkauft hat mit seinem Blut und
ihn geliebt hat und sich für ihn hingegeben hat.

Nun kann er bitten. Das Gesetz fordert, — das Evangelium
lädt ein!

V e r s 1 3 . Paulus weiß wohl, wie das unversöhnte Menschenherz aus einem verborgenen Schuldbewußtsein den Anlaß nimmt,
sich vom Weg der Wahrheit zu entfernen. Es steckt eine tiefe psy-
chologische Weisheit in diesem Wort des Paulus! Ganz gewiß wird
es beim Einbruch der Gesetzeslehrer in Galatien nicht ohne Ver-
leumdung und Klatschgeschichten hergegangen sein. In solchen
Zeiten bleibt das Herz schwerlich unbefleckt. Und weil man selbst
unrecht geredet oder doch gedacht hat, nimmt der Feind das zum
Anlaß, uns zuzureden: wende dich von diesem Paulus — es wäre
ohnehin nicht ohne Peinlichkeit, ihm zu begegnen! Auch da, wo
solchen Gedanken nicht Raum gegeben wird, wirken sie doch im
Unterbewußtsein.

Paulus nimmt dem Versucher den Wind aus den Segeln: zwischen
uns steht nur die vergebende Liebe, — **„ihr habt mir nicht weh-
getan"** — ich erhebe keine persönlichen Vorwürfe!

Wie viel Ehen wären nicht gescheitert, wenn wenigstens ein Teil
diese Weisheit, diese geistliche Kraft besessen hätte, wie sie Paulus

2 Ko 6, 4—10
11, 23-28
1 Ko 15, 10
1 Ko 4, 11. 12
2 Tim 3, 10 f
u. a.
2 Ko 1, 14
Phil. 4, 1

1 Ko 4, 16
1 Th 1, 6
Phil 3, 17
Phil 3, 12
Rö 7, 14 ff
1 Tim 1, 12. 15

Rö 3, 20

Kap. 2, 20

hier zeigt. „Die Liebe läßt sich nicht erbittern, sie rechnet das Böse
1 Ko 13, 5    nicht an."
              In kluger Weise erinnert er an jene erste Begegnung mit den
Galatern, als er ihnen die Frohbotschaft sagte, an der sie froh
wurden in Gott und seiner Gnade: erinnert ihr euch noch, wie das
damals war? Ich kam „in Schwachheit" zu euch! — Vielleicht war
2 Ko 12, 7    er krank, als er damals Galatien durchreiste. War es der Pfahl im
Fleisch, der ihm wieder so große Not bereitete? Oder war es nur
seine allgemeine Schwachheit, die ihn so wenig imponierend, so
1 Ko 2, 3 f   wenig repräsentativ für die Welt wirken ließ?
              V e r s 1 4 . Das könnte den Eingang des Evangeliums hindern
und eine Versuchung für die Hörer sein, seine Botschaft abzulehnen,
ihn nicht ernst zu nehmen. Aber seine Predigt scheiterte nicht an
der körperlichen Schwachheit. Die Frucht wurde ihr nicht versagt.
Die Galater bestanden die Probe. Paulus dankt ihnen dafür. Sie
Apg 17, 11    nahmen ihn auf, wie man „einen Boten Gottes" aufnehmen muß —
1 Th 1, 6     mit Dank und Liebe, bereit, sein Wort als Gottes Wort und Bot-
    2, 13 (!)  schaft gelten zu lassen und anzunehmen. Im Wort kam „Christus
Mt 10, 40     selbst" zu ihnen. Indem sie Jesus zu sich reden ließen durch seinen
Jo 13, 20     Boten, wandten sie ihre Liebe auch dem Boten zu. Es ist große
Zartheit des Paulus, daß er die Galater gerade jetzt dankbar an
diese Liebe erinnert.
              V e r s 1 5 . Wer um Jesu willen lebt, ist ein seliger Mensch und
hat viel zu preisen und zu danken! Damals schätzten sie sich so
glücklich, wie eben nur ein zu Jesus bekehrter Mensch glücklich sein
kann. Ihre Lippen gingen über von Lob und Preis über der erfah-
renen Erneuerung durch den Glauben an Jesus.
              Und heute? Hat euch das Gesetz in dieser Dankbarkeit erhalten?
„Das Gesetz macht müde Leute", sagte Fritz v. Bodelschwingh.
Das Gesetz macht immer unzufrieden, schwermütig oder selbst-
sicher — und darum kalt, kritisch, unbrüderlich, anspruchsvoll. Man
Lk 15, 25—32  muß nur an den älteren Bruder im Gleichnis Jesu denken, um sich
ein deutliches Bild von der Wirkung des Gesetzes zu machen, das
den Menschen isoliert und verhindert, sich an den Gnadentaten
Gottes zu freuen. Paulus spricht nicht umsonst hernach vom
Kap. 5, 15    „Beißen und Fressen", das in Galatien herrscht. Welch eine Änderung gegenüber früher, wo ihr zu dankbarer Bruderschaft mit mir
erwacht waret! Sie hätten ihm „ihre Augen" als das Kostbarste
opfern mögen. Es braucht hier vielleicht nicht eine Augenkrankheit
bei Paulus vorgelegen haben, die dessen Ausdruck begründet hätte.
5 Mo 32, 10   Wir wissen, wie im Alten Testament der Augapfel oft das Bild für
Ps 17, 8      einen großen Schatz hergibt. Vielleicht mag dieser Vergleich in
Sach 2. 12

den vielen Augenkrankheiten und Erblindungen im Orient seinen
Anlaß haben.

V e r s  1 6 . Woher denn diese Änderung? Woher das Erkalten
der Liebe? Paulus war ihr Freund und Bruder — wer hat den
giftigen Samen des Mißtrauens gestreut? Sollte er „ihr Feind geworden" sein, weil er sich ihrem neuen Weg hindernd entgegen-
stemmt? Freilich ist die Wahrheit oft herb. Paulus hat die Galater
„unverständig und bezaubert" geheißen. Aber er tat es nicht aus    Kap. 3, 1
Reizbarkeit oder Scheltlust. Nicht um sie zu reizen, sondern um ihnen
zu helfen. Von seinem Freunde muß man sich die Wahrheit sagen    Jo 8, 32
lassen — und dem Freunde ist man die Wahrheit schuldig. Nur sie
macht frei. Um der Wahrheit willen ist er Petrus und Barnabas —    Kap. 2, 14
seinen Nächsten — entgegengetreten. Wie sollte er denn mit den
Galatern anders verfahren? Schon daran, daß ihnen die Wahrheit
nicht erträglich scheint, daß sie in Paulus Feindschaft wittern,
müßten sie merken, daß ihr Weg irre geht.

V e r s  1 7 . Zwar werden sie von der Gegenpartei sehr um-
worben. Man ist sehr geschäftig, in Galatien Parteigänger zu werben. Aber das geschieht in unfairer Weise. Offenbar haben die Gesetzeslehrer Mißtrauen gegen Paulus gesät. Wir lasen schon im
ersten Teil seines Briefes, wie Paulus den Erweis seiner apostolischen Vollmacht zu bringen sich genötigt sah, weil diese ihm abgesprochen wurde.

So geht es ja meist, wenn aus Glauben, Theologie oder Konfession eine Parteisache gemacht wird. Dann fehlen diplomatische
Kniffe nicht. Mit Schmeichelei und Verbeugung suchte man die un-
kritischen Leute zu gewinnen. „Man eiferte" mit Eifersucht. Paulus
warnt die Leser, sich nicht einwickeln zu lassen. Es ist „nicht anständig", wie man mit euch verfährt. Man „sperrt euch ab"! Von
wem? Vor allem von Paulus, dessen Einfluß aufhören soll, — aber
zutiefst vom Evangelium, der befreienden Jesusbotschaft. Und daher schließlich auch von Jesus selbst. Parteien- und Sektenhäupter
wissen sehr fromm zu reden, aber schließlich werben sie Anhänger
für ihre Person. Sie umwerben uns, damit wir uns vor ihnen beugen.
Sie sind eifrig um uns bemüht mit dem Ziel, daß wir uns schließlich mit unserem Eifer für sie einsetzen.

V e r s  1 8 . Eine Vielgeschäftigkeit mag freilich jetzt in Galatien
eingetreten sein, auf die sich die Leser des Briefes etwas einbilden.
Sind sie nicht Eiferer um Gottes Sache geworden? Aber unser Tem-    Rö 10, 2
perament ist noch nicht die Gerechtigkeit, die Gott an uns sucht.
Entscheidend ist der Inhalt und das Ziel, für das wir uns einsetzen.
Einst, als Paulus bei ihnen „anwesend" war und sie in der großen
Dankbarkeit des ersten Erstaunens über Jesus und seine Gabe leb-

ten, da hat er auch ein Brennen ihrer Herzen erlebt. Aber seit er nicht mehr anwesend ist, öffnen sie sich anderen Stimmen. Jetzt eifern sie um eine selbstgemachte Gesetzesgerechtigkeit, statt um den Dienst Jesu und um den Lobpreis seiner Gnadentat.

V e r s 1 9. Paulus steigert im Schmerz um die Verirrung derer, die er seine geistlichen Kinder nennen darf, seine Sprache, die voll herzlicher Liebe um sie wirbt.

„Ihr meine Kinder" — weil ihr es seid, habe ich das Recht und die Pflicht, mich um euch zu sorgen. Den Kampf um Menschenherzen, die sich Jesu Wort öffnen, vergleicht Paulus mit den „Geburtswehen" der Mutter. Mit solchem Einsatz des Liebesopfers hat er um das neue Leben gerungen, das Jesus für den Menschen brachte. Er meinte, nach jener Erweckungszeit diese Schmerzen und Sorgen hinter sich zu haben. Aber sie wiederholen sich „aufs neue". Wieder erleidet er Ängste und Schmerzen um sie wie eine Mutter um ihr Kindlein!

Diese Schmerzen hören nicht auf, bis das Ziel echter Wiedergeburt erreicht ist: daß „Christus in ihnen Gestalt gewinne"! Das ist freilich ein Hochziel. Aber Paulus sieht dieses Resultat nicht dort erreicht, wo Menschen in selbstquälerischer Gesetzlichkeit ethische Vorschriften zu verwirklichen suchen — diesen Irrweg bekämpft er ja gerade in Galatien! Sondern er weiß, daß Jesus dort sein Bild einprägt, wo sein Geist in den Herzen den Willen gestaltet, wo Beugung und Demut ihm und seiner sündenvergebenden Gnade Raum gegeben wird. Wo sollte Jesus mehr erkannt werden als dort,

2 Ko 3, 3    wo seine Handschrift auf den Herzenstafeln lesbar wird. Das Ebenbild Christi wird an denen am sichtbarsten, die in der dankbaren

Rö 8, 28. 29    Liebe zu Gott stehen. Nur wer Jesu Werk ist, trägt Jesu Bild. Wer sein eigenes Werk treibt, sich selber heiligt, wird Jesu Bild verdecken.[36]

Paulus weiß aber, daß Gesetz und Geist Gegensätze sind. Das Gesetz wendet sich an den Menschen (das „Fleisch") und erwartet

Rö 8, 5—9    von ihm die helfende Tat. Der Geist aber wirkt durch den Glauben, der sich an Jesus hängt. Die Galater sind „fleischlich" geworden, weil sie von ihrer eigenen Tat die Erneuerung erwarten. Das ist

Jo 16, 14    sehr menschlich — aber nicht geistlich. Der Geist verklärt Jesus,
Hbr 12, 2    weckt unser Interesse für ihn, zieht unsere Aufmerksamkeit auf ihn. Wo statt auf den Geist und seinen Einfluß aufs Gesetz und seine

2 Ko 3, 17. 18    Wirkung gebaut wird, verschwindet das Bild Jesu in uns, — und unsere eigene Fratze wird wieder sichtbar.

[36] „Immer ist das Werk ein Abbild dessen, der es schafft, um so mehr, je mehr es vermittelst des Geistes hervorgebracht ist. Gestaltet uns Jesu Geist, so erscheint seine Art an uns und gibt uns Ähnlichkeit mit ihm" (Ad. Schlatter).

Das gibt einen neuen heißen, schmerzvollen Kampf — gleich der
Not der Mutter bei der Geburt des Kindes — wenn der Eigenwille,
der Eigensinn und die Eigenart dem Willen Jesu, dem Jesussinn
und der Jesusart weichen sollen.

V e r s 2 0 . Wir verstehen, wie der Apostel jetzt am liebsten anwesend sein wollte, um mit lebendiger Stimme — nicht auf dem
Papyrus- oder Pergamentbogen schreibend — auf sie einzuwirken.
Er könnte „seine Stimme wandeln", ändern — d. h. nicht nur den
Ton herzlicher, wärmer erklingen lassen als das kalte Papier ihn
vermitteln kann. Er könnte auch auf ihre Fragen und Einwürfe unmittelbar eingehen und jedem sagen, was er gerade braucht.

Wir sind freilich unserem Gott dankbar, daß er es so fügte, daß
Paulus schriftlich den Nöten Galatiens begegnen mußte und da-
durch für alle Zeiten ein geisterfülltes Wort gegen die galatischen
Irrtümer in der Christenheit hinterließ.

Denn er ist ihres Vertrauens nicht mehr gewiß und wird auch
selbst schwankend im Vertrauen auf sie.

Er versucht, ihnen durch einen Schriftbeweis seine neuen Mahnungen zu unterbauen. Er zeigt ihnen aus dem AT — auf das jene
Irrlehrer ja zurückgreifen, um ihnen das unwandelbar geltende
mosaische Gesetz wichtig zu machen —, wie das Verhältnis des Gesetzes zum verheißenen Evangelium ist.

## 6. DAS GLEICHNIS VON DEN ZWEI TESTAMENTEN

### Galater 4, 21—31

21 Sagt mir, die ihr unter dem Gesetz sein wollt, hört ihr das Ge-
22 setz nicht? * Denn es steht geschrieben, daß Abraham zwei
   Söhne hatte, einen von der Sklavin und einen von der Freien.
23 * Der Sohn der Sklavin aber war auf natürliche Weise geboren
   [wörtl.: gemäß dem Fleisch] — der Sohn der Freien aber durch
24 die Verheißung. * Darin ist etwas allegorisiert (bildhaft darge-
   stellt), denn jene Frauen sind zwei Testamente, — und zwar:
   das eine vom Berge Sinai, das in die Sklaverei gebiert. Das ist
25 Hagar. * Hagar ist der Berg Sinai in Arabien und entspricht
   dem heutigen Jerusalem — denn es ist in Sklaverei mit seinen
26 Kindern. * Das obere Jerusalem aber ist das freie, — es ist
27 unsere Mutter. * Denn es steht geschrieben: „Freue dich, du
   Unfruchtbare, die nicht gebiert! Brich hervor und rufe, die
   nicht in Wehen liegt, denn die Alleinstehende hat viele Kinder,      Jes 54, 1
28 — mehr als die, die den Mann hat." * Ihr, Brüder, seid nach

29 Isaak Kinder der Verheißung. ° Aber gleichwie damals der auf natürliche Weise Geborene den verfolgte, der durch den Geist 30 [geschenkt war], so ist das auch heute. ° Aber was sagt die Schrift? „Verjage die Sklavin mit ihrem Sohn. Denn es soll der 31 Sohn der Sklavin nicht mit dem Sohn der Freien erben." ° Daher, Brüder, sind wir nicht Kinder der Sklavin, sondern der Freien.

1 Mo 21, 10

Die Anwendung, die Paulus nun vom AT macht, ist uns überraschend. Wir sind heutzutage nicht gewohnt, die Geschichten des AT allegorisch, d. h. gleichnishaft, zu verstehen. Paulus hat diese Art in der damaligen Schriftgelehrsamkeit und Theologie gelernt. Unsere heutige Theologie verwirft diese Auslegungsweise, aber, wie wir sehen, zu unrecht. Gewiß werden wir die alten Geschichten aus den Büchern Moses, Samuels, der Könige usw. zuerst als geschichtliche Berichte zur Kenntnis nehmen. Aber sie wollen ja nicht Protokolle oder Nachrichten im Sinne unserer Zeitungen sein. Sie sind alle Zeugnisse vom Handeln Gottes an seinen Menschen, von seiner Heiligkeit, Wahrheit und Gnade. Gerade hier bei Paulus lernen wir, daß die Väter nicht unrecht hatten, in jenen Berichten mehr als eine Historie zu sehen. Wir haben immer wieder zu fragen: Was will Gott uns hier sagen?

V e r s 2 1 . Der Apostel ist bereit, das „Gesetz", d. h. das Wort des Alten Testaments, ernst zu nehmen („Gesetz" hießen eigentlich nur die 5 Bücher Moses, aber im weiteren Sinne wird oft kurz die ganze Schrift des AT von den Juden Thora, d. h. das Gesetz genannt. Genauer freilich: Gesetz, Propheten und Schriften).

Kennt ihr das Gesetz so schlecht? Wenn ihr ihm so gehorsam sein wollt, so solltet ihr aufmerksam lesen, wohin das Gesetz zielt! Hören! hören! hören! — und nicht Schlagworten oder menschlichen Lieblingsgedanken nachlaufen! — Hören ist immer der Weg zum gesunden Glauben. Gewiß soll auch „das Gesetz gehört" werden — aber man soll so aufmerksam hören, daß man merkt: „das Gesetz weist über sich selbst empor" (Ad. Schlatter).

Rö 10, 14—17

V e r s 2 2 . Ihr wollt durchaus Abrahams Kinder sein? Nun gut! Aber vergeßt es nicht: auch „Abraham hatte zweierlei Söhne"! Und es wird entscheidend sein, durch welchen dieser beiden ihr seine Nachkommen und Erben sein wollt! Die Mutter des einen war eine „Sklavin". Von ihr kann man nur Sklavenart, Unfreiheit erben. Die Mutter des anderen war eine „Freie". Nur von ihr und ihrem Sohne erbt ihr die Freiheit in Gott.

V e r s 2 3 . „Der Sklavin Sohn war Sohn nach fleischlicher, natürlicher Art." An seiner Geburt war nichts Wunderbares. Er kam zur

Welt, wie Kinder auch sonst geboren werden. Die alte Schöpfung
zeigte ihre alte Kraft. „Was vom Fleisch geboren wird, das ist    Jo 3, 6
Fleisch."

Bei der Geburt des Sohnes der Sarah aber griff Gottes Gnade ein.    1 Mo 17, 15-19
Er wurde, weil Gott eine erstaunliche, einmalige **„Verheißung"** gab.
Er war die Antwort auf den Glauben Abrahams (nicht auf seine    Rö 4, 18—21
natürliche Kraft!). Und der Glaube Abrahams entzündete sich an
der Verheißung Gottes. Bei der Geburt Isaaks wurde Gottes allmächtige Gnade offenbar. So ist es bei allen rechten Kindern
Abrahams.

V e r s 2 4 . Die Geschichten des AT sind für den Apostel nicht
etwa nur historische Erinnerungen, Niederschriften über Ereignisse
der Vorzeit Israels und der Patriarchen. Es gilt vielmehr von jenen
Erzählungen — ähnlich wie vom Gesetz — daß sie ihren Zielpunkt
im Kommen des Christus und im Werden seiner Gemeinde haben.
„Gott sagt im Alten Testament alles um unsertwillen", schreibt    1 Ko 9, 10
Paulus den Korinthern. „Was in der Vorzeit geschrieben wurde,        10, 11
wurde uns zur Belehrung geschrieben", damit wir — die Gemeinde    Rö 15, 4
des Gekreuzigten und Auferstandenen — im Glauben und in der
Hoffnung gestärkt, in unserer Erkenntnis gefestigt und im Dienst
tüchtig gemacht werden. Paulus hat ohne Zweifel das AT nicht
„zeitgeschichtlich" ausgelegt, wie wir in unserer akademischen Theo-
logie weithin! — Die mittelalterliche Theologie ließ die allegorische
Auslegung zur Spielerei entarten. Sie entwickelte eine ausgebildete
Theorie der allegorischen Schriftdeutung. Das weckte mit Recht den
Widerspruch Luthers. Dennoch hat auch er einst gesagt, daß das
Wort der Bibel zuweilen „zwinget, etliche Sprüche als ein ver-
blümet Wort zu verstehen".

Deshalb sollten wir von Paulus lernen, daß die Geschichte des
Volkes Gottes im AT nicht nur Verheißungssprüche auf den kommenden Messias, sondern in seinem Inhalt viel Abschattungen des
Kommenden, des Christus und seiner Gemeinde, enthält. „Was hernach kam, ist dort bereits vorgebildet, und das gibt jener Geschichte
einen neuen, höheren Sinn" (Ad. Schlatter).

An dem Verhalten Gottes gegenüber den beiden Frauen Abrahams wird — nach Paulus — deutlich, wie er die beiden Testamente, Altes und Neues Testament, ansieht. An jenen beiden
Frauen erkennen wir, welch ein Unterschied ist zwischen dem
Sklaven und dem Freien — und welch ein Unterschied es ist, ob
der Mensch nach seiner natürlichen Kraft handelt oder sich von
Gottes Gnade beschenken läßt!

Den ersten Bund schloß Gott am **„Sinai"**. Dort wurde das Gesetz
gegeben. Wer kein anderes Wort Gottes kennt als das Gesetz, der

wird wie Ismael „in die Sklaverei geboren". Die Sklavin „Hagar"
gebiert den unfreien Sohn. So wie Abraham hat auch Gott zweierlei
Kinder. Hagar gleicht dem Gesetz. Wie sie nur Sklaven zur Welt
bringen kann, so bringt auch eine gesetzliche Frömmigkeit nur eine
Knechtshaltung hervor.

Mehr kann unsere natürliche Art nicht bewirken. Aller Moralismus, jeder Versuch, Gott in der eigenen Kraft zu dienen, führt noch
nicht in das freie Kindesrecht. Die Gemeinde des Gesetzes ist
„Naturgewächs" wie der Sohn der Hagar. Hier wirkt noch nicht das
Wunder der Gnade, die Verheißung, Gottes heiliger Geist.

V e r s  2 5 . Die Lesart dieses Verses steht nicht ganz fest. Vielleicht schrieb Paulus nur: „Der Berg Sinai befindet sich in Arabien."
Dann weist er vielleicht daraufhin, daß der Sinai nicht im gelobten,
auserwählten Lande lag!

Oder aber wir lesen mit anderen guten Handschriften: „Das
Wort Hagar bezeichnet den Sinaiberg in Arabien." Das arabische
Wort „hadjar" (= Hagar) bedeutet „Fels, Stein" und wird auch
heute — allerdings für manche Felsenhöhe — im Sinaigebirge benutzt.

Entscheidend ist, daß Paulus sagt: in Ismaels Gegend, dort wo
seine, des Sklavensohnes, Nachkommen wohnen, wurde das Gesetz
gegeben. So hat die Gesetzesfrömmigkeit eine Verwandtschaft mit
Ismael behalten. Wenn das heutige Jerusalem nur das Gesetz kennt,
— weist es sich als Erbe Ismaels aus! — Wie Ismael unfrei war,
so blieb „Jerusalem", das heutige, irdische, die Synagogen-Ge-
meinde, unfrei.

V e r s  2 6 . Aber es gibt noch eine andere Muttergemeinde!
Wenn sie auch unsichtbar ist, weil sie nicht zur alten Schöpfung
gehört, die wir allein mit unseren blöden Sinnen zu erfassen vermögen, so ist sie doch eine Quelle göttlichen Lebens. Sie ist
oben! Paulus benutzt das gleiche Wort, das Jesus im Gespräch mit
Nikodemus braucht: „von neuem — wörtlich ‚von oben' — geboren werden". Das „Oben" gilt es zu suchen, danach zu trachten,
schreibt Paulus den Kolossern. Damit meint er nicht die Sternen-
welt oder einen Raum jenseits der Wolken, sondern den Ort Gottes,
wo er von den Vollendeten gepriesen wird, die ihm Tag und Nacht
dienen. Die „Himmelswelt" ist uns noch unsichtbar. Aber wir stehen
als Jesu Gemeinde unter ihrem unmittelbaren Einfluß. Dort ist
unser Leben mit Christus in Gott verborgen. Dort haben wir schon
jetzt Bürgerrecht, auch wenn das irdische Jerusalem uns hinaus-
stößt. Von dort erwarten wir den Retter! Was sucht ihr eine bessere
„Mutter", die euch schützt und nährt? Dort ist wahre Freiheit, weil
Jesus als Erlöser alle Ketten zerbricht. Kräfte von oben anzuziehen,

2 Ko 4, 18

Jo 3, 3
Kol 3, 1 f

Offb 7, 9—17
Hbr 12, 22 f

Kol 3, 3
Phil 3, 20

Jo 8, 36

im Glauben die Verbundenheit mit dem oberen Jerusalem zu halten
und zu pflegen, das allein ist der Weg zur Vermehrung göttlicher
Kräfte, göttlichen Lebens in uns!

**V e r s 2 7 .** Noch ein Wort des AT, ein Prophetenwort aus dem
Jesaja-Buch, ist für Paulus die Bestätigung des Gesagten. In diesem        Jes 54, 1
Wort wird gezeigt, wie die kleine verachtete Schar, die keinen
stolzen Tempel und keinen sichtbaren Priesterdienst hat, die
größere Verheißung hat als die auf Erden viel Geehrte! Sarah
schien zurückstehen zu müssen gegenüber Hagar. Aber bei den
Verheißungen Gottes geht es nicht nach dem äußeren Schein. Die
kleine Herde soll das Reich der Verheißung empfangen.                      Lk 12, 32

Jenes Prophetenwort galt einst der ihrer Kinder in der babylonischen Gefangenschaft beraubten Tempelgemeinde. Es sollte ihren
Gram stillen und ihr die Verheißung der zukünftigen Erneuerung
zusprechen. Aber auch hier deutet Paulus das Wort von der Zeit
der Erfüllung her. Durch das Werk Jesu, auf das alle Worte im
AT letztlich hinführen, bekommt das Prophetenwort neuen, tieferen
Sinn.

**V e r s 2 8 .** „Ihr, Brüder" — wieder lockt der Brudername, wie er       Vers 12
einst den Saulus in Damaskus aus seinem Schmerz zum Glauben              Apg 9, 17
rief! Ja, wir sind Brüder! Aber nicht, weil das Blut in unseren Adern
uns dazu machte, sondern weil wir unter der Wirkung dessen
stehen, der uns zu Kindern Gottes macht. Ihr seid wie auch ich           Jo 1, 12 f
Kinder Gottes durch die Verheißung. Das entspricht der Sohnschaft
Isaaks! Darum sehnen wir uns nicht mehr nach einem Ismael-
Dasein!

**V e r s 2 9 .** Daß diese beiden ungleichen Brüder nicht mehr unter
**einem** Dach leben können, hat die Geschichte bewiesen und gezeigt.

„Sarah sah den Sohn Hagars, der Ägypterin, den sie Abraham ge-           1 Mo 21, 9 ff
boren hatte, daß er ein Spötter war" — so lesen wir in unserer
Lutherbibel. Man könnte auch übersetzen: „er trieb Mutwillen"
oder gar: er griff den jüngeren Halbbruder an!

Es war von Anfang an eine Feindschaft von seiten Ismaels gegen
Isaak, — der Sohn der Natur **„verfolgte"** den Sohn der Gnade! So        1 Th 2, 14 ff
war es **„damals — und so ist es heute"**, sagt Paulus! Und so wird            3, 3 f
es bleiben bis zum Kommen des Herrn, der seinen Jüngern vorher-          Apg 14, 22
sagte, daß sie die Feindschaft derer ertragen werden müssen, die         Jo 16, 2
nicht aus dem Geiste wiedergeboren sind. Wer das Kreuz als Ort
der Versöhnung ansieht, muß mit der Kreuzesfeindschaft der Welt          Phil 3, 18
rechnen!

Sucht ihr aber dieser Feindschaft zu entgehen, so seid ihr Ver-         Kap. 6, 12
leugner des Herrn Jesus. Der Preis ist hoch — zu hoch, den ihr für      Jak 4, 4

1 Jo 2, 15. 17
Rö 12, 2

Lk 24, 25. 27. 44
Mk 12, 24

euren Gesetzesdienst zahlt. Ihr verliert die Verheißung Abrahams, statt sie zu gewinnen.

V e r s 3 0 . Damals hat der Befehl Gottes die Gemeinschaft zwischen dem Sohn der Sklavin und dem Sohn der Freien aufgehoben. Ismael mußte weichen. Am Erbe Abrahams hatte er kein Teil![36a]

V e r s 3 1 . Deshalb bedarf es keiner langen Überlegung, wohin wir uns zu halten haben. Die Schrift selbst weist uns den Weg. Gerade, wer es ernst nimmt mit dem „Gesetz" und dem Wort des AT, wer es recht liest, wie Jesus es seinen Jüngern auslegte, kehrt nicht wieder um vom Weg der Gnadengerechtigkeit auf den Weg der Gesetzesgerechtigkeit.

---

[36a] Hiermit zeigt Paulus, wie sie mit den Irrlehrern zu verfahren haben.

# IV. DIE PRAKTISCHEN FOLGEN FÜR DAS GLAUBENSLEBEN

(Der ethische Teil des Briefes)

Galater 5, 1—6, 10

## 1. ES GEHT UM EINE KLARE ENTSCHEIDUNG

### Galater 5, 1—12

1 Zur Freiheit hat euch Christus befreit! Steht also fest und laßt euch nicht wieder unterwerfen durch das Joch der Sklaverei.
2 * Seht, ich, Paulus, sage euch, daß euch Christus nichts nützen
3 wird, wenn ihr beschnitten werdet. * Ich bezeuge aufs Neue jedem beschnittenen Manne, daß er schuldig ist, das ganze Ge-
4 setz zu halten. * Ihr seid von Christus getrennt, die ihr im Gesetz gerechtgesprochen werdet, ihr seid aus der Gnade heraus-
5 gefallen. * Denn wir erwarten durch den Geist aus Glauben die
6 Hoffnung der Gerechtigkeit. * Denn in Christus Jesus hat weder die Beschneidung noch das Unbeschnittensein irgend eine Bedeutung, sondern der Glaube, der durch die Liebe wirksam ist.
7 * [Einst] lieft ihr gut. Wer hat euch aufgehalten, der Wahrheit
8 nicht zu folgen? * Die Überredung stammt nicht von dem, der
9 euch ruft. * Ein wenig Sauerteig durchsäuert den ganzen Teig.
10 * Ich [für meinen Teil!] bin bezüglich Euer im Herrn gewiß, daß ihr nicht anders denken werdet. Der euch aber verwirrt,
11 wird das Urteil tragen, wer es auch immer sei. * Ich aber, Brüder — wenn ich noch die Beschneidung predige, warum werde ich noch verfolgt? Folglich ist ja der Anstoß des Kreuzes be-
12 seitigt. * Mögen sie doch abgeschnitten werden, die euch beunruhigen!

In der Seelsorge fällt es immer wieder auf, wie schnell die Fragen des persönlichen Verhaltens sich vordrängen. Wir alle denken zuerst moralisch— erst dann religiös. Das ist eine große Erschwerung für das Verständnis der apostolischen Botschaft. Denn Paulus dachte zuerst „religiös", und erst daraus floß seine „Ethik", die Kraft seines sittlichen Handelns. Mit einer gewissen Unruhe liest der moderne Mensch darum den Galaterbrief, als wolle er den Schreiber ungeduldig unterbrechen: ist denn unser eigenes Handeln ganz wertlos? Wenn alles auf Gottes Gnade ankommt, was bleibt dann dem Menschen? Soll er etwa die Hände in den Schoß legen und warten?

Wer so fragt, hat Paulus allerdings nicht verstanden. Freilich: er gräbt ein tiefes Fundament, aber um hernach ein um so fester stehendes Haus aufrichten zu können. Weil wir diese geistliche Gründlichkeit nicht haben, den Glauben als „dogmatische" Spitzfindigkeit, als „Theologumenon", als „Metaphysik" usw. ablehnen, so ist das Gebäude unseres „religiös-sittlichen Handelns", wie man noch vor kurzem zu sagen pflegte, ein wackelndes Gebäude.

Sehr ausführlich hat Paulus den Galatern in ihrer Anfechtung zu helfen versucht. Ihr Anliegen, das Erbe der Verheißung Abrahams zu bekommen, versteht und begrüßt er. Aber dazu ist nicht das Gesetz der Weg, sondern Christus allein. Ehe er kurz, aber eindringlich und nicht weniger gründlich die praktischen Folgerungen, die Lebensäußerungen dieses Christus-Glaubens zeigt, zieht er in wenigen Sätzen die Schlußfolgerung, summa summarum: Was ist der Ertrag der bisherigen Überlegungen und Erörterungen?

V e r s 1 . „**Zur Freiheit hat uns Christus befreit**" — das ist der Gipfel, auf den uns Paulus mit seinem Brief führt. Christus hat ein Erlösungswerk getan — mit dem Ziel, daß wir Erlöste seien! Es ist ein vollkommenes Werk, das er für uns tat. Es geht hier nicht um subjektive Gefühlsmomente, es geht um eine objektive Tat des Christus Gottes. Unter ihre Wirkung dürfen und sollen wir uns stellen.

Kap. 4, 1 ff
Hbr 8, 13 Alles Vorläufige fiel, die Vormundschaft ist abgelöst, der Alte Bund veraltete. In und durch die Tat Christi haben wir eine neue Existenz, eine neue Daseinsform bekommen. Es ist die Freiheit!

Von ihr träumen die Völker, singen die Dichter. Sie verheißen die Politiker und die Utopisten! Aber über schöne Worte oder illusionäre Deckengemälde kommen sie nicht hinaus.

Um uns diesen Begriff der Freiheit deutlich zu machen, müssen wir aus der Kulturgeschichte jener Zeit einige Parallelen suchen. Und vor allem gilt es, die Sprache der Bibel zu verstehen!

Paulus benutzt ein Bild aus den dunkelsten Seiten des damaligen Kulturlebens: der Sklaverei. Millionen Menschen waren zu rechtlosen Arbeitswesen erniedrigt. Kriegsgefangene und Schuldgefangene waren das Arbeitsheer der Antike. Zwar gab es eine Hoffnung für diese zum Vieh erniedrigten Menschen: es mußte ein — meist sehr hoher — Preis zum Loskauf bezahlt werden. Eine verbreitete Rechtsform eines Loskaufs von Sklaven vollzog sich so, daß der Besitzer des Sklaven mit diesem zu einem Tempel geht und ihn dem dort verehrten Gott — etwa Zeus oder Apollo — verkauft. Der

Kaufpreis wird aus der Tempelkasse bestritten. Nun gilt der bisherige Sklave als ein Eigentum dieses Gottes. In der Regel hatte der Sklave selbst in jahrelangem Mühen seine Ersparnisse aus kleinen gelegentlichen Geldgaben, die er empfing, zum Tempel gebracht. Er hat selbst das Lösegeld aufgebracht. Aber wie selten gelang es solch armen Wesen, die Summe zusammenzuscharren. Deshalb ist es eine einmalige herrliche Frohbotschaft, daß Jesus seinen Jüngern sagt: „Der Menschensohn ist gekommen, sein Leben als Lösegeld für viele zu geben." Jener im heidnischen Tempel freigekaufte Sklave ist nicht etwa von nun an Tempelsklave, sondern steht unter dem Schutze jener Gottheit und darf von niemand aufs Neue versklavt werden.[37]

*Mk 10, 45*

„Um einen Preis seid ihr erkauft." „Ihr seid nicht Herren über euch selbst", hat Paulus die Korinther erinnert. „Werdet nicht" — aufs neue — „der Menschen Sklaven".

*1 Ko 6, 19 f*
*7, 23*

„Für die Freiheit seid ihr erkauft" — auch hier benützt Paulus das amtliche Stichwort für den Loskauf eines Sklaven. Es war rechtlich verboten, einen Freigekauften aufs Neue zur Unfreiheit zu zwingen. Dadurch machte man sich strafbar. Deshalb ist die Mahnung verständlich: **„Laßt euch nicht wieder unterwerfen durch das Joch der Sklaverei."** Sie sind ja jetzt Christussklaven, von ihm und durch ihn befreit von den alten Herren.

*Rö 1, 1*
*Phil 1, 1*
*Jo 8, 34*
*Rö 6, 22*

Was waren denn das für Herren? Da war die Sünde, die uns versklavt — und in ihrer Konsequenz der Tod und die Angst vor dem Tode. Aber hinter Sünde und Todesgewalt steht der Teufel, jener Urfeind der Menschheit Gottes. Die dynamische Kraft bekommt die Sünde aber durch das Gesetz. Dieses weckt durch seine von außen kommenden Befehle die schlummernde Sünde zu ihrem Widerspruch gegen Gott. Durchs Gesetz, das die Lust und den Trotz in uns weckte und bestärkte, reifte die Sünde in uns zu einer unheimlichen Macht und unzerreißbaren Kette. Es gilt, die Briefe des Paulus alle aufmerksam zu lesen — insbesondere den Römerbrief —, um zu verstehen, wieso und warum das göttliche Gesetz zum Bundesgenossen der Sünde und des Teufels wurde. Paulus weiß ja aus eigener Erfahrung, wie der sich selbst regierende Mensch sich auf eine ganz raffinierte Weise der Regierung Gottes und seinem Anspruch zu entziehen sucht. Der Mensch will Gott sein Leben nicht hergeben und deshalb sucht er, sich gegen Gott zu behaupten. Gerade dazu verhilft ihm das Gesetz, um durch dieses vor Gott als

*Hbr 2, 14 f*
*1 Ko 15, 56*

*Rö 7, 7—23*

---

**37** Wir haben aus jener Zeit Urkunden, die bei solch einem Loskauf eines Sklaven geschrieben sind. Da bescheinigt etwa der bisherige Eigentümer des Sklaven: „Den Preis hat er empfangen. Den Kauf aber hat er dem Apollon anvertraut zur Freiheit" (Deißmann, Licht v. Osten. 4. S. 275).

Phil 3, 4 ff

Mt 21, 31
Lk 7, 36—50
  15, 21—29
  18, 10—14
  19, 7


Lk 23, 43



Rö 5, 2

1 Ko 16, 13









Mt 6, 24

Fordernder zu stehen. Die gesetzliche Leistung soll ihm ein Recht gegen Gott geben. Er will sich „seines Fleisches rühmen", d. h. seines Eigenwerkes. Der gesetzliche Mensch hat es darum sehr viel schwerer, sich an Gottes Gnade genügen zu lassen, als etwa ein Zöllner oder eine Hure, die Gottes Gesetz verachtet haben. Wer sich hinter das Gesetz verbarrikadiert, fühlt sich gegen alle Angriffe Gottes gesichert. Deshalb ist für Paulus die Frage so bedeutungsvoll. Es geht ihm hier nicht darum, moralisch etwas besser oder schlechter sein, sondern es geht um den Zugang und das Bleiben in der vollen Abhängigkeit von Jesus, eben als erkaufte Christussklaven. Der Gesetzliche sammelt sich heimlich wieder ein Kapital, um sich aus der Knechtschaft Christi loszukaufen. Damit verfällt er aber dem ewigen Verderben, — während Jesus sogar einen Schächer retten konnte!

„Stehet fest" — wankt um keinen Preis von der Haltung des zur Freiheit Erkauften! Das Stehen, im Gegensatz zum Gleiten und Wanken, ist für Paulus oft eine Umschreibung jenes ruhenden Bleibens in der Gnade Christi und in seinem ungeteilten Dienst. Er hat durch Christus den Zugang zu dieser Gnade, darin er nun steht. Es gilt zu wachen, daß dieser Standort nicht verlassen wird. Es gehört eine hingebende Kraftanstrengung dazu: „Seid männlich und seid stark!" fügt Paulus solch einer Mahnung hinzu!

Wir haben in unserer Sprache den Ton leider verschoben. Wir fragen etwa: „Stehst du im G l a u b e n ? " — Die Mahnung des Apostels aber lautet: „S t e h e im Glauben!"

V e r s 2. An ihrer konkreten Lage, an einem gerade jetzt in Galatien akut werdenden Punkt zeigt Paulus ihnen die tödliche Gefahr.

„Seht, — ich, Paulus, sage euch" — mit der Feierlichkeit einer Urkunde werden die Galater angeredet. Unwillkürlich hält der Leser den Atem an: was kommt jetzt?

„Christus wird euch nichts nützen." Ist das denn möglich? Das wäre ja nicht zu fassen! An diese Konsequenz hatten die Galater nicht gedacht. Sie wollten Christus nicht drangeben, seine Hand nicht loslassen — aber gleichzeitig suchten sie Anschluß bei den gesetzestreuen Juden. Man hatte ihnen wohl gesagt: Was Paulus euch gesagt hat, mag als Anfang gelten — aber ohne Beschneidung, ohne das körperliche Zeichen der Zugehörigkeit zum Volke Gottes schwebt ihr ja in der Luft! Hütet euch, daß ihr euch nicht zwischen die Stühle setzt!

Nun aber sagt Paulus: entweder — oder! Ihr könnt auch hier nicht zwei Herren dienen. Ihr müßt euch entscheiden: Christus — oder die jüdische Kultgemeinde? Entweder ihr sucht eure Ruhe

und Zuversicht in der Beschneidung — oder bei Jesus! Entweder
ihr erwartet das Leben, das ewige Leben vom alttestamentlichen
Gesetzesdienst, von eurer eigenen Leistung — oder von Jesus allein.
Ihr sucht im Sturm dieses Lebens einen Hafen, wo ihr euren Anker
auswerft. Nun, wollt ihr euch in das Gesetz flüchten und dort Zuflucht suchen — so hilft euch der Jesushafen nichts! Denn ihr habt
ihn verlassen![38]

Die Beschneidung ist hier für Paulus nur ein Beispiel, weil sie
offenbar in der Überlegung der Galater eine gewichtige Rolle ein-
nahm. Sie könnte durch jede andere fromme, religiöse, moralische
Leistung ausgetauscht werden. — Hätten die Galater die Beschneidung eingeführt, um eine wirksame Judenmission zu treiben,     Apg 16, 3
so hätte Paulus kein Wort verloren. Es wäre das Ähnliche gewesen,
wie wenn Hudson Taylor von seinen Chinamissionaren erwartete,
daß sie einen Zopf trügen. Wenn freilich Hudson Taylor behauptet
hätte, daß nur Zopfträger in den Himmel kommen, oder daß diese
doch eher selig würden, so hätte er Jesus und das Evangelium verraten! Wo steckt denn bei uns der Zopf? So sollte jede Gemeinde
— auch jeder Christusjünger sehr ernsthaft fragen!

V e r s 3 . Noch einmal setzt Paulus in feierlichem Stil an: „**Ich
bezeuge jedem beschnittenen Manne**" — offenbar hatten etliche
den Schritt schon getan! — „**daß er verpflichtet ist, nun das ganze
Gesetz Moses zu halten.**"

Es ist ein Kennzeichen aller Gesetzlichkeit, daß sie stets — je
nach Tradition oder Führung, Geschmack oder Laune — ein anderes
zum Schibboleth, zur Vorbedingung h ö h e r e r Christlichkeit macht.     Ri 12, 6
Dem einen ist's der Sabbat, dem andern der Sonntag, dem einen
die Kindertaufe, dem andern die Glaubenstaufe, dem einen ist's die
Abstinenz, dem andern die Verwerfung des Nikotins usw. usw. Die
Aufzählung vergrößert sich von Jahr zu Jahr. Jeder wählt sich etwas
aus mit frommem Eifer. Aber es ist uns gar keine Wahl gelassen.
Wir sind gefragt, worauf wir unsere Zuversicht setzen, daß Gott
uns annahm und in seiner Gemeinschaft hält.

V e r s 4 . „**Ihr seid von Christus getrennt**", geschieden — Luther
sagt: ihr habt Christus verloren. Das ist wohl das schärfste Wort des
ganzen Briefes. Aber dahin führt der Gesetzesdienst! Nicht, als ob
Jesus sich von uns zurückgezogen hätte — aber wir ließen ihn los
und erwarteten nicht mehr von ihm, seinem Leiden und Sterben,
seinem Auferstehen und Gegenwärtigsein, von seiner rettenden
Liebe unser Heil. Wir trauten seiner Kraft und Gnade nicht, son-

---

[38] „Du tust, als sei Christus nicht da, so ist er für dich nicht da; du meinst, du **müßtest dir selbst**
helfen, weil dir Christus doch nicht helfe, — so wird er dir nicht helfen" (**Ad. Schlatter**).

dern wollten uns mit unserem Gesetzesdienst selbst helfen. So ließ
der Ertrinkende den Rettungsring fahren — und griff nach einem
Strohhalm! Verloren, versunken, ertrunken — — und hätte doch
gerettet werden können!

„**Ihr seid aus der Gnade herausgefallen**", — so wie einer aus
dem Rettungsboot, das ihn schon aus den Wogen aufgefischt hatte,
von einer neuen Welle hinausgespült wurde. Solch ein Wort will
uns aus unserer Gleichgültigkeit und Unaufmerksamkeit reißen!
Noch bist du geborgen — sorg dafür, daß du bei Jesus bleibst!
Frag nicht nach menschlichen Hilfsmitteln deiner Seligkeit! Sie
hängt ganz und immer von Jesus ab. Hier konzentriere deine Aufmerksamkeit![39]

**Kap. 1, 4**

Wir werden vor aller Sicherheit gewarnt. Solange wir noch in
dieser „bösen Weltzeit" leben, sind wir auch gefährdet. Du kannst
verlieren, was du hast. Du kannst „**aus der Gnade fallen**". Das ist
kein Widerspruch gegen Jesu Zusage, daß keine Macht die Seinen

**Jo 10, 28**
**Ps 34, 6. 9**
**Hbr 12, 2**

aus seiner Hand reißen kann, denn die Galater wenden freiwillig
den Blick, der allein rettet, von Jesus ab und suchen in der eigenen
Kraft und Leistung ihr Heil.

Ja, Paulus, wie machst du es denn? Kennst du denn gar nicht den
schrecklichen Konflikt des Glaubenden, wenn er voll Schrecken
sieht, daß es nicht recht voran geht mit ihm, — daß er keine Frucht
bringt, in der Liebe erkaltet, im Werk des Herrn ohne Eifer ist und
voll Entsetzen merkt, wie in seinen Gliedern noch das mächtige
Gieren nach Genuß und das Herz gespalten ist, das doch einst
voll Hingabe und Dankbarkeit zu Jesus sagte: „Ich weiß von keinem

**Ps 16, 2**

andern Gute außer dir"? — Gewiß glauben wir, daß nur Jesus ver-
geben kann, nur Jesu Blut uns loskauft. Aber wir wollten doch
besser werden in seiner Nachfolge — und wir merken so wenig davon. Im Gegenteil, oft denken wir: wir sind ja noch ganz die
Alten! Das hat uns so verzagt gemacht, daß wir nach Hilfe aus-
schauten. Und da kamen jene anderen mit ihren Rezepten und
Ratschlägen. Unser Weg ist geboren aus einer großen Not. Kennst
du sie nicht, Paulus? Bist du schon ein Vollendeter?

**Phil 3, 12—14**

V e r s 5 . Nein, nein, antwortet Paulus, am Ziel bin ich auch noch
nicht. Auch ich bin unterwegs. Aber ich habe mich nun ein für allemal in die Behandlung des großen Arztes begeben — seitdem hasse
ich alle Kurpfuscherei! Da muß ich „**warten**"! Das mag dem unge-
duldigen Menschenherzen sehr sauer fallen, das so gerne schon am
Ziele wäre. Heimlich ist vielleicht auch der Wunsch dabei, schon ein

---

[39] „Wollt ihr Christum nicht fahren lassen, so faßt ihn ganz. Wollt ihr das Gesetz nicht halten,
so laßt es ganz" (Ad. Schlatter).

wenig zu prunken mit unserer Vollkommenheit, die es nicht mehr
nötig hat, die fünfte Bitte des Vater-unsers zu beten: „Vergib uns
unsre Schulden."

    Mag sein, daß der Patient im Krankenhaus sehnlichst nach schnel-
ler Besserung sich ausstreckt. Kommen dann noch „liebe Nachbarn"
und sagen: „Sie sehen ja elender aus als vorher! Ich wüßte da noch
eine alte Frau, die wohl helfen könnte. Sie brauchen es dem Professor ja nicht zu verraten. Sie wissen ja, diese hohen Herren halten
nicht viel vom alten Volksglauben, — aber versuchen sollten sie es,
und schaden kann es nichts" usw. Da läßt sich solch ein elender
Mensch verführen. Aber der Herr Professor merkt es doch und sagt
dann: „Ja, wenn Sie kein Vertrauen zu mir haben und heimlich zum
Kurpfuscher gehen, dann muß ich Sie schon bitten, das Bett für
einen anderen Kranken frei zu machen und nach Hause zu gehen."
So fällt man aus der Gnade und wird von Christus, dem ewigen
Arzt, getrennt.

    Freilich, die Geduld wächst nicht auf dem Acker des natürlichen
Herzens. Deshalb sagt Paulus: **„Wir warten durch den Geist."** Damit bezeugt er, daß seine wartende Geduld nicht sein Werk sei,
sondern eine Frucht seiner Gemeinschaft mit Jesus. Gewiß ist es
auch sein Wunsch, nicht nur gerechtgesprochen zu sein, sondern im
Gehorsam Gottes gerecht zu sein. Aber er hat das Gesetz als absoluten Irrweg zur Erreichung dieses Zieles erkannt. Erst wer die
Gerechtigkeit, „die dem Glauben zugerechnet" wird, über alles
schätzen lernt, lernt auch die Kraft des neuen Lebens — die **Kraft**
der Auferstehung Jesu erfahren.

    **„Wir erwarten im Geist"** (oder: „durch den Geist") **„aus Glauben
die Hoffnung der Gerechtigkeit."** Nun bewegt uns nicht Angst,
sondern Glaubenszuversicht. Wir haben ja unser Leben in Jesu
Hände gelegt, der uns erkaufte für sich. Nun erwarten wir schlech-
terdings nichts mehr von uns und unseren Leistungen, sondern wir
haben eine große gewisse Hoffnung. Diese bedarf keiner Gesetzes-
krücken. Denn unsere Hoffnung ist ja Jesus selbst. Die Rebe hat
nur e i n e Sorge: am Weinstock zu bleiben und vom Gärtner ge-
pflegt zu werden. Mit heiliger Einseitigkeit glauben wir an Jesus,
lieben wir ihn. Wer uns dieses Hoffnungsziel verrücken und ver-
schieben will, ist unserer Seele feind und gefährlich.

    V e r s 6 . Wie beschämend ist das Streiten um Nebensachen! Ver-
geßt ihr denn ganz, was vor Jesu Augen, in der Gemeinschaft mit
ihm Bedeutung hat? Das kultische Zeichen macht uns weder arm
noch reich. Weder kann der Beschnittene auf bevorzugte Behandlung — jetzt oder am Gerichtstag Christi — rechnen, noch braucht
der Unbeschnittene sich vor Zurücksetzung zu fürchten. Aber frei-

Mt 6, 12

Vers 22

Phil 3, 9

1 Tim 1, 1
Kol 1, 27
Jo 15, 1—5

Kol 2, 18

Rö 2, 11

lich auch umgekehrt. Es gilt auch hier wieder das Wort: „Bei Gott ist kein Ansehen der Person." Gewicht bekommst du nur dadurch, daß Jesus für dich eintritt, daß er seine Wirkung in deinem Leben hat — es gilt hier „weder die Beschneidung, noch das Unbeschnittensein" — sondern allein „der Glaube, der durch die Liebe wirksam ist". Jener Glaube, der mit dem großartigen Schenken Jesu rechnet, — jener Glaube, der seines Sieges gewiß ist, — jener Glaube, der die eigene Armut im Reichtum Christi birgt, ist nicht eine tote Sache. Er ist weder nur ein Begriff noch eine Idee. Er ist nicht eine lehrhafte Aussage über Jesus, er ist eine Lebenshaltung. Er ist selbst Wirkung Jesu, der durch den Glauben weiterwirkt, an uns und durch uns an anderen. Es braucht zum Glauben nichts hinzugetan zu werden. Man darf seine Wirkungskraft nur nicht hemmen. Glaube ist Leben und keine Theorie des Lebens. Glaube ist Tat und nicht erst ihre Voraussetzung. Auch die Liebe ist nicht ein Zweites — wie ein Tender, der von der Glaubenslokomotive gezogen werden muß.[40] Freilich kann der Glaube ruhen, verschwiegen sein und deshalb dem neugierigen Auge verborgen bleiben. Der Glaube drängt nicht an die Öffentlichkeit, schon gar nicht, um von Menschen gelobt zu werden. Das ist dem Glauben sogar zuwider.

Jak 3, 17

„Die Weisheit von oben ist aufs erste keusch" — das ist der Glaube, der allen Menschenruhm, alles Geltungsbedürfnis verabscheut. Er lebt aus verborgenen Quellen des Umgangs mit seinem Herrn. Aber wie ein Baum nicht nur durch seine Wurzeln lebt, sondern auch durch den Blattschmuck seiner Krone, durch den er atmet, so braucht es der Glaube, sich in der Liebe zu opfern und zu dienen.

Jak 2, 17
Ps 36, 10
Jer 2, 13
1 Jo 4, 16

Wir verkürzen uns das Verständnis des Glaubens, wenn wir ihn von der Liebe trennen! „Er ist tot" — ohne Liebe! Er lebt auch davon, daß er das Wesen der Lebensquelle, nämlich Gottes, ausstrahlt. Wer nicht in der Liebe bleibt, bleibt auch nicht in Gott.

1 Ko 13
1 Jo 5, 4

Glaube und Liebe sind nur zwei Seiten einer und derselben Sache — der Gemeinschaft mit dem Vater durch Jesus Christus. Darum hat der Apostel des Glaubens das Hohelied der Liebe gesungen — und Johannes, der Apostel der Gottesliebe, den Sieg des weltüberwindenden Glaubens bezeugt. Eines kann ohne das andere nicht sein.

1 Jo 4, 19

Aber weil das so ist, darum ist die Liebe nicht ein Zweites, was erst hinzugetan wird. Etwa so, daß der zum Glauben Gekommene nach einer Weile sich besinnt: es wird nun wohl Zeit, daß ich nun auch zu lieben anfange. Echter Glaube liebt — in jener heiligen Gottesliebe, mit der er sich geliebt weiß.

---

[40] „Die Liebe ist die Verleiblichung des Glaubens", sagte einer der württembergischen Väter (Friedrich Mayer-Münsingen † 1946).

Nur kurz läßt Paulus hier das Thema anklingen, das er den Galatern noch entfalten will. Ehe er den Satz von dem in der Liebe wirksamen Glauben in seiner Weite erörtert, unterbricht er hier.

Ist es der Schmerz um die versagenden Galater, die einst sein Glaubenswort so ernst und tief erfaßt hatten? Er schaut nochmal auf jene erste Zeit zurück, wo sie „im Geiste anfingen", wo sie im jungen frischen Glauben ihre Seligpreisungen sangen!

Kap 3, 3
4, 15

V e r s 7 . „**Ihr liefet gut.**" Oft hat Paulus den Glaubensweg des Christen mit der Laufbahn in der Arena verglichen. Glaube ist ja Bewegung, ist Leben aus Gott und zu Gott hin. In diese Bewegung sind die Galater einst geraten. Wie ein Sportrichter hat er ihren Lauf beobachtet und beurteilt. „Gut" liefen sie, d. h. nach den amtlichen Sportregeln. Wie dort, so ist es auch im Glaubensleben: Wir laufen nicht „ins Blaue" hinein. Wir haben ein Ziel. Dieses im Auge zu behalten, gehört zum regelrechten Lauf! Sich nicht mit hinderlichen Gewändern zu schmücken — oder Gepäck zu tragen — gehört auch dazu. Ganze Hingabe und Einsatz aller Kräfte ist nötig. Warum laufen denn die Galater nicht mehr gut? Sie sind aufgehalten worden! Irgend jemand trat ihnen in den Weg. „**Wer hat euch aufgehalten?**" Die Antwort wissen die Galater ja nur zu gut nach allem, was Paulus ihnen geschrieben hat. Wer ihren Glaubensstand gefährdet, indem er sie von Jesu Wirken auf das eigene Wirken hinwies, hat auch ihren Glaubenslauf gehindert. Denn nun „**folgen sie nicht**" mehr „**der Wahrheit**". Wer zur Gnadenbotschaft sein eigenes Gesetzeswerk beimischt, verfälscht und verpanscht den Wein der Wahrheit. Eigenruhm und Glaube an Jesus verhalten sich wie Lüge zur Wahrheit. Wer dem Gesetz und damit dem Eigenverdienst folgt, folgt nicht der Wahrheit, d. h. Jesus und seiner unaussprechlichen Gabe! Diese Gabe aber verpflichtet zur Nachfolge, d. h. zum Gehorsam. So hat Jesus seine Jünger gerufen, er, der die Wahrheit selber ist. Wer den Gehorsam aufsagt und eigene Wege geht, gibt die Nachfolge Jesu auf.

Phil 3, 12—14
2 Tim 4, 7

1 Ko 9, 24 ff

Kol 2, 18

Hbr 12, 1 f
2 Tim 2, 5

Kap. 1, 6 ff
2, 5. 14; 4, 16
2 Ko 2, 17

2 Ko 9, 15

Lk 9, 59 ff
Jo 14, 6
Mt 4, 19; 9, 9

V e r s 8 . Aber dieser Ruf Jesu war keine „**Überredung**"! Er hat sie einst in seiner Gnade gerufen. Sein Verkehr mit ihnen ist stets ein Rufen. Aber wer im Umgang mit ihm ist und seine Stimme als die Stimme des guten Hirten kennt, der sollte wohl die Fähigkeit haben zu erkennen, in wie völlig anderer Art die Propaganda und Bearbeitung von seiten derer ist, die sie jetzt zu überreden suchen. — Ein Wort für unsere Zeit, wo nur zu oft auch die Frommen von allerlei neuen Lehren und Sektiererei sich bearbeiten lassen. Ob wir ein feines Ohr haben für den Ruf Jesu und der Wahrheit — und der Überredungskunst seelischer Einflüsse? Paulus sieht hier ein Entweder-Oder!

Kap. 1, 6

Jo 10, 27
1 Ko 12, 10

**V e r s 9.** Und er ist empfindlich für die geringste Beimischung von Fremdstoff. Mit einem Sprichwort aus der Weisheit auf der Gasse erinnert er, daß „**ein wenig Sauerteig**" genügt, um „**den ganzen Teig zu durchsäuern**"! Hier gibt es keine Sowohl-als-auch-Haltung. Hier werden keine Kompromisse geschlossen. Paulus kennt keinen „Mischgeist", wie irdische Instanzen ihn hie und da festzustellen meinten. Wenn der Heilige Geist mit Irrtümern vermischt wird, ist das Ganze verdorben. Weder die Sünde, noch ein Irrtum, noch falsche Begehrungen dürfen toleriert werden. „Was im Beginn klein ist, ist in seinem Endergebnis groß." Wie der Sauerteig auch in kleinster Menge den Teig durchsäuert, so verdirbt ein wenig Gesetzlichkeit die Klarheit des Evangeliums. Wie ernst ist dem Apostel diese Frage!

      **V e r s 10.** Mit eigenartiger Betonung sagt er: „**Ich** (!) **bin im Herrn gewiß**" — als wäre diese Gewißheit keineswegs das Allgemeine unter den andern Brüdern, die mit ihm sind. Freilich ist das kein rosenroter Optimismus im Blick auf seine Galater! Die Gewißheit nimmt er aus Christus! Er ist ähnlich wie gegenüber den Philippern gewiß, daß Jesus mit seiner Klarheit in Galatien siegen wird gegenüber allen Vernebelungsversuchen der Gegner.

      Für unser „Geist"-Verständnis ist es von großer Bedeutung, daß Paulus aus diesem Vertrauen zur Macht der Wahrheit Jesu keineswegs die Folgerung zieht: also bleibt für mich keine Aufgabe! Jesus macht ja alles zurecht! — Hier sieht Paulus keineswegs ein Entweder-Oder, sondern vielmehr ein Ineinander: weil Jesus allmächtig ist, darum habe ich in seinem Auftrag ein ernstes, schweres Werk zu tun! Weil seine Liebe den Galatern gehört, darum bin ich beauftragt, mich wie eine Mutter um verirrte Kinder zu mühen. Weil er uns zur Weisheit gemacht ist, steht mein Denken nicht still, sondern denkt und lehrt diese Weisheit!

      Jesus hat die gleiche Wahrheit den Jüngern im Bild vom Weinstock gezeigt. Die Gemeinschaft Christi mit den Seinigen führt dazu, daß er die Gemeinde nicht etwa verdrängt und überflüssig macht, sondern im Gegenteil erst zu rechter Verantwortung und Aktivität erweckt und belebt. Es lohnt sich, über dieses Ineinander betend nachzudenken und sich dann dankbar daran zu orientieren!

      Wer aber der Wahrheit Gottes widersteht und ihr entgegenarbeitet, „**wird das Urteil tragen**". Paulus richtet selbst nicht, aber er weiß, daß Gott richtet — ohne die Person anzusehen — „**wer es auch immer sei**", selbst wenn er einen wohlklingenden Namen hat.

      **V e r s 11.** Selbstsüchtige Motive soll man dem Paulus nicht zuschreiben mit seiner Kreuzes- und Gnadenpredigt. Diese ist stets unpopulär und bei den Frommen noch weniger beliebt als bei den

---

Marginal references (left column):

1 Ko 5, 6

Kap. 1, 2

Phil 1, 6

Phil 2, 12 f

Kap. 4, 19

1 Ko 1, 30

Jo 15, 1—5

Jo 17, 23

Mt 7, 1
2 Ko 5, 10
Rö 14, 12
2, 11

Unfrommen. Für Paulus brachte seine Verkündigung Verfolgung, Not und schließlich den Tod.

Oder steckt noch etwas anderes in diesem Satz des Apostels: **„Wenn ich noch die Beschneidung predige, — warum werde ich noch verfolgt?"** Etwa die Abwehr eines Verdachtes, den seine Gegner in Galatien verbreitet haben mögen: auch er, Paulus, hielt es mit denen, die die Beschneidung einführen!? Im Blick auf die schon erwähnte Beschneidung des Timotheus mochten solche Ver- drehungen nicht unwahrscheinlich sein. Aber Paulus geht so kurz auf diesen Gedanken ein, daß es kaum Wahrscheinlichkeit hat, daß ernsthaft daran geglaubt wurde. Es wäre dann — jedenfalls den Juden gegenüber — **„der Anstoß des Kreuzes beseitigt"**; das Ärger- nis der Verkündigung, von der Hilflosigkeit des durch die Sünde Verdorbenen, der nur durch das Blut des Gottessohnes gerettet wer- den kann, wäre geschwunden.

*Apg 16, 3*

Paulus kennt diese Versuchung, der er mannhaft widerstanden hat: die Wahrheit zu verdunkeln, um das eigene Lebensgeschick leichter zu gestalten. — Wie wenige von uns dürfen das von sich sagen!

Eine Jesusbotschaft ohne das Kreuz im Mittelpunkt war der Welt je und je sympathischer, aber damit ist das Evangelium entleert! Denn dann ist Israels — oder des ethischen Idealisten — eigene Gerechtigkeit aufgerichtet und das schändliche Urteil: Vor Gottes Augen seid ihr Verlorene trotz eurer „guten Absichten" und eurer sogenannten „edlen Gesinnung" — wäre aufgehoben![41]

V e r s 1 2 . Wer daran rüttelt, hat seinen Sturz sich selbst zuzu- schreiben. Paulus kann nur wünschen, daß sie **„abgeschnitten wer- den"** wie fruchtlose Reben vom Weinstock. Denn sie beunruhigen die Gemeinde, indem sie den Frieden Gottes fragwürdig machen.

## 2. DER WANDEL IM GEIST

Galater 5, 13—25

**13 Denn ihr seid im Blick auf die Freiheit berufen, Brüder! Nur laßt die Freiheit keinen Anlaß sein dem Fleisch, sondern dienet 14 einander durch die Liebe. \* Denn das ganze Gesetz ist erfüllt in einem einzigen Wort, nämlich: liebe deinen Nächsten wie**

[41] „Gott selbst hat dieses Ärgernis hingestellt in die Welt, damit alle daran anlaufen, die sich nicht vor dem Kreuze beugen wollen ... Eben Jesu Kreuz zu verschweigen geht nicht an. Es muß hoch aufgerichtet sein vor aller Welt Augen, mag daran fallen, was fallen will ... Jesu Kreuz ist Gottes Zeichen voller Gnade und Wahrheit; es muß bleiben, wie es ist" (Ad. Schlatter).

15 dich selbst. ° Wenn ihr aber einander beißt und freßt, so sehet
darauf, daß ihr nicht voneinander (aufgezehrt) verschlungen
16 werdet! ° Ich sage aber: wandelt im Geist (oder: durch den
Geist) und ihr werdet die Begierde des Fleisches nicht erfüllen.
17 ° Denn das Fleisch begehrt gegen den Geist, der Geist aber
gegen das Fleisch, — denn beides ist einander entgegengesetzt,
18 daß ihr nicht das tut, was ihr wollt. ° Wenn ihr aber vom Geist
19 geleitet werdet, seid ihr nicht unter dem Gesetz. ° Die Werke
des Fleisches aber sind sichtbar. Es sind: Hurerei, Unreinigkeit,
20 Zügellosigkeit, ° Götzendienst, Giftmischerei, Feindschaften,
Zank, Eifersucht, Wutausbrüche, Streitsucht, Uneinigkeit, Sekten-
21 wesen, ° Neid, Mord, Trunksucht, Gelage und was dergleichen
mehr ist. Davon sage ich euch vorher, wie ich schon vorher
sagte, daß, die solche Dinge tun, das Reich Gottes nicht erben
22 werden. ° Die Frucht aber des Geistes ist Liebe, Freude, Friede,
23 Langmut, Freundlichkeit, Güte, Treue, ° Sanftmut, Enthaltsam-
24 keit. Gegen solche ist das Gesetz nicht. ° Die aber des Christus
Jesus sind, haben das Fleisch gekreuzigt mit den Leidenschaften
25 und den Begierden. ° Wenn wir durch den Geist leben, so wollen wir auch durch den Geist (im Geiste) wandeln.

Wer die bisherigen Ausführungen des Apostels aufmerksam und
mit innerer Beteiligung verfolgt hat, erwartet mit einer gewissen
Spannung nun endlich die Antwort auf die Frage: was soll ich denn
tun? Bleibt an uns alles beim Alten? Brauch ich „nur zu glauben"?
Ja, ist etwa rechter Christenstand eine „dogmatische" Angelegen-
heit?

**Vers 6**    Zwar hat Paulus soeben in einem Nebensatz davon gesprochen,
daß „der Glaube in der Liebe tätig" ist. Aber wie hängt das alles
am Glauben? Wie verhindere ich es, daß aus meiner Liebestat nicht
doch wieder ein Gesetzeswerk wird, des ich mich rühme oder
das ich in ängstlicher Unfreiheit auf sein Gewicht und seine Echtheit prüfe? Ist das nicht nur ein Streit mit Worten? Paulus spricht
mit solcher Leidenschaftlichkeit für die Freiheit vom Gesetz, daß
manchem unbefangenen Leser bange werden kann.

Sicher ist, daß Paulus kein „Ethiker" war, sondern ein Zeuge der
neuen Kreatur in Christus Jesus, dem Auferstandenen. Für ihn lag
das Gewicht ganz bei dem, was Gott in seiner Wundermacht und
Gnade getan hat. Wie kam es, daß Paulus so sparsam war in seinen
sittlichen Ermahnungen? Gewiß, wir finden in Rö 12; Eph 4—6;
Kol 3—4, erst recht im 1. Korintherbrief viele „Imperative", Be-
fehlsformen. Aber es sind eigentlich Ratschläge, die er als selbstverständlich und ohne weiteres acceptabel für die Leser gibt. Es

sind mehr Erinnerungen, daß sie dieses neue Leben in sich pflegen und nicht hindern sollen. Man könnte bei aufmerksamem Lesen alles auf die Formel bringen: „Wirke in der Liebe Christi!" Auf keinen Fall aber sind es die vom Ethiker so geliebten Vorschriften für jeden besonderen Fall (= Kasus, daher: Kasuistik). Dann werden Einzelfragen beantwortet: „Was tue ich, wenn...?"

Darum ist dieser letzte Teil unseres Briefes die Krönung! Hier wird deutlich, warum Paulus das Gesetz nicht mehr braucht — und dennoch keineswegs gesetzlos lebt. Hier spricht er vom Wunder-   Rö 3, 31
werk des Heiligen Geistes. Durch ihn hat das Werk Gottes in Ga-   1 Ko 9, 21
latien einst angefangen — durch ihn (nicht durch Fleischeswerk in   Kap. 3, 3
Gesetzlichkeit) wird Gottes Werk weitergeführt und vollendet![42] Wäre die Kirche Christi in ihrer Verkündigung der Gotteswahrheit vom Kommen des Heiligen Geistes immer in des Paulus Bahnen gegangen, so wäre ihr viel Irrtum und Ketzerei erspart geblieben. Darum müssen wir auch in dieser Frage immer wieder bei Paulus in den Unterricht gehen.

V e r s 1 3 . Es bleibt dabei: Der Ruf Christi an sie geschah „im
Blick auf die Freiheit", die er ihnen bringt. Frei von Schuld, frei   Kap. 1, 6
von bösem Zwang zur Sünde, frei vom Wahn des Gesetzlichen, der da meint, sich selber helfen oder gar retten zu können, — daher frei auch vom Gesetz und seinen hunderterlei Verboten und Geboten — ganz frei sollen wir sein! Eben hat er sie ermahnt, diese Freiheit   Vers 1
zu bewahren und sich nicht wieder in die Schlingen der Gesetzlichkeit einfangen zu lassen.

Ist die Freiheit aber nicht eine gefährliche Gabe? In ihrer Umgebung sahen die Galater gewiß viel böse „Freiheit" des Heidentums, wo der natürliche Mensch alle Zügel der Sitte und des Anstandes, der Rücksicht und der Hemmung ablegt! Wie oft ist in der Geschichte die Freiheit mit der Anarchie verwechselt worden, wo schließlich einer dem andern zur Qual wurde mit seiner Selbstsucht und Rücksichtslosigkeit!

Es ist aber ungemein bezeichnend, daß Paulus diese Gefahr der „Gesetzlosigkeit", des sog. Libertinismus („alles ist erlaubt") nur   1 Pt 2, 16
ganz kurz berührt: „Laßt die Freiheit kein Anlaß sein dem Fleisch!" Die Freiheit ist ja nur in der Gemeinschaft mit Jesus zu finden! Weil das so ist — und das wissen die Galater! — darum genügt eine Andeutung: Wer sich, seiner Eigenart, seiner Unart, seinem Fleisch Raum gibt, — der trennt sich von Jesus und seiner Nachfolge. Es kann freilich nicht nur das Gesetz mich hochmütig machen,

---

[42] „Das ist in gewissem Sinn die Hauptsache, das Ziel, dem alles Frühere dient, das Resultat, wo Gottes Gabe nun sichtbar wird in unserem Werk" (Ad. Schlatter).

1 Ko 5, 2
Offb 2, 14. 20

— das war die ausführlich beschriebene Gefahr der Galater. Von der anderen Gefahr waren sie offenbar nicht so angefochten: daß uns die Freiheit zum Anlaß der Überheblichkeit wird. Dagegen hat Paulus den Korinthern viel darüber geschrieben. Das ist aber im vorliegenden Falle nicht sein Thema!

Paulus nennt in e i n e m Satz, was uns vor der Gefahr der selbstsicheren Überheblichkeit bewahren kann: „Dienet einander durch die Liebe."

1 Ko 13

Die griechische Sprache war reich zur unmißverständlichen Umschreibung dessen, was hier Liebe genannt wird. Wo wir in der deutschen Sprache ein einziges Wort besitzen, hat der Grieche vier bis fünf Begriffe, die alle Veränderungen dieses vielseitigen Wortes umschreiben. Von der natürlichen Liebe der Geschlechter zueinander („Eros", daher „Erotik") über die Freundes- und Bruderliebe bis hin zur „Agape", der heiligen Gottesliebe. Von ihr singt Paulus das bekannte „Hohelied der Liebe"! Sie ist frei, weil sie nie kommandiert werden kann, — sie beglückt uns, indem sie das Glück des anderen suchen lehrt, — sie erfüllt Jesu Wort, daß nur, wer

Jo 12, 25
Mt 16, 24 f
1 Ko 13, 5
Phil 2, 4

sein Leben haßt, es finden wird, — und wer sich selbst verleugnet, teil hat am ewigen Leben, das Jesus den Seinen gewährt. „Die Liebe sucht nicht das Ihre" — „sondern das, was des andern ist."

Kap. 3, 1

Welch eine Reife setzt solch ein Wort bei den Lesern voraus! Wir haben uns bisher vielleicht turmhoch über den angefochtenen „unverständigen Galatern" gefühlt. Aber ob wir hier gleich richtig schalten? Mit welch einer Selbstverständlichkeit erwartet Paulus, daß seine Leser ohne Widerspruch dieses Wort gelten lassen! Ihr wollt frei sein? Seid es durch Dienst! Dienet einander! Ungezwungener, freiwilliger Dienst, angetrieben von der Liebe Gottes!

2 Ko 5, 17

Hier stehen wir vor dem Wunder der neuen Kreatur! Diese Pflanze wächst nicht auf dem Boden der alten Schöpfung. Das wirkt allein der Heilige Geist Christi, daß er Menschen zeigt und erleben läßt, wie frei der ist, der dem anderen dient. „Dazu bin ich selbst in die großen Rechte eines frei Gewordenen eingesetzt, damit ich nun als ein starker und tüchtiger Diener allen untergeben sei" (Ad. Schlatter). Das darf der Befreite wissen: dein Leben wird jetzt reich durch Dienst in der Liebe.

„Dienet einander!" — Paulus spricht hier noch nicht von der kampfreichen Liebe an der Welt, die viel Bitterkeit und Schmerz

Jo 17, 21 f
Eph 4, 2—6
2 Ko 5, 14
Jo 15, 13

bringen mag. Er spricht von den „Brüdern", die alle eins in Christus sind. Daß es eine Bruderschaft des gegenseitigen Dienstes gibt, daß die Liebe Christi uns zum Opfer und zur Hingabe füreinander drängt — das ist und bleibt das Wunder der neuen Kreatur!

Und dazu haben wir das Recht! Hier könnten wir die Herrlich-

keit der Freiheit der Söhne Gottes erfahren. Da wären wir be-
schirmt gegen den eigensüchtigen Mißbrauch der Freiheit und er-
lebten die selige Freude, die Jesus seinen Leuten schenkt!

V e r s 1 4 . Hier findet ja das Gesetz seine Erfüllung, — ja, „das
ganze Gesetz ist erfüllt in einem einzigen Wort: Liebe deinen Nächsten wie dich selbst". Welch eine treffende kurze Erklärung der
ganzen Bergpredigt Jesu! Er kam nicht aufzulösen, sondern zu erfüllen und zeigte in einer langen Reihe praktischer Beispiele, wie
die Liebe größer ist als das Gesetz in seinen Rechtsvorschriften und
darum sein Gefäß zum Überfließen bringt.

Paulus zeigt hier, daß die Liebe keineswegs vom Gesetz weg-
führt — aber einen anderen Weg zur Erfüllung kennt als die Be-
folgung gesetzlicher Vorschriften.

Wir haben in unserer kirchlichen Erziehung das mosaische Gesetz auf die Zehn Gebote beschränkt. Wie steht es denn mit diesen?
An dieser Frage wird für jeden von uns die alte galatische Not
offenbar.

Sind die Zehn Gebote die Mindestforderung an unseren guten Willen? Die Norm einer anständigen Erziehung? Also doch ein bescheidener Beitrag zu unserer Erlösung, den wir selber leisten?
„Natürlich, die müssen wir halten!" — so antworten wir brav und
bieder! Ob Paulus damit ohne weiteres einverstanden wäre?

Wer die Gebote mit den Erklärungen Luthers lernte, dem sollte
die Antwort nicht schwerfallen. Luthers Katechismus kennt eigentlich nur e i n Gebot, das erste: „Ich bin der Herr, dein Gott, du
sollst nicht andere Götter haben neben mir" — und das heißt nach
Luthers Erklärung: „Wir sollen Gott über alle Dinge fürchten, lieben und ihm vertrauen." Ihn ganz ernst nehmen (wie er uns auch
ernst nimmt!) und ihn wirklich Gott sein lassen! Das ist freilich die
Grundlage: fürchten, lieben, vertrauen! Es ist nur eine Umschreibung des viel mißverstandenen Wortes: glauben!

Alle anderen Gebote hängen an diesem, d. h. am Glauben! Denn
jede Erklärung beginnt mit den gleichen Worten: „Wir sollen Gott
fürchten und lieben . . ." — daraus fließen beachtliche Folgerungen,
nämlich: wer glaubt, mißbraucht Gottes Namen nicht, verachtet
nicht sein Wort, schützt Leben, Ehe, Ruf und Eigentum des andern!
So ist der Glaube allein die Heilung des falschen Wandels und des
sündigen Tuns!

Nicht gute Vorsätze, nicht ethische Prinzipien, nicht meine ge-
rühmten guten Absichten, sondern der Glaubensanschluß an Gott
durch Christus schafft jene neuen Motive und Kräfte des Handelns.
Sie bedürfen des Gesetzes nicht! Der Glaube bewirkt das Neue,

Rö 8, 21

Mt 5—7
Mt 5, 17

1 Tim 1, 8. 9

weil er mich mit Jesus, der Quelle des neuen, ewigen Lebens, in Verbindung setzt.

Joseph Wittig, der bekannte Glatzer Schriftsteller und ehemalige katholische Priester, macht in einem seiner Bücher darauf aufmerksam, daß die Verbote der zwei Tafeln Moses eigentlich lauten: „Du wirst nicht Gottes Namen mißbrauchen", „Du wirst nicht töten" — „... nicht ehebrechen, stehlen" usw. Die hebräische Sprache hat nämlich zwei verschiedene Verneinungsformen (wie übrigens auch die lateinische und griechische Sprache), die eine für Verbote, die andere für Aussagen. Seltsamerweise steht aber auf den Tafeln nicht der erwartete Ausdruck für Verbote — sondern die Partikel, die eine positive Aussage macht. So sind die Zehn Gebote gleichsam Verheißungen: „du wirst nicht" ... lieblos handeln, weil dich die Liebe Christi erneuern und rüsten wird. Es ist das Gleiche, was die Propheten erwähnen: „Ich will mein Gesetz in ihr

**Jer 31, 33**    Herz geben und in ihren Sinn schreiben" und „will solche Leute aus euch machen, die in meinen Geboten wandeln und meine

**Hes 36, 27**    Rechte halten und darnach tun". — Es gilt auch hier bei den Zehn Geboten: allein durch den Glauben!

**Kap. 2, 21**    V e r s 15. Fast klingt der Satz in einem bitteren Spott: So sieht es jetzt bei euch nicht aus, seit ihr unter das Gesetz getreten seid — und damit die Gnade wegwerfet! Die Gesetzlichkeit weckt immer auch die Kritiklust. Wie die Gnade in Liebe verbindet, — so macht das fordernde Gesetz unruhig, ängstlich oder hochmütig und selbstgerecht. Als der verlorene Sohn heimkam, hat die vergebende Liebe seines Vaters ein frohes Fest bereitet. Aber die gesetzliche, selbstgerechte Haltung des älteren Bruders brachte einen häßlichen Mißklang hinein.

Wo Menschen sich selbst rechtfertigen, da gibt es Feindschaft, Neid und Mißgunst, — einer **„beißt und frißt"** den anderen. Ja, ja, sagt Paulus, gebt acht, wo das hinausführt! Schließlich **„verschlingt einer den andern"**. Wo die Bruderliebe eigentlich beglücken sollte, gibt es Scherben wie auf einem Kampfplatz. Die Kirchengeschichte ist voll von erschütternden Bestätigungen dieser Gerichtsdrohung des Apostels.

Als die Gnade Christi sie rief und sie dankbar auf ihn schauten, fiel ihnen die Bruderliebe leicht. Das gab ein blühendes Gemeindeleben. Aber als jeder frömmer als der andere sein wollte durch eigene Extraleistung, da floh der Friede und der Streit begann.

V e r s 16. Und nun gibt Paulus das helfende Stichwort, kurz und knapp wie alle Wahrheiten: **„Wandelt im Geist!"**

**1 Ko 12, 3**    Der Heilige Geist ist ihnen gegeben! Sonst hätten sie nicht Chri-
**Jo 16, 14**    stus als Herrn anrufen können! Er schuf ja das Vertrauen zu Jesus

in ihren Herzen, er „verklärte" Jesus in ihnen, machte ihn ihnen
wichtig, so daß sie seine Macht und Gnade im Glauben anbeteten.
Der Geist goß die Liebe Gottes in ihr Herz, daß sie an ihr froh     Rö 5, 5; 14, 17
wurden. Den Geist brauchte Paulus den Galatern nicht zu erklären,
war doch bei ihnen das Neue vom Geiste Christi hergekommen.      Kap. 3, 3
    Aber sind sie ihm gehorsam? Lassen sie sich von ihm bestimmen,
erleuchten, führen? Hier mangelt es! Darum: „**Wandelt im Geist!**"
Der Geist ist also nicht ein neuer Zwang, der sie verknechtet! Es
gibt auch Geist aus der Tiefe. Er entmächtigt den Menschen, macht
ihn benommen, berauscht, unfrei. Solch einer fällt in „Trance" — sagt
der Fachausdruck. Man denke an die Greuel des Spiritismus, der Be-
sessenheit und der ekstatischen Tänze der Heiden!
    Aber so ist der Heilige Geist nicht. Er tötet nicht, sondern macht
lebendig. Er drückt den Menschen mit seinem Willen nicht beiseite
— sondern zeigt den Weg, gibt Möglichkeiten und Kräfte, die benützt werden müssen. Der Heilige Geist ist die Gegenwart Christi
in seiner Gemeinde! Wie Jesus nie Gewalt anwandte, sondern durch
seine Liebe überwand, so tut er es auch im Geist. „Der Herr ist
der Geist", „wo aber der Geist des Herrn ist, da ist Freiheit."[43]     2 Ko 3, 17
    Wo dieser Wandel im Geist (oder anders übersetzt: in der Kraft
des Geistes) geschieht, da sind wir geschützt vor uns selber und
allen bösen Mächten, die noch als „Fünfte Kolonne" oder Verräter
in der eigenen Herzensburg Einfluß suchen: „**Ihr werdet die Begierde des Fleisches nicht erfüllen**" — das ist kein Befehl, sondern
eine königliche Verheißung. Das ist ein seliges Dürfen. Du brauchst
nicht mehr deiner Begierden und Wünsche Knecht sein, weil dich
ein Stärkerer in seinen Dienst nahm! Folge ihm nach — wandle
mit ihm und du wirst die wandelnde Kraft seiner Nähe erfahren.
    V e r s 1 7 . Damit ist keinem „Perfektionismus" Raum gegeben,
als wäre nun aller Kampf mit der Sünde hinter uns! Aber es ist
kein „ethischer" Kampf, sondern ein „religiöser", besser: ein
Glaubenskampf.
    Wir bleiben noch im Dualismus, d. h. wir stehen im Frontkampf!
Noch haben wir nicht den „geistgemäßen" Leib, d. h. jenes voll-     1 Ko 15, 44
kommene Werkzeug, das dem Heiligen Geist in völligem Gehorsam
unterworfen ist und ein ihm passendes Rüstzeug ist. Noch seufzen
wir nach der Erlösung auch unserer Leiblichkeit. Durch diese sind     Rö 8, 23
wir eng mit der alten gefallenen Schöpfung verbunden, wenngleich
die Erlösung durch Christus das Neue im Geist in uns schuf!     2 Ko 5, 17

---

[43] „Das ist das Große am Schluß des apostolischen Evangeliums und sein Unterschied von der
Gesetzespredigt, daß der Apostel uns ein Heiliges und Göttliches, das uns inwendig nahe und
uns selbst verliehen ist, zeigen kann, von dem wir uns leiten lassen dürfen in der gewissen
Zuversicht, daß es uns sicher auf den Weg Gottes führt" (Ad. Schlatter).

Jo 15, 5
1 Tim 6, 12
2 Tim 2, 5
        4, 7

Eph 6, 10 ff

In uns kämpfen zwei entgegengesetzte Größen und es ermüdet oft, der Kampfplatz zwischen Geist und Fleisch zu sein. Immer wieder gilt der Befehl: „Glaube!" „Wandle im Geist!" „Bleibe in Jesus Christus wie die Rebe am Weinstock!" Ohne Glaubensgehorsam werden wir in diesem Kampf des Glaubens nicht bestehen. Aber dieser Kampf wird nicht mit den Waffen unseres guten Willens und unserer guten Eigenschaft geführt, sondern mit der Geisteswaffe Jesu Christi. Auf seine Waffenrüstung sind wir angewiesen. Daher können wir uns nicht auf unser Wollen verlassen („ihr tut nicht, was ihr wollt") — sondern unterstellen unsern Willen immer wieder dem Regiment des Geistes Jesu Christi, in dem er selbst uns nahe ist. Ohne das bleiben wir im Zwiespalt.

V e r s 1 8 . Deshalb kommt alles darauf an, daß wir „vom Heiligen Geist geleitet" werden. Er ist einzig und allein die siegende Kraft, die uns aus dem Zwiespalt führt und uns zum Gehorsam Gottes fähig macht. Paulus benutzt hier den gleichen Ausdruck, wie wir ihn im Römerbrief lesen. Luther übersetzt dort: „welche der

Rö 8, 14

Geist Gottes treibt, die sind Gottes Kinder". Aber auch jenes „Treiben" ist kein Gewaltakt, so wenig das Regieren des Geistes zwangsläufig geschieht. Vielleicht steckt hier im Hintergrund das in der Bibel, auch von Jesus, benutzte Bild vom Hirten. Der Schafhirt

Ps 23
Hes 34, 11 ff
Jo 10, 27 ff
u. ä.

geht nicht wie der Rinderhirt mit einem Knüppel oder einer Peitsche hinter der Herde her. Der Hirte der Schafe geht voran, und diese hören seinen Ruf und folgen ihm nach. Das ist ein geistiger Vorgang, dem das Wirken des Herrn durch den Geist in seiner Gemeinde entspricht. Der Glaubende hört das Rufen Christi im Geist (in der Regel wohl durch das Bibelwort!), und bestimmt und beeinflußt durch dieses folgt er ihm. Es ist die formende Kraft Jesu durch den Geist, die ihn bewegt, zieht, lockt und insofern nötigt, ohne ihm seinen Willen zu nehmen.

Wer so unter der Leitung des Geistes steht, ihm gehorcht und sich ihm immer neu unterwirft, an dem hat das Gesetz keine Aufgabe. Hier ist eine neue, machtvolle Regierung angetreten, die die anderen Regierungen neben sich nicht duldet. „Es gilt hier: entweder der Geist, oder das Gesetz. Entweder ist der Geist die regierende Macht, welchem der Thron in unserem Herzen zugefallen ist, oder es hält uns das Gesetz von außen seinen Befehl entgegen und unterwirft uns seinem Gericht" (Ad. Schlatter).

V e r s 1 9 . Und nun stellt Paulus seine These unter den Beweis. „Die Werke des Fleisches sind sichtbar." Wir brauchen nur mit offenen Augen durch die Welt zu gehen, um die Beweise der Richtigkeit des Satzes zu sehen, wie entscheidend es ist, wer uns leitet:

das eigene „Fleisch" — d. h. unsere alte Natur — oder der Geist
Jesu.
Der Christ kennt beides: sein eigenes Fleisch — und den Heiligen
Geist. Und er erkennt beide an ihrer Wirkung.
Es mag uns erschrecken, was Paulus jetzt als Fleischeswirkungen
aufzählt. Es braucht gewiß nicht dieser ganze Katalog von
Schändlichkeiten in unserem Leben vorgekommen zu sein — aber
fähig dazu sind wir allerdings alle. Wer das leugnet, kennt sein
eigenes Herz schlecht. Jesus selbst hat eine ähnliche Diagnose von
der verdorbenen Menschennatur gegeben.                          Mk 7, 21—23
    Zuerst nennt Paulus die Entgleisungen einer verwilderten Trieb-
haftigkeit. „**Hurerei, Unreinigkeit** (wohl Selbstbefleckung), **Zügellosigkeit** (Ausschweifung)." Alle Übertretung des 6. Gebotes ist mit
unserer Körperlichkeit verbunden und uns daher so unheimlich
nahe. Wer kann leugnen, daß er hier „eine neue Regierung"
braucht, die ihn frei macht nicht nur von bösen Ketten und Ge-
wohnheiten, sondern auch vom unkontrollierten Spiel der Gedanken.
Wo Jesus gegenwärtig ist im Geist, weicht die Unreinigkeit und
aller widernatürliche Schmutz. Er zerbricht unsere Natur nicht, aber
er ordnet und heiligt, was wir in Unordnung und Unheiligkeit
brachten.
    V e r s   2 0 . Neben die mit unserer leiblichen Ausrüstung zusam-
menhängende Verwilderung setzt Paulus den „**Götzendienst**"! Er
hat auch im Römerbrief (schon vor den Perversionen des Trieb-      Rö 1, 23
lebens!) den Bilderdienst der Heiden als eine Folge des Abfalls von
der Dankbarkeit gegenüber dem Schöpfer aufgewiesen. Wer den      Rö 1, 19 ff
Dienst Gottes, der sich in seiner Schöpfung verherrlicht, verweigert,
verfällt dem Aberglauben und der Anbetung der Geschöpfe. Das
gilt ja nicht nur für den Animismus der sog. „primitiven Völker".
Die religiöse Verehrung der Rasse, des Blutes etc. ist ja das gleiche.
Und daneben steht die „**Giftmischerei**". Luther übersetzt „Zauberei" — und hat damit insofern recht, als der Aberglaube und die
Zaubereisünde meist verbunden ist mit der Bereitung von „Zauber-
tränklein". Auch hier hat die Gegenwart der zivilisierten Völker
leider kein Recht, sich nicht getroffen zu fühlen. Je und dann gehen
auch durch die Tagespresse Prozeßberichte, die von seiten der Be-
richterstatter gerne als Rückfall ins „finstere Mittelalter" bezeichnet
werden, aber nur zeigen, daß der Mensch, der nicht vom Geist
Gottes regiert wird, der gleiche bleibt, auch wenn er die moderne
Technik beherrscht und in den Formen moderner Pseudokultur zu
leben sucht.
    Und nun schließt sich an Aberglaube und Zaubertrankbereitung
die ganze Kette menschlichen Hasses an: „**Feindschaften, Zank,**

Eifersucht, Wutausbrüche, Streitsucht, Uneinigkeit, Sektenwesen (oder: Parteiwesen), Neid." Wo kein Friede mit Gott ist, da wird das Kainswesen des gottentfremdeten Menschen offenbar. Er kann keine Gemeinschaft halten, obwohl er viel von sozialer Verantwortung redet. „Der Mensch ist dem Menschen ein Wolf", sagte der Zeitgenosse des Paulus, der Römer Seneca, Philosoph und Erzieher Neros!

Ob hier nach „Neid" — auch noch „Mord" steht, ist nicht sicher, da nicht alle alten Handschriften es bezeugen. Nach Jesu Auslegung ist der Haß schon im Keime als Mord zu werten.

Mt 5, 22

V e r s 2 1. Den Abschluß dieser Aufzählung bildet die Unmäßigkeit im Essen und Trinken, „Trunksucht, Gelage" (oder: Freßsucht), — die gleichfalls bis in die Gegenwart ihre schrecklichen Folgen aufweisen. Damit ist kein endgültiges Bild des Fleischesmenschen gegeben. Es gehört leider noch mehr dazu: „was dergleichen mehr ist".

Es gehörte offenbar zur Art der Unterweisung, die Paulus den Heiden im Zusammenhang mit der Christuspredigt gibt, daß er sie auf die Verkehrtheit und Unnatur ihrer Lebensführung hinwies. Er kann sie auch jetzt daran erinnern, daß er ihnen schon „vorher sagte, daß die solches tun, das Reich Gottes nicht erben werden". Schon bei seiner grundlegenden Predigt hat Paulus den Galatern das gesagt. Christenstand ist nicht eine „Weltanschauung" oder ein Gedankengebilde, eine philosophische Deutung der Welträtsel ohne Verbindlichkeit für unsere Lebenshaltung. Christusglaube ist Christusnachfolge! Wer ein Jünger Jesu wurde, denkt nicht nur anders, sondern er handelt auch anders. Wer in seiner alten Lebenshaltung bleibt, hofft vergeblich, am Erbe Christi, an seinem Reich, teil zu bekommen.

Man hat gemeint, hier liege ein Teil eines „Paulus-Katechismus" zugrunde. Aber es wird gewiß kein Lehrbüchlein gewesen sein, nach dem der geistgesalbte Bote Jesu predigte und unterrichtete. Dennoch braucht es uns nicht zu überraschen, daß er bei seiner Verkündigung einige Grundwahrheiten mit immer neuen kräftigen Hammerschlägen in die Herzen und Gewissen seiner Hörer zu hämmern suchte. Neben dem grundlegenden Unterricht von dem religiösen, erotischen und sozialen Verfall der heidnischen Völkerwelt,

Rö 1, 18—32
1 Ko 6, 9

die Paulus den Römern gab, lesen wir im ersten Korintherbrief unseren Satz hier fast wörtlich wieder: „die Ungerechten werden das Reich Gottes nicht ererben" usw. Desgleichen im Epheserbrief:

Eph 5, 5
Kol 3, 5 f
Mt 13

„kein Hurer oder Unreiner oder Geiziger, welcher ist ein Götzendiener, hat Erbe im Reiche Christi oder Gottes".

„Reich Gottes" sagt Paulus hier. Zum Unterschied von der Predigt Jesu (s. die Gleichnisse vom Reiche Gottes) finden wir diesen Ausdruck bei Paulus seltener. Aber er bezeugt, daß dieses Reich nicht gesetzliche Vorschriften umfaßt, sondern „die Gerechtigkeit, Friede und Freude im Heiligen Geist" — und daß es nicht in Worten frommer Rede besteht, sondern in Kraftwirkungen, die allein der Heilige Geist bewirkt. Die Glaubenden gehören zu diesem Reich — obwohl sie sein sieghaftes Einbrechen in diese Welt noch erwarten, den neuen Äon. Sie sind Bürger dieses himmlischen Gemeinwesens und warten auf sein Kommen mit ihrem Herrn!

Wollt auch ihr Galater Erben sein, so meint nicht, es mit eurem „Fleisch", d. h. eurer eigenen Naturkraft, zu gewinnen! Was das Fleisch hervorbringt, müßte euch nun deutlich sein.⁴⁴

V e r s 2 2 . Während das Fleisch Werke vollbringt, Dinge, die Resultate der von Gott gelösten Menschennatur sind, aus deren Herzen sie wie giftige Gase aufsteigen und zur vollbrachten Tat werden, — bringt der Heilige Geist „Früchte" hervor.

Der Apostel will damit sagen: es ist ein von Gott in uns gelegtes Saatgut, das hier zur Ernte reift. Und es sind auch nicht Einzeltaten, sondern eine einheitliche Frucht neuen Lebens, einer Neuschöpfung, einer neuen Existenz.

„Die Frucht des Geistes ist Liebe." Paulus hat ja schon geschrieben, daß der Glaube in der Liebe tätig ist und daß die Glaubenden durch die Liebe einander dienen. In ihr ist das ganze Programm des Gesetzes zur Tat geworden. Wenn Paulus hier die Liebe als Frucht des Geistes bezeichnet, so sagt er damit, daß sie nicht gesetzlich befohlen werden kann. Das Gesetz kommt von außen und kann nur die Kräfte des Fleisches auf den Plan rufen. Und wozu diese fähig sind, hat der Apostel soeben gezeigt. Der Geist aber wirkt von innen her als geheimnisvoller schöpferischer Akt an denen, die sich im Glauben Jesus und seiner Gnade öffnen und anvertrauen. Da wirkt der Geist, d. h. der gegenwärtige Herr, wie die Kraft des Weinstocks in den Reben. Und wo Jesus wirkt, da entsteht die Gesinnung und Tat der Liebe.

Diese Liebe Christi hat eine reiche Entfaltungsmöglichkeit. Wir werden diese Aufzählung richtig verstehen, wenn wir die einzelnen Ausdrücke als Ausstrahlung und Konkretisierung der Liebe verstehen.

Aus ihr fließt jene heilige „Freude" in Gott, die Paulus den Phi-

*Marginal references (right column):*
Mk 4
Lk 8
Rö 14, 17
1 Ko 4, 20
Kol 1, 13

Phil 3, 20

Mk 7, 21 f

Vers 6
Vers 13. 14
Rö 13, 8—10

2 Ko 3, 17
Jo 15, 5

Phil 4, 4

---

⁴⁴ „Nicht das will Paulus sagen, daß diese Dinge jedesmal zum Vorschein kommen an dem, der sie vollbringt, vieles kann Geheimnis bleiben. Aber offenbar sind diese Werke ihrer inneren Art und ihrem Ursprung nach. Sehen wir die Werke des Fleisches an, so wissen wir sofort: dazu inspiriert uns nicht Gottes Geist; dergleichen wirkt das Fleisch" (Ad. Schlatter).

Ps 4, 8
5, 12; 16, 9
32, 11; 73,
28 u. ö.
Rö 5, 1; 12, 18
Eph 2, 14

1 Ko 13, 4. 7

Mt 5, 25. 44

2 Tim 2, 13

Mt 11, 20
1 Ko 13, 5

2 Tim 1, 7

1 Tim 1, 9—11

Mt 5, 20—48

Rö 8, 4

Kap. 2, 19

lippern anpries und von der schon die Psalmisten sangen. Eine Freude, die bleibt, weil sie aus Gottes Quelle fließt und das Leid dieser Welt überwindet.

Durch die Liebe sind wir Menschen des Friedens, die „Frieden" haben mit Gott und Frieden halten, so viel an uns liegt, — weil Jesus selbst unser Friede ist.

Die Liebe wirkt „Langmut", das ist Geduld mit den Schwierigkeiten des anderen, die sie zu tragen fähig und bereit ist.

Die Liebe zeigt sich als „Freundlichkeit" und „Güte" im Umgang mit den Nächsten, und wären es auch die Widersacher.

Die Liebe hält „Treue", weil sie selbst aus der Treue Gottes entspringt, die sich nicht verleugnen kann.

V e r s 2 3 . Die Liebe, die der Geist wirkt, hat Jesu Art an sich und verleugnet daher nicht seine „Sanftmut", weil er sich nicht reizen oder erbittern ließ.

Da die Liebe die Frucht des Geistes und der Zucht ist, so bewährt sie sich als die Kraft zur Ordnung aller natürlichen Triebe, an denen (wie an den Werken des Fleisches gezeigt ist) unser Abfall von Gott sich besonders deutlich zeigt. „Enthaltsamkeit" ist jene Freiheit von triebhaftem Zwang, „durch welche wir dem Leibe geben, was ihm gebührt, nicht mehr" (Ad. Schlatter).

Wo die Liebe ihre Frucht bringt, da hat das Gesetz seine Aufgabe verloren. Was sollte das Gesetz auch befehlen, wenn doch die Liebe mehr tut, als das Gesetz zu fordern berechtigt ist.

Das hat einer der alten Apologeten, d. h. ein Verkündiger der verfolgten Christusgemeinde den römischen Beamten entgegengehalten. Er sagte etwa: Was wollt ihr von den Christen haben? Halten sie etwa das Gesetz nicht? Sie tun mehr, als das Gesetz von ihnen fordert. Die Gerechtigkeit, die das Ziel alles göttlichen Gesetzes ist, wird dort erfüllt werden, wo der Geist Gottes seine Wirkung hat.

V e r s 2 4 . Wo Jesus Christus sein Eigentumsrecht geltend macht und wo dieses im Glauben anerkannt wird, da steht das Fleisch unter dem Todesurteil. Paulus konnte bekennen: „ich bin mit Christus gekreuzigt". Dieses Todesurteil ist an Christi Leib auch für Paulus und alle, die Jesu angehören, vollzogen. Der Glaubende einigt sich so mit Jesus, — daß der Kreuzestod auch sein Fleisch und seine Begierden entmächtigt, so daß sie ihn nicht zwingen dürfen.

Wir „haben das Fleisch gekreuzigt mit den Leidenschaften und Begierden". Wann? Als wir Jesu eigen wurden.[45]

---

[45] „Wenn wir mit Christi Kreuz einverstanden sind und sein Sterben auf unser eigenes sündiges Wesen ziehen, so liegt darin eine innere Entscheidung und die Geburt eines Willens, der dem, was aus dem Fleische stammt, abgesagt hat" (Ad. Schlatter).

V e r s 2 5 . Damals schenkte „**der Geist**" uns neues Leben, durch ihn „**leben wir**". Es gilt auch hier: „Was ich jetzt lebe im Fleisch (d. h. immer noch in der alten Leiblichkeit mit ihren Versuchungen und Gefahren), das lebe ich im Glauben an den Sohn Gottes, der mich geliebt und sich für mich dahingegeben hat." Weil das so ist, darum ergeht an uns die Aufforderung: „**Laßt uns auch im Geist**" (oder „**durch den Geist**" und seine Kraft) „**wandeln**". Mit anderen Worten: das Kindesrecht der Versöhnten und Befreiten muß und soll im täglichen Gehorsam praktiziert werden.     Kap. 2, 20

Es ist ein wunderbares Ineinander von Indikativ und Imperativ im Leben des Glaubenden. Während beim Gesetzesmenschen der Befehl: du sollst! und du sollst nicht! vergeblich eine reale Änderung des Lebens herbeizuführen sucht, — steht beim Glaubenden der Indikativ, d. h. die Aussage einer Tatsache am Anfang und am Ende: Jesus ist gekommen! Er hat die Gnade gebracht und mit seinem Kreuz, Auferstehen und Erhobensein dem Geiste des Lebens Raum gemacht. Er waltet im Geist unter den Seinen, und er kommt als Vollender und Bringer des Königreiches Gottes, auch die Seinen zu vollenden.     Apg 2, 32. 33

Während das Gesetz mit zahllosen Vorschriften das Leben der Frommen zu ordnen sucht, bringt das Evangelium vom Kommen des Christus alles auf einen Nenner: Glaube! Huldige ihm! Bleibe in ihm! Wandle im Geist! — Alle diese Imperative sind zutiefst ein und dasselbe: Rechne mit Jesus!

Aus der Vielfalt ethischen Ringens ist der Glaubende zur Einfalt zurückgekehrt.

Es ist wie beim letzten furchtbaren Weltkrieg. Die deutschen Truppen kämpften an unzähligen Fronten und wurden schließlich besiegt. Die Amerikaner kämpften erst, als sie den strategischen Punkt an der Nordküste der Normandie entdeckt hatten, und setzten hier die ganze große Potenz ihrer Heeresmacht ein. In wenigen Wochen waren wir geschlagen.

Der Gesetzesmensch kämpft oft bis zur Weißglut an unzähligen Frontabschnitten seiner Moral. Glaubt er, die Unmäßigkeit überwunden zu haben, so greift ihn der Hochmut an; will er mit diesem fertig werden, so packt ihn der Kleinmut; überwindet er den Geiz, so verfällt er dem Leichtsinn usw. Er tritt im Kreise, und es ändert sich nichts!

Der Glaubende erspäht, durch das Wort Gottes gerufen und vom Geiste erleuchtet, den strategischen Punkt: „wenn du nur bei Jesus bist!" — und wirft sich dem Heiland zu Füßen! Als Eigentum des Herrn weiß er von Jesu Sieg und Kraft und birgt sich im Glauben bei seinem Meister. Er hat nur e i n e Sorge: Das Untergebensein

Mt 6, 33
Lk 10, 42

1 Tim 6,11.12
Eph 6, 10 ff

2 Tim 2, 1

unter die königliche Heilandsmacht Jesu! Es gilt auch hier Jesu
Wort: „Trachtet zuerst nach dem Reiche Gottes und nach seiner
Gerechtigkeit — so fällt euch alles andere zu!" Eins ist not! — nicht
das Vielerlei! Wie schnell und wie gründlich die reale Besserung
meines Wandels eintritt, ist jetzt nicht eine Frage der guten Vorsätze oder der moralischen Kraftanstrengung, sondern der Treue
des Glaubens an Jesus. Es ist gewiß ein Kampf bis zuletzt gegen
alle bösen Mächte in uns und außer uns — aber es ist ein Kampf
des Glaubens und ein Starksein durch die Gnade.

### 3. RATSCHLÄGE UND WARNUNGEN

Galater 5, 26—6, 10

**26 Laßt uns nicht nach eitler Ehre gieren, indem wir einander her-
6, 1 ausfordern und einander beneiden! * Brüder, falls auch ein
Mensch von irgendeinem Fehltritt betroffen ist, so richtet ihr
als die Geistlichen einen solchen im Geist der Sanftmut auf! Und
achte auf dich selbst, daß nicht auch du versucht werdest!
2 * Tragt einander die Lasten, und auf solche Weise werdet ihr
3 das Gesetz Christi erfüllen. * Denn wenn einer meint, etwas zu
4 sein, während er doch nichts ist, so betrügt er sich selbst. * Ein
jeder prüfe sein eigenes Werk und dann wird er im Blick auf
sich selbst etwas zu rühmen haben und nicht im Blick auf den
5/6 andern. * Denn jeder wird seine eigene Bürde tragen. * In allen
Gütern habe der im Worte Unterrichtete Gemeinschaft mit dem,
7 der ihn unterrichtet. * Irret euch nicht! Gott wird nicht verspottet. Denn was der Mensch sät, das wird er auch ernten!
8 * Denn wer aufs Fleisch sät, wird aus dem Fleisch Verderben
ernten. Wer aber auf den Geist sät, wird aus dem Geist ewiges
9 Leben ernten. * Im Gutestun laßt uns nicht müde werden! Zur
10 bestimmten Zeit werden wir auch ohne Ermatten ernten. * Wo
wir also Gelegenheit haben, laßt uns Gutes wirken an vielen,
am meisten aber an den Hausgenossen des Glaubens!**

Rö 12
Eph 4 u. 5
Kol 3 u. 4
u. ö.

Obwohl Paulus von der Kasuistik des Gesetzes (d. h. von der
Kleinkrämerei der Moralisten) auf die großen Linien des geistge-
wirkten Glaubens führt, scheut er konkrete Einzelratschläge keineswegs. Das wissen wir ja auch aus seinen übrigen Briefen. Es überrascht aber nicht, daß er gerade im Brief an die Galater sehr sparsam ist mit Ermahnungen zu einem Leben der Liebe und der Wahrheit in Christi Nachfolge im einzelnen.

Wie auch sonst hat Paulus die besonderen Zustände in den Gemeinden der Leser auch hier vor Augen. Er hat zu den Ermahnungen zweifellos gewisse Anlässe.

V e r s  2 6. Wie sehr der Gesetzesdienst die Gefahr des Ehr-
geizes in sich schließt, weiß ein jeder. Wenn es um die eigene
Leistung geht, so möchte jeder gerne der Erste sein. „Eitle Ehre",
hohle Ehre nennt Paulus diese selbstgemachte Würde. Hat doch
Jesus selbst den Ehrgeiz, die Sucht, von Menschen geehrt zu wer-   **Jo 5, 44**
den, im schärfsten Gegensatz zur Glaubenshaltung gesehen. Gleich
hier wird an einem Beispiel deutlich, welch ein Unterschied es ist,
ob wir durchs Gesetz auf unsere eigene Leistung und Ehrung ge-
wiesen werden, oder ob wir „im Geiste wandeln", d. h. dem Trieb
des Geistes Christi in uns im Glauben Raum geben.

Wer ehrgeizig handelt, „fordert den andern heraus" zu ähnlicher
Haltung. Dann gibt es ein böses Einanderübertrumpfenwollen —
und wir beginnen aufeinander ehrsüchtig zu schauen und „einander zu beneiden". Entweder wir überheben uns im Hochmut,
oder wir beneiden den anderen aus Minderwertigkeitsgefühlen heraus.

K a p . 6 . V e r s 1. Wer wahrhaft „geistlich" ist, d. h. sein Leben
vom Geiste neu begründet bekam und von ihm regieren läßt, findet
zum Nächsten eine andere Haltung. Auch er kann nicht schwarz      **Jes 5, 20 f**
weiß nennen und ist als geistlich denkender Mensch an geistliche    **1 Ko 2, 13 ff**
Maßstäbe gebunden. Während der Gesetzesmensch den Gefallenen
schilt, verachtet und entehrt (man denke an den älteren Bruder im
Gleichnis!), „richtet" der Geistliche „den Menschen, der von irgendeinem Fehltritt betroffen ist, wieder auf". Er weist ihn auf die
Gnade Jesu hin, die auch „Gaben empfangen hat für Abtrünnige".   **Ps 68, 19**
Er tut das mit dem Takt und der Zartheit — „sanftmütig" — eines   **Ps 37, 24**
Mitbruders und Mitsünders! Diese Eigenschaft gewährt ihm der
Heilige Geist, weil er ihn stets daran erinnert, daß er, der Glaubende, nicht jenseits der Versuchungsgrenze steht. „Wer sich dünken
läßt, daß er stehe, mag wohl zusehen, daß er nicht falle" hat der   **1 Ko 10, 12**
Apostel den Korinthern geschrieben. — „Nicht wer klagt und schilt,
sondern wer hilft, den Schaden heilt, den Fehlenden aufrichtet zu
neuem Stand in Christo, der hat den Sinn des Geistes verstanden
und die Kraft des Geistes erzeigt" (Ad. Schlatter).

V e r s  2. Wer so durch den Geist getrieben ist und für den
Bruder sich mit verantwortlich weiß, der bekommt „Lasten zu
tragen", die notvoller sind als äußere Sorgen. Aber gerade diese
Last darf der Nachfolger Jesu nicht scheuen.[46]

---

[46] „Dies ist das Wesen der Kirche: sie besteht nicht anders als im gemeinsamen Tragen unserer
Last" (Ad. Schlatter).

„Auf solche Weise werdet ihr das Gesetz Christi erfüllen." Also
doch Gesetz? Paulus fürchtet dieses Wort nicht. Er hat es auch den
Römern und Korinthern gegenüber gebraucht. Er preist Israel, daß
ihm das Gesetz gegeben ist. Und den Korinthern gegenüber betont
er mit großem Ernst, daß er keineswegs gesetzlos sei, wie offenbar
viele ihm vorwarfen. Aber das Gesetz ist ihm nicht mehr das Mittel,
um Gottes Wohlgefallen zu erringen — erst recht nicht das Motiv,
der Beweggrund seines Handelns, oder gar seine Kraft. Es ist ihm
vielmehr das „sanfte Joch" Jesu, das er fröhlich und dankbar trägt,
das der Seele keine Angst und Zweifel weckt, sondern große Ruhe
schenkt. Er lebt in der Ordnung der Liebe, die Christus seinen
Leuten gewährt. Es ist gewiß eine heilige Pflicht, aber mehr ein
Dürfen als ein Sollen. Eine Lebensäußerung der Rebe am Weinstock. Er benutzt den Galatern gegenüber mit Absicht dieses Wort,
um zu zeigen: ich bin kein Feind des Gesetzes als Willensziel
Gottes. Aber die Gerechtigkeit — vom Gesetz erfordert — wird nun
„in mir", nämlich durch die Gegenwart des Geistes — nicht etwa
v o n uns in der Kraft des eigenen „Fleisches" — erfüllt.

Wir tragen miteinander an den Sündenlasten wie Christus unsere
Last getragen hat.

V e r s 3 . Du bist „nichts"! Das hat Paulus vor und in Damaskus
erstmalig durchkostet. Seither hat er erkannt, daß gerade durch
diese Erkenntnis ein weiter Raum für Christus bei uns ist, ohne
den wir nichts, was vor Gott gelten kann, tun können. „Er betrügt
sich selbst", nämlich der Mann, der hohler Ehre nacheilt, sich über
andere erhebt und sie verurteilt, statt sich unter ihre Lasten zu
klemmen. Darum ist es ein peinlicher Anblick, wenn ein Bekenner
Christi, des Sünderheilandes, „meint, etwas zu sein", — wenngleich
das ein Ziel der Kinder dieser Welt ist. Ein solcher trägt nicht gerne
die Last der anderen.

V e r s 4 . Wollen wir Richter sein, so laßt uns uns selber richten!
Vor der eigenen Tür ist genug Kehricht wegzufegen! Er „prüfe sein
eigenes Werk". Diese Selbstkritik macht demütig. Man wagt dann
nicht mehr, „sich im Blick auf den anderen zu rühmen", um vor
ihm besser abzuschneiden. Dahin führt der Gesetzesdienst, aber nie
der Glaube, der nur bekennen kann: „Was Christus mir gegeben,
das ist der Liebe wert." Oder meint Paulus, daß wirklich etwas zu
rühmen sei, wenn wir uns selber anschauen? Es mag uns voll
Staunen je und dann erkennbar werden, daß „Gottes Gnade an
uns nicht vergeblich war". Aber das wird uns zu Dank und Anbetung treiben, und innerlich werden wir zittern, daß wir ja damit
nicht dem die Ehre nehmen, dem alle Ehre gebührt. Paulus war in

Rö 3, 31
1 Ko 9, 21
Rö 9, 4

Mt 11, 30

Jo 13, 34 f

Jo 15, 1—8

Rö 8, 4

Jo 1, 29

1 Ko 15, 10

Offb 5, 12

seiner Demut einfältig genug, um solch einen „Ruhm", den Christus
ihm gewährt, zu bekennen. **Phil 2, 16**

V e r s 5 . Denn neben jener Verantwortung für den anderen,
dessen Last wir nicht abschütteln dürfen, steht unsere eigene Verantwortung für unser Tun und Lassen, für das wir vor Jesu Richter-
stuhl stehen werden: „Was hast du mit dem anvertrauten Pfunde **Mt 25, 14—30**
gemacht?" Es geht um deiner Seelen Seligkeit. D i e Sorge nimmt **Lk 19, 11—27**
dir keiner ab! Auch deine Haltung zum Bruder wird zeigen, ob du **Rö 14, 10**
deiner eigenen Verantwortung bewußt bist. **2 Ko 5, 10**

V e r s 6 . Nun berührt Paulus einen neuen Punkt, an dem sich
die geistliche Ordnung in Galatien zu bewähren hat. Es handelt
sich um die leibliche Versorgung der Lehrenden. Der Ehrgeiz, den
der Gesetzesdienst züchtete, ist leicht verbunden mit allgemeinem
Geiz mit materiellen Gütern. Darunter begann das Gemeindeleben
zu leiden. So ist es stets, wenn die Gemeinschaft zerbricht: die
Kritiksucht und die Lieblosigkeit wächst, und der Opfersinn geht
zurück. Einen beruflich besoldeten Pfarrer, Katecheten oder Lehrer
kannten jene Gemeinden nicht. Aber das freie Opfer war seit den **Apg 6, 1—6**
Nottagen in Jerusalem wohl in allen Gemeinden bekannt. Paulus **Apg 20, 35**
erzog sie zur Arbeit und damit auch zum Opfer des Dankes und **Eph 4, 28**
der Liebe. Wir brauchen darum nicht vom „Kommunismus" der Ur- **2 Th 3, 10—13**
gemeinde zu reden, denn das Opfer war stets freiwillig (Apg 5, 4). **Phil 4, 10—17**
Offenbar war in Galatien aus dem gegenseitigen Kritisieren und **2 Ko 8 u. 9**
Streiten auf diesem Gebiet eine schmerzliche Verwirrung einge- **1 Ko 16, 1—3**
treten, so daß Paulus mahnen mußte: **„der Unterrichtete habe in
allen Gütern Gemeinschaft mit dem, der ihn unterrichtet".** Wer das
Wort verkündet, gibt edle, große Gabe weiter. Er darf damit rech-
nen, daß er sich um sein leibliches Wohl nicht zu sorgen braucht. **1 Ko 9, 11. 14**

V e r s 7 . **„Irret euch nicht! Gott wird nicht verspottet!"** Dieses
so oft zitierte Wort steht hier im Zusammenhang mit dem Voraus-
gehenden! Undankbarkeit und Geiz sind eine Verhöhnung Gottes.
„Ein Geiziger ist ein Götzendiener", schreibt Paulus an anderer **Eph 5, 5**
Stelle. Sein Gott heißt Mammon! Weil Geiz Abfall von Gott ist, **Mt 6, 24**
darum ist er eine Wurzel alles Übels. Gleich im Anfang hat die **1 Tim 6, 10**
Gemeinde in Jerusalem einen kompromißlosen Kampf gegen den
Geiz geführt. **Apg 5, 1—11**

Gewiß ist der Geiz nur e i n e Form des Abfalls von Gott. Aber
an diesem konkreten Beispiel, das gewiß seinen Anlaß in der galatischen Gemeinde hatte, zeigt der Apostel, wie groß die Gefahr ist,
wenn die Galater durch Gesetzesdienst die Leistung und das Interesse des Fleisches des sich gegen Gott behauptenden Menschen
pflegen und fördern. Wer die eigene Leistung schätzt, kann zwar
sehr fromm sein und sich fromm fühlen, aber heimlich wehrt er

sich gegen den absoluten Gerichts- und Gnadenanspruch Christi,
wie Paulus im Brief nachgewiesen hat.

Die selbstgewisse, die eigene Tat und Gesinnung optimistisch
wertende Haltung des Menschen kann gewiß auf allen Gebieten des
Lebens aktuell werden — nicht nur im Verhältnis zum Besitz an
Hab und Gut. Daher erweitert Paulus seine Warnung mit dem allgemein geltenden Satz: „**Was der Mensch sät, das wird er auch
ernten.**" Jesus hat in seinen Gleichnisreden diese Gottesordnung
wiederholt unterstrichen. Nicht nur Gott sät durch seinen Christus
den Lebenssamen, nicht nur sind die „Kinder des Lichts" eine Saat
auf dem Acker der Welt. Auch der Mensch wirft durch sein Denken, Reden und Tun, lauter Saatkörner aus. Paulus spricht hier
nicht von der Güte des Saatgutes, sondern vielmehr von der Qualität des Ackerfeldes. Von welchem Ackerfeld erwartest du etwas?
Vom Ackerfeld deines Fleisches? Es braucht nicht mehr erklärt zu
werden, welch ein Acker damit gemeint wäre. Gewiß nicht nur die
Triebhaftigkeit unseres Leibes mit seiner Übertretung des sechsten
Gebotes. Daß sie dazu gehört, hat Paulus deutlich gesagt. Aber sie
ist schon die verderbliche Ernte! Das Fleisch ist dann unser Acker,
wenn wir unsere Zuversicht auf uns selbst, unsere Leistung und
Haltung setzen. Der „Gesetzliche" ist der Fleischesmensch. Denn er
wägt die eigene Tat, damit sie ihm sein Heil bringe. „**Wer auf sein
Fleisch sät, wird aus dem Fleisch Verderben ernten**" — vergeßt
das nie, ihr Galater!

Daß uns ein anderes Ackerland gegeben wurde, ist die Frohbotschaft, die dem Paulus anvertraut ist und die er unermüdlich predigt: „**Wer auf den Geist sät, wird aus dem Geist ewiges Leben
ernten.**" Dieses Ackerland ist dir von Jesus geschenkt! „Auf den
Geist säen", d. h. an Jesus glauben, im Glauben an ihm verharren,
in Jesus das Motiv, den Beweggrund für alles Denken, Wollen,
Reden, Tun haben. Glauben und immer wieder glauben! In ihm
bleiben und an ihm wachsen! Säe auf den Geist, d. h. lebe aus
seiner Gnade, stell dich unter die Leitung und das Regiment des
Geistes Christi! Hier wächst dir die herrliche Ernte entgegen. Nicht
Verderben und Untergang wie auf dem Acker deines Fleisches, son-
dern „**ewiges Leben**". Das ist nicht nur ein Leben ohne tödliches
Ende, sondern ein Leben von göttlichem Reichtum und göttlicher
Tiefe, wie es Jesus seinen Glaubenden verheißen hat. „Ewiges
Leben" ist das Leben der Wiedergeburt, das Leben der neuen
Kreatur. Es ist das eigentliche Leben, für das der Mensch im An-
fang geschaffen wurde, ehe er durch den Sündenfall von der
Quelle des Lebens getrennt wurde. Es ist das Leben der Kinder
Gottes in der Gemeinschaft mit dem Vater Jesu Christi. Wie sollten

Mt 13, 1—8
24 ff; 31 ff

Kap. 5, 19

Jo 6, 47
10, 28
11, 25 u. ö.

Jo 3, 3
2 Ko 5, 17

Ps 36, 10

wir noch zaudern, unsere Glaubenssaat dem Acker des Geistes allein
anzuvertrauen?

V e r s 9. Auf die Tat kommt es an, nicht bloß auf die Absichten! Wir sterblichen Menschen ermüden oft. Die äußere Ergebnis-
losigkeit enttäuscht. In dieser Zeit erfahren wir oft mehr Mißernten,
als wir nach dem soeben gesagten Wort erwarten können. Die Liebe
scheint oft mit Undank, die Treue mit Mißerfolg gekrönt zu werden.
Das kann müde machen. Aber was macht müder als Gesetzesdienst?
Diese Diener meint Jesus mit den Müden und Beladenen, die er zu     Mt 11, 28 ff
sich ruft. Kann aber nicht der Glaubende müde werden in dieser
Welt, die ihn nicht versteht und eigentlich nicht will? Paulus kannte
diese Müdigkeit gewiß auch. Aber er wußte, woher die Erfrischung     2 Ko 4, 1—16
und der neue Mut kommt! Macht das Gesetz müde, so macht die
Gnade Jesu Christi frisch und froh. Jesus zu dienen heißt, an der
Quelle der Kraft zu ruhen. „Er gibt den Müden Kraft, und Stärke     Jes 40, 29 ff
genug den Unvermögenden." Darum **„Im Gutestun laßt uns nicht**
**müde werden."** Wenn die Zeit der Ernte kommt, wird diese uns
auch nicht ermüden dürfen trotz ihres reichen Ertrages. (Vielleicht
muß man hier auch übersetzen: „falls wir nicht ermatten, werden
wir auch ernten zur bestimmten Zeit".) Der Vater allein weiß, wann   Apg 1, 7
der große Erntetag anbrechen wird.                                   Mt 13, 30

V e r s 1 0. Christusgläubige sollen Quellorte des Guten sein!
„Gutes wirken" — das ist das Programm der Gemeinde dessen,
den Gottes Liebe sandte, damit wieder der Liebe Gottes vertraut
würde in unserer Welt voller Selbstsucht und Haß. „Heilige sind
Menschen, in deren Gegenwart es andern leichter fällt, an Gott zu
glauben", sagte Erzbischof Söderblom von Upsala. Dazu gehört
jene Bereitschaft, Gottes Liebeswillen an vielen Menschen zu be-
weisen. Zum Vollziehen seiner Wohltaten will Gott die Gemeinde     Ps 103, 2
seines Sohnes gebrauchen. Wenn diese den vielen zu dienen bereit
ist, wie sollte sie **„an den Hausgenossen des Glaubens"** vorüber-
gehen. Bruderliebe ist noch inniger als die allgemeine Liebe. Es ist  2 Ptr 1, 7
die Liebe der „Hausgenossen", der Familienglieder Gottes untereinander.

Zu solch einer Tat der Liebe bedarf es des rechten Zeitpunktes.
Der Ausdruck, den Luther hier mit „Zeit" übersetzt, ist nicht die
Zeit in ihrem Verlauf und ihrer Länge („Chronos") — sondern die
Zeit als Zeitpunkt, der Termin („Kairos"). Darum übersetzen wir
„Gelegenheit", weil es der gottgegebene Zeitpunkt zum Handeln
ist. Die Liebe der Christen ist keine „Allerweltsliebe", kein „Seid
umschlungen, Millionen", sondern sie ist konkret. Sie läßt sich durch
Gelegenheiten leiten, die Gott gewährt. Sie erkennt Aufgaben, die
Gott stellt, wie dort im Gleichnis vom Samariter. Sie speisen Hung-   Lk 10, 30 ff

Mt 25, 35—40 rige und Durstige, wo sie ihnen begegnen, und besuchen die Kranken und Gefangenen.

Ps 40, 7 Darum sind Christenmenschen wach für die Not ihrer Umgebung und hellhörig für die Befehle ihres Herrn.

So zeigt Paulus, daß die glaubende Gemeinde keine untätige Gemeinde ist. Sie bedarf zur Tat nicht des Gesetzes, sondern des Geistes Jesu Christi. Hier sät sie auf den Geistesboden. Jeder andere Weg zur Aktivierung der Liebe endet im Verderben!

# V. SCHLUSSWORT
## Galater 6, 11—18

11 Sehet, mit welch großen Buchstaben ich euch mit meiner eigenen
12 Hand geschrieben habe! * Die sich in ihrer natürlichen Art „im
    Fleische" (od. „durchs Fleisch") wohl angesehen machen wollen,
    diese zwingen euch, euch beschneiden zu lassen, mit der einen
    Absicht, daß sie nicht durch das Kreuz Christi verfolgt werden.
13 * Denn auch die Beschnittenen — diese halten das Gesetz selbst
    nicht, sondern sie wollen, daß ihr beschnitten werdet, damit sie
14 sich an eurem Fleisch rühmen könnten. * Mir widerfahre es
    nicht, gerühmt zu werden — es sei denn um des Kreuzes meines
    Herrn Jesu Christi willen, durch das mir die Welt gekreuzigt
15 sei und ich der Welt. * Denn es ist in Christo Jesu weder die
    Beschneidung noch Unbeschnittensein etwas, sondern eine neue
16 Schöpfung. * Und über alle, die nach dieser Richtschnur wandeln werden, sei Friede und Erbarmen, und über das Israel
17 Gottes. * Im übrigen bereite mir niemand Schwierigkeiten [oder
    Mühen]; denn ich trage die Wundmale Jesu an meinem Leibe.
18 * Die Gnade unsers Herrn Jesu Christi sei mit eurem Geiste,
    Brüder! Amen.

Vers 11. Paulus hat offenbar seine Briefe öfters diktiert. Deutlich wird das am Ende des Römerbriefes, wo sich sein Sekretär
Rö 16, 22
Kol 4, 18
Tertius ausdrücklich in die Liste der Grüßenden einschaltet. Auch am Ende des Kolosserbriefes betont Paulus ausdrücklich, daß sein Grußwort eigenhändig geschrieben sei. Offenbar zum Unterschied vom übrigen Brief. Ebenso ist es im ersten Korinther- und
1 Ko 16, 21
2 Th 3, 17
zweiten Thessalonicherbrief. An dieser letzten Stelle betont Paulus, daß seine Unterschrift der Ausweis der Echtheit seines Schreibens sei. Es war also Gefahr vorhanden, daß man seine Autorität miß-

brauchte und falsche Briefe in die Gemeinden schmuggelte. So
haben wir etwa ein halbes Jahrhundert später einen sog.
Brief des Barnabas, der zweifellos nicht auf Barnabas zurückgeht.
Gegen solche „pseudoepigraphische" Schriften mit gefälschtem Verfasser-
namen mußte sich Paulus schützen.

Es besteht aber kein genügender Grund anzunehmen, daß Paulus
seine Briefe stets diktierte. Beim 2. Korinther- und beim Philipperbrief, die beide sehr persönlich gehalten sind, möchte man es be-
zweifeln.

Die meisten Ausleger nehmen an, daß Paulus auch den Galaterbrief diktiert habe und nur diese letzten Verse mit eigener Hand
beifügte. Es wäre aber dann zu erwarten, daß er schriebe: „Ich
schreibe nun mit eigener Hand", — wir lesen aber in allen Handschriften (so weit die „Nestle-Ausgabe", die um ihrer Gründlichkeit
willen bekannt ist, uns orientiert): „ich schrieb euch mit eigener
Hand". Darum nehmen wir an, daß Paulus den ganzen Brief eigenhändig geschrieben hat. Dann sind auch die vielfach nicht zu Ende
geführten Satzgefüge im zweiten Kapitel eher verständlich. Paulus   Kap. 2, 4 ff
schrieb in Eifer und Eile „mit großen Buchstaben", er schrieb, wie
wir sagen „in Fraktur", deutlich, weil es von größter Wichtigkeit
war, daß alle Mißverständnisse in den galatischen Gemeinden beseitigt würden. Paulus macht die Leser noch besonders aufmerksam, wie wichtig ihm die Botschaft dieses Briefes sei!

V e r s 1 2 . Er weist auf die unlauteren Motive der Gegner hin,
die die Leichtgläubigkeit der jungen Christen in Galatien mißbrauchen. Es ist die Mentalität eines „Sektenhauptes", daß er sich
durch seinen Einfluß auf seine Anhänger Ansehen und Ruhm verschaffen will.

Das Gesetz schafft Verdienste, — das Kreuz Christi verneint
jedes menschliche Verdienst. Mit dem Gesetz kann man sich Ruhm
verschaffen — und wenn auch nur in den eigenen Kreisen — als
eines besonders frommen und eifrigen Mannes. Das „Kreuz Christi"
aber schafft „Verfolgung". Wer statt des Kreuzes das Gesetz be-   Kap. 5, 11
tonte, brauchte sich vor der Nachstellung der Synagogengemeinde   1 Ko 1, 23
nicht zu fürchten, die Paulus gerade in der Provinz Galatien reich-   Phil 3, 18 f
lich widerfahren ist. Leidensscheu und Selbstgerechtigkeit, Ehrgeiz   Apg 13, 50
und Herrschsucht, das sind die Beweggründe der Gegner des Pau-   14, 5. 19
lus, die in Galatien Einfluß bekamen.   2 Tim 3, 11

Dem natürlichen Menschen ist das Kreuz zuwider, auch wenn er
kein gesetzestreuer Jude ist! — Das Kreuz Christi stellt uns in das
Wahrheitsgericht Gottes und nimmt uns alle idealistischen oder
frommen Illusionen! Es ist der Feind aller noch so feinen Selbst-
erlösungslehren, weil es den Menschen in seiner Abgründigkeit

offenbart. Immer wieder hat die Christenheit kreuzloses Christentum zu verkünden versucht und ist jedesmal zu Schanden geworden. Die alte Theologie des Rationalismus und des Liberalismus hat das gezeigt. Denn nur in der Kreuzesbotschaft ist die rettende Gotteskraft!

1 Ko 1, 18

V e r s 1 3 . Seht nur die an, „die beschnitten sind"! Solch einzelne Vorschrift des Gesetzes ist nicht schwer zu halten. Aber der Mensch ändert sich dadurch nicht in seiner Haltung vor Gott. Denn auch „die Beschnittenen halten das Gesetz selbst nicht", weil es in allen Vorschriften und Punkten gehalten werden muß. Die Beschneidung hat nur zusammen mit der Erfüllung des ganzen Gesetzes Wert. „Hältst du aber das Gesetz nicht, so bist du aus einem Beschnittenen ein Unbeschnittener geworden", schreibt Paulus den Römern. Jenen Eiferern liegt aber zutiefst gar nichts am Gesetz, sondern am Ruhm, daß sie sich Anhänger gewannen!

Kap. 5, 3

Rö 2, 25—29

V e r s 1 4 . An solchem Ruhm liegt aber Paulus nichts. Mit Abscheu denkt er daran, Ruhm von Menschen zu bekommen. Das, wessen er sich rühmen will, ist, daß all sein Menschenruhm am Kreuze Jesu dahinschwand.[47]

Das Kreuz ist für Paulus der Maßstab seines Lebens und seines Verhältnisses zur Welt geworden. Zwischen ihr — der glaubenslosen, von Gott abgefallenen, ehrgeizigen, selbstsüchtigen Welt — und ihm steht Jesu Tod auf Golgatha. Er weiß sich auf Jesu Seite gestellt, auf die Seite des Verachteten, Ausgestoßenen! Wie Jesus als Gekreuzigter für den Hohen Rat erledigt war, so ist auch Paulus für die Welt erledigt. Er hat da keinen Ruhm zu erwarten. — Aber auch er erwartet von der Welt und ihren Leistungen nichts für seine Rettung und Seligkeit. Die Welt kann ihm nicht helfen — sie ist durchs Kreuz gerichtet! Für sie gibt es nur eine Hoffnung — eben das Kreuz! Komm zum Kreuz, du hoffnungslose Welt! Laß deine Illusionen! Glaube nicht dem Lügenbaron Münchhausen, daß er sich an dem eigenen Zopf aus dem Sumpf gezogen habe! Es ist nur einer, der dir eine Chance gibt: der Gekreuzigte! Wer diesen Schritt wagt, hat „die Welt" verloren, ist an ihren Reserven verzweifelt — aber er lebt nun durch Jesus und mit Jesus als Glied seiner Gemeinde.

---

[47] „Er verschmäht jeden Ruhm als den einen, den er aus dem Kreuze zieht, aus demselben Kreuze, das jenen ein widerwärtiges Rätsel ist. Dort ist er angewachsen mit seiner ganzen Seele. Dort ist seine Übertretung untergegangen, dort die Gnade und Freiheit erschienen. Dort ist Gott für ihn. Wie sollte er nicht Christo danken für sein Kreuz? Wie etwas anderes loben als seinen Tod? Nicht das Fleisch, nicht die Menschen, nein umgekehrt, was alle Menschen erniedrigt und in die Buße bringt, aber Gottes Liebe und Gerechtigkeit erstrahlen läßt, das ist sein Ruhm" (Ad. Schlatter).

V e r s 1 5 . Hier aber macht es nichts aus, ob du beschnitten bist
oder unbeschnitten. Hier stehst du unter der schöpferischen Macht
des Geistes Christi. Sie wirkt „eine neue Schöpfung". Nur die       2 Ko 5, 17
Gnade des Gekreuzigten wirkt Neues. Was das Gesetz aus dem
Fleisch entfaltet, ist das alte Elend, vielleicht hie und da mit aller-
hand Talmi-Schmuck verziert. Diese neue „Geistleiblichkeit", wie
Oetinger sagt, ist nicht für Menschenaugen biologisch oder auch nur
psychologisch zu demonstrieren, aber sie ist im Glauben da, als
eine Realität, die Gott wirkte und an der er noch wirkt.

V e r s 1 6 . Sind wir uns hierin einig? Ist das das Gemeinsame,
was wir rühmen und bekennen? Ist das das Fundament, auf dem
wir stehen, „die Richtschnur", nach der wir uns durch das Gestrüpp
und den Urwald dieses Lebens tasten, nach der wir „wandeln"?

Finden wir uns hier wieder zusammen, so fehlt der Friede Gottes   Phil 4, 7
nicht, das Heil, das Jesus bringt. Da stehen wir unter der Gnade
und dem Erbarmen, das Gott in Christus dem Sünder schenkt.

Und nicht nur in der heidenchristlichen Gemeinde sucht und
findet Paulus solche. Bei aller Feindschaft, die er von seinem Volk
zu ertragen hat, hat er die Liebe zu seinem Volk und die Anerkennung der großen Gottesgaben, die ihm anvertraut sind, nie ver-   Rö 9, 1—5
leugnet. „Israel Gottes" — das sind die rechten Israeliter, die sich
zum Messias rufen lassen und bekennen: „Du bist der König in   Jo 1, 45—49
Israel." Paulus sieht wie einst der Prophet innerhalb des Juden-
volkes das eigentliche wahre Israel!

V e r s 1 7 . Paulus hat gesprochen! Es ist alles gesagt, was gesagt werden mußte. Jetzt gilt es, den Kampf abzubrechen. Wer
hören kann und will, hat gehört, worauf es ankommt. Paulus verschweigt nicht, daß dieser Kampf ihm Not und Mühe bereitet hat.
Er will weitergehen im missionarischen Dienst. Darum soll ihm die
Etappe, das für Jesus eroberte Land, nicht in den Rücken fallen.
Es geht nicht nur um Galatien. Es geht um alle Gemeinden. Auch   2 Ko 11, 28
um die, die noch entstehen sollen. Er nennt sich einen gezeichneten
Mann. Franz v. Assisi und alle die anderen „Stigmatisierten" der
römischen Kirche haben diese Bildersprache wörtlich genommen.
Aber es geht dem Paulus nicht um eine übersteigerte Phantasie
und ihre krankhaften Ausflüsse. Es mag viel ehrliche Jesusliebe
auch bei jenen nicht zu leugnen sein, — aber die Predigt des Paulus führte nicht in die Erhitzung derer, die die Hingabe an Jesus
bis zur Wiederholung seiner körperlichen Qualen begehrten. Paulus
hätte in diesem Wunsch nichts Gesundes erblickt. Er sucht auch
nicht krampfhaft das Martyrium. Er hat sich in Ephesus zurück-   Apg 19, 30
halten lassen, leichtfertig sich der Wut der Menge zu stellen! Er hat
in Jerusalem die Verschwörer, die nach seinem Leben trachteten,   Apg 23, 17 ff

anzeigen lassen. Das gehörte zur Nüchternheit seines Dienstes. Wenn der Lauf nach seines Gottes Willen vollendet ist, ist er auch

Phil 1, 20 ff   bereit zum Tode. Aber schon jetzt kennt er am Leib und auch an der Seele die Narben, die ihm sein Christendienst eingebracht hat.

2 Ko 11, 23 ff   Diese nennt er die Kennzeichen Jesu. (Vielleicht meint er damit auch jene Zeichen, die dem Sklaven vom neuen Besitzer in die Haut gebrannt werden als Zeichen seines Eigentumsrechtes. Ich bin meines Herrn Jesu Eigentum! Mit ihm habt ihr's zu tun!)

V e r s 18. Das Letzte in diesem inhaltsschweren Brief ist das Bekenntnis zur „Gnade". „Brüder" — durch die Gnade sind wir es! So viel wir aus der Gnade leben, bleiben wir es! Wenn seine Gnade unsern „Geist" regiert, finden wir aus aller Vermessenheit und allem Irrtum zurück zum Heil Gottes in Jesus Christus!

„Amen", — es bleibt dabei, denn auf die Treue Gottes ist die Gemeinde Jesu gegründet.

Erster Exkurs

## DIE GESCHICHTE DER GALATISCHEN EINWANDERUNG

Die Galater sind ein Teil der großen keltischen Bevölkerung Europas, deren Reste heute noch in Wales, Schottland und Irland wohnen. Einst bevölkerten sie ganz Frankreich und Norditalien, sowie weite Teile Süddeutschlands. Sie waren zwar rassisch verwandt mit den Germanen, wurden aber von diesen über den Rhein gedrängt. Julius Caesar hat in seiner Beschreibung des gallischen Krieges uns interessante Nachrichten über dieses Volk hinterlassen. Keltengräber und Keltenwaffen werden oft im Süden Deutschlands gefunden. Das französische Volk stammt aus einer Mischung der gallischen Urbevölkerung mit der römischen und fränkischen Einwanderung. Die französische und englische Sprache enthält viel keltische Ausdrücke. Einige wenige Worte hat auch die deutsche Sprache übernommen (z. B. „Amt"). Noch Hieronymus (gestorben 419) weiß, daß in Galatien die gleiche Sprache gesprochen wurde wie bei den Treverern („Augusta Treverorum", das heutige Trier).

Im Jahre 279 v. Chr. stießen nun keltische Stämme zwischen Donau und Adria nach Südosten vor. Zwar wurden sie von einem macedonischen Heer zwei Jahre später geschlagen, aber unter den beiden Führern Leonnorios und Lutarios überschritten sie in zwei Kolonnen die Meerenge und kamen nach Kleinasien. Es sollen ca. 10 000 Bewaffnete gewesen sein, mit Familien das Doppelte. Das war für die damalige Zeit eine große Zahl. Der König Nikomedes von Bithynien berief sie als Söldner in seinen Dienst. Aber dieser König mußte das Bündnis bald bereuen. Die Kelten wurden die gefürchtetsten Räuber in Kleinasien. Sie waren jahrhundertelang eine Landplage, eroberten das Land und brandschatzten es. Es gab Städte Kleinasiens, die eine besondere Keltensteuer von ihren Bürgern erhoben, um die Forderungen der Eroberer erfüllen zu können.

Erst dem König Attalos I. von Pergamon (241—197) gelang es, entscheidende Siege über die Fremden zu erringen. Trotzdem dauerte es noch ein halbes Jahrhundert, bis der römische Konsul Manlius Vulso die Galater, die in fast hundert Jahren auf die vierfache Zahl angewachsen waren, anzusiedeln und sie allmählich zu friedsamen Bürgern zu erziehen. Den endgültigen Sieg errang wohl Eumenes II. von Pergamon († 159). Zur Erinnerung an diesen Sieg erbaute er den berühmten Pergamon-Altar, der den Kampf der Griechen gegen die Galater in Form eines siegreichen Ringens der Götter gegen die Giganten schildert. Die Reste dieses gewaltigen hellenistischen Kunstwerkes wurden von deutschen Archäologen in türkischen Befestigungsmauern aufgefunden und bilden eine bedeutende Sehenswürdigkeit in dem bekannten Pergamon-Museum in Berlin.

Als die Römer das Land besetzten, zogen sie die Galater auf Kosten der einheimischen pergamenischen Fürsten vor. Galatische Fürsten wurden von ihnen als Regenten eingesetzt. Der letzte von ihnen war Amyntas, der dem römischen Staate dadurch nützlich wurde, daß er erfolgreich gegen die unruhigen Völkerstämme des bergigen Inlandes Kleinasiens kämpfte. Er erweiterte seine Herrschaft durch Siege über Lykaonier, Pamphylier, Kilikier (in deren Mitte Tarsus, die Heimat des Paulus lag) und Isaurier. Im Kampf gegen die Pisidier ist Amyntas gestorben (25 v. Chr.). Nach seinem Tode machte Augustus sein Reich zur römischen Provinz. Dadurch gehörte Lykaonien und Pisidien, die uns durch die erste Missionsreise des Apostels Paulus bekannt sind, im weiteren Sinne auch zu Galatien.

Zweiter Exkurs

## DER GALATERBRIEF UND DIE APOSTELGESCHICHTE

Da Paulus im Galaterbrief eine Anzahl Daten aus seinem Leben bringt, ist ein Vergleich mit dem Bericht des Lukas in der Apostelgeschichte nötig. Zumal auf den ersten Blick an einigen Stellen ein Widerspruch zwischen beiden Berichten vorzuliegen scheint.

Zu diesem Zweck bringen wir eine Synopse, d. h. eine übersichtliche Zusammenstellung beider Berichte.

### GALATERBRIEF

**1, 13:** Ihr hörtet ja von meinem ehemaligen Verhalten im Judentum, daß ich die Gemeinde maßlos verfolgte und sie zerstörte.
**V. 14:** Und im Judentum stürmte ich vor über viele Altersgenossen in meinem Volk, da ich in besonderer Weise ein Eiferer für meine väterlichen Überlieferungen war (vgl. Phil 3, 5. 6; 1 Tim 1, 13).

### APOSTELGESCHICHTE

**7, 58** (nach Luther Vers 57): Und die Zeugen legten ihre Kleider ab zu den Füßen eines Jünglings, genannt Saulus.
**V. 59** (Luther V. 58): Und sie steinigten den Stephanus.

**8, 1:** Saulus aber stimmte seiner Tötung zu. An jenem Tage entstand eine große Verfolgung gegen die Gemeinde in Jerusalem. Alle zerstreuten sich über das judäische und samaritische Land, außer den Aposteln.
**8, 3:** Saulus aber richtete die Gemeinde zugrunde, indem er durch die Häuser ging, die Männer und Frauen verschleppte und sie ins Gefängnis ablieferte.
(vgl. Kap. 22, 3—4; 26, 9—11)

V. 15: Als es dem aber wohlgefiel, der mich schon von Mutterleibe an ausgesondert und durch seine Gnade gerufen hat,

V. 16: seinen Sohn in mir zu offenbaren, daß ich ihn unter den Völkern als Frohbotschaft verkündigte, — da habe ich mich sofort nicht mit Fleisch und Blut beraten,

V. 17: ging auch nicht nach Jerusalem zu denen, die vor mir Apostel waren, sondern ging nach Arabien und kehrte wieder nach Damaskus zurück.

9, 1: Saulus aber schnaubte Drohen und Mord gegen die Jünger des Herrn, ging zum Hohenpriester

V. 2: und erbat sich von ihm Briefe nach Damaskus an die Synagogen, damit, wenn er einige, die dieses Weges sind, Männer oder Frauen fände, er sie gebunden nach Jerusalem brächte.

V. 3: Während seiner Reise geschah es, daß er in der Nähe von Damaskus war und ihn plötzlich ein Licht vom Himmel umstrahlte,

V. 4: und er fiel auf die Erde und hörte eine Stimme, die sagte zu ihm: „Saul, Saul, warum verfolgst du mich?"

V. 5: Er aber sagte: „Wer bist du, Herr?" Und jener: „Ich bin Jesus, den du verfolgst.

V. 6: Aber stehe auf und gehe in die Stadt, und man wird dir sagen, was du tun sollst." (V. 10—16 erfolgt der Auftrag an Ananias.)

V. 17: Aber Ananias ging fort und ging in das Haus und sagte, indem er seine Hände auf ihn legte: „Bruder Saul, der Herr hat mich geschickt, Jesus, der dir auf dem Weg erschien, den du kamst, damit du wieder sehest und erfüllt werdest mit heiligem Geist."

V. 18: Und sofort fielen von seinen Augen gleichsam Schuppen, und er wurde sehend, stand auf und wurde getauft,

V. 19: und stärkte sich, indem er Speise nahm. Einige Tage aber blieb er mit den Jüngern in Damaskus.

V. 20: Und sogleich verkündete er Jesus in den Synagogen, daß dieser der Sohn Gottes sei.

V. 21: Alle aber, die es hörten, gerieten außer sich und sagten: „Ist es nicht dieser, der in Jerusalem die Anrufer dieses Namens zugrunde richtete und der dazu hergekommen ist, um sie gebunden zu den Hohenpriestern zu bringen?"

**V. 22:** Saulus aber erstarkte noch mehr und er bedrängte die Juden, die in Damaskus wohnten, und bewies, daß dieser der Messias ist.

**V. 23:** Als aber längere Zeit vergangen war, faßten die Juden den Beschluß, ihn zu töten.

(2 Kor 11, 32. 33: „Zu Damaskus bewachte der Statthalter des Königs Arethas die Stadt der Damasker und wollte mich fangen, ich wurde aber in einem Körbchen zum Fenster hinaus durch die Mauer hinuntergelassen und entfloh seinen Händen.")

**V. 24:** Aber ihr Plan wurde dem Saulus bekannt. Sie bewachten jedoch Tag und Nacht die Tore, um ihn umzubringen.

**V. 25:** Seine Schüler aber nahmen ihn und brachten ihn nachts über die Mauer, indem sie ihn in einem Korbe hinabließen.

**1, 18:** Danach, nach drei Jahren, ging ich nach Jerusalem hinauf, um Kephas kennenzulernen, und blieb bei ihm fünfzehn Tage.

**V. 19:** Jemand anderen aus der Zahl der Apostel sah ich nicht, außer Jakobus, den Bruder des Herrn.

**V. 26:** Als er aber nach Jerusalem gekommen war, versuchte er, Verbindung mit den Jüngern zu bekommen, und alle fürchteten ihn und glaubten nicht, daß er ein Jünger sei.

**V. 20:** Was ich euch schreibe, siehe es ist in Gottes Gegenwart, ich lüge nicht!

**V. 27:** Barnabas aber nahm ihn auf und führte ihn zu den Aposteln und erzählte ihnen, wie er auf dem Weg den Herrn gesehen und daß er mit ihm gesprochen habe und wie er in Damaskus sich freimütig zum Namen Jesu bekannt habe.

**V. 28:** Und er war mit ihnen, ging ein und aus in Jerusalem, bekannte sich freimütig zum Namen des Herrn,

**V. 29:** sprach und diskutierte mit den Hellenisten (den griechisch Redenden). Diese aber planten, ihn zu töten.

**V. 21:** Danach ging ich in die Gemeinden Syriens und Ciliziens.

**V. 22:** Ich blieb den Gemeinden in Christus in Judäa äußerlich unbekannt.

**V. 23:** Sie hörten nur, daß, der sie einst verfolgte, nun den gleichen Glauben verkündet, den er einst verwüstete.

**V. 24:** Und sie lobten Gott an mir.

**V. 30:** Als aber die Brüder das erkannten, begleiteten sie ihn nach Cäsarea und sandten ihn nach Tarsus.

Was ist das Resultat dieser Vergleichung? Nach beiden Quellen bestätigt sich, daß Paulus vor seiner Bekehrung in den Tagen von Damaskus ein entschlossener Verfolger der Gemeinde Christi war. Paulus bestätigt das auch in den anderen Briefen, daß er das tat aus seiner pharisäischen Frömmigkeit heraus. Er war der Initiator der Verfolgung, die nach dem Tode des Stephanus die Urgemeinde in Jerusalem zerstörte und zerstreute.

Dritter Exkurs

## DIE BIBEL UND DER GLAUBE AN IHRE GÖTTLICHE INSPIRATION

Weil uns die Bibel die Offenbarung des Lebens aus Gott bringt, können wir sie gar nicht aufmerksam genug lesen. Wo wir das tun, werden wir freilich gewisse Unterschiede in den Berichten finden, die eine und dieselbe Episode darstellen. Z. B. erzählt Lukas (4, 1—12) die drei Versuchungsfragen an Jesus in anderer Reihenfolge als Matthäus (4, 1—10). Oder nach Matthäus (9, 18) sagt der Oberste zu Jesus: „Meine Tochter ist jetzt gestorben, aber komm und lege deine Hand auf sie, so wird sie lebendig." Dagegen erzählen Markus und Lukas die Geschichte so, daß die Todesnachricht erst dem Vater im Laufe des Gesprächs gebracht wird (Mk 5, 35; Lk 8, 49). Bei aufmerksamem Vergleichen werden wir solche Unterschiede zahlreich finden. In der Apostelgeschichte, Kap. 9, 7 heißt es: „Die Gefährten des Paulus hörten die Stimme und sahen niemand." Kap. 22, 9 dagegen sagt Paulus: „Sie sahen das Licht, die Stimme aber hörten sie nicht."

Was ist zu diesem Befund vom Standpunkt derer zu sagen, die die Bibel als Wort Gottes erkannt haben und bezeugen, daß er im Heiligen Geist durch dieses Buch zu ihnen spricht und sich ihnen offenbart?

1. Stehen wir im Glauben, so stehen wir im Gehorsam. Es wäre ungehorsam gegen Gott, die Bibel anders haben zu wollen, als er sie uns durch seine Fügung und Zulassung schenkt. Es hat Gott nicht gefallen, uns die Berichte vom evangelischen Geschehen und der Urchristenheit in einem einzigen Strom zufließen zu lassen. Wer sich daran stößt, stößt sich an Gottes Entscheidung.

2. Offenbar liegt es Gott nicht daran, daß wir eine Art Tonbandaufnahme jedes Geschehens bekommen. Die Bibel hat nicht das Interesse an einer protokollarischen Übereinstimmung in Einzelheiten. Vielmehr bringen die von Gottes Geist beauftragten und bevollmächtigten Zeugen, Evangelisten und Apostel, ihre Berichte in einer ganz bestimmten Auswahl, in einem besonderen Tonfall, mit einer bestimmten Absicht. Jeder Bericht hat seine Eigenart und behält sein volles Recht und Gewicht. Wir haben nicht das Recht, den einen Bericht gegen den anderen auszuspielen. Allerdings bleiben manche — oft nur neugierige — Fragen unbeantwortet.

Die Berichte des Neuen Testaments sind Zeugnisse, d. h. aber, daß die Nachricht des objektiven Geschehens durch das Prisma des subjektiven Erlebens gefallen ist. Der Lichtstrahl des göttlichen Handelns bekommt dadurch eine Gestaltung gleich dem Sonnenstrahl, der sich im geschliffenen Glas in vielfältige Farben zerlegt.

3. Darum aber sprechen wir von der Inspiration der Schrift, weil die Formulierung des Wortes nun nicht der bloßen Subjektivität des einzelnen überlassen ist. Gerade in dem W i e des Berichtes wirkt sich Gottes Geist aus, und darum spielen wir nicht Matthäus gegen Lukas oder Markus gegen Matthäus aus, sondern nehmen einen jeden von ihnen ernst. Denn Gott redet durch sie zu uns.

4. Wir haben uns also die Inspiration der Schrift nicht mechanistisch zu denken, sondern dynamisch. Nicht die starre Form des einmaligen Geschehens, sondern die bewegte Form göttlich gewirkter Berichterstattung von diesem Geschehen macht das Geschriebene zum Worte Gottes. Nun haben wir in Demut und in Ehrfurcht diese Texte zu lesen, weil sie Gott so formte, um mit uns, seiner Gemeinde, zu reden. Wichtig ist die Beantwortung der Frage: Was will Gott uns hier sagen?

5. Insofern ist also die Bibel Alten und Neuen Testamentes nicht ein protokollarischer Bericht der Taten Gottes, für die sich ein weltlicher Historiker interessieren könnte, obwohl bestimmte Tatsachen hinter den Berichten stehen. Die Bibel ist ein lebendiges Wort Gottes, „nützlich zur Lehre, zur Strafe, zur Besserung, zur Züchtigung in der Gerechtigkeit, daß ein Mensch Gottes sei vollkommen, zu allem guten Werk geschickt" (2 Tim 3, 16. 17). Die Bibel erzählt nicht nur unverbindlich, sie will etwas von uns, sie sucht unser Ohr. Sie will etwas an uns erreichen, denn sie will uns „weise machen zum Heil durch den Glauben an Christus Jesus" (2 Tim 3, 15).

Vierter Exkurs

## GEIST UND FLEISCH NACH RÖMER 8

Es ist zum Verständnis des Gegensatzes der beiden paulinischen Ausdrücke „Geist" und „Fleisch" von Nutzen, wenn wir in Ergänzung zur Auslegung des Galaterbriefes die Erörterung des Paulus zum gleichen Thema betrachten, die wir im 8. Kap. seines Römerbriefes finden.

Wir lesen davon Vers 4—17 folgendermaßen:

R ö m e r 8 , V e r s 4 . Die Gerechtigkeitsforderung des Gesetzes wird in denen erfüllt, die ihren Wandel nicht gemäß dem Fleisch führen, sondern gemäß dem Geist.

V e r s 5 . Denn die ihr Wesen gemäß dem Fleisch haben, die denken auch Fleischliches. Aber die gemäß dem Geist — Geistliches.

V e r s 6 . Die Gesinnung (Gedankenwelt) des Fleisches ist Tod; die Gesinnung (Gedankenwelt) des Geistes aber ist Leben und Friede.

V e r s 7 . Das ist so, weil die Gesinnung des Fleisches feindlich ist in Richtung auf Gott; denn sie unterwirft sich dem Gesetz Gottes nicht, und sie kann es gar nicht.

V e r s 8 . Die ihr Wesen im Fleisch haben, können Gott nicht gefallen.

V e r s 9 . Ihr aber habt euer Wesen nicht im Fleisch, sondern im Geist, — wenn nur der Geist Gottes in euch wohnt. Wenn aber jemand den Geist Christi nicht hat, — ein solcher gehört ihm nicht.

V e r s 1 0 . Wenn aber Christus in euch ist, so ist um der Sünde willen der Leib zwar tot, der Geist aber Leben um der Gerechtigkeit willen.

V e r s 1 1 . Wenn aber der Geist dessen, der Jesus aus den Toten erweckte, in euch wohnt, so wird der, der Jesus Christus aus Toten erweckte, auch eure sterblichen Leiber lebendig machen um seines in euch wohnenden Geistes willen.

V e r s 1 2 . Folglich, Brüder, sind wir also verpflichtet, nicht dem Fleisch gemäß dem Fleisch zu leben.

V e r s 1 3 . Denn wenn ihr gemäß dem Fleisch lebt, werdet ihr sterben; wenn ihr aber durch den Geist die Praktiken (Handlungen) des Leibes [nach anderen guten Lesarten: des Fleisches] tötet, werdet ihr leben.

V e r s 1 4 . Denn alle, die vom Geiste Gottes regiert (geleitet) werden, die sind Söhne Gottes.

V e r s 1 5 . Denn ihr empfingt nicht Sklavengeist, aufs neue zur Furcht, sondern ihr empfingt Geist der Sohneseinsetzung, durch welchen wir schreien: „Abba, Vater!"

V e r s 1 6 . Dieser Geist selbst bezeugt mit unserem Geist zusammen, daß wir Gottes Kinder sind.

V e r s 1 7 . Wenn aber Kinder, so auch Erben; zwar Erben Gottes, aber Miterben Christi, wenn wir nämlich mitleiden, damit wir auch mit verherrlicht werden.

(Die Übersetzung bemüht sich, möglichst wörtlich den griechischen Text wiederzugeben. Man stoße sich daher nicht an dem für unser deutsches Sprachgefühl fremden Stil.)

Auch hier ist der Gegensatz zwischen Geist und Fleisch ausschließlich und absolut. Zwei Wege stehen dem Menschen offen: Ein Leben gemäß dem Fleisch, d. h. aus den Kräften und nach den Maßstäben des Fleisches. Oder ein Leben gemäß dem Geist, d. h. aus den Kräften und nach dem Maßstab des Heiligen Geistes. Indem ich gemäß dem Geist lebe, wird in mir (Paulus sagt nicht: von mir!) der Wille Gottes getan. Und zwar so, wie er vom Gesetz gefordert wurde (Vers 4).

Paulus sieht den tiefen Unterschied zwischen diesen zwei Menschengruppen: Die einen haben ihr Wesen nach dem Maßstab des Fleisches. Das aber hat zur Folge, daß auch ihre Gedanken, Wünsche, Gesinnung fleischlich sind. Die anderen aber gründen ihr Leben auf den Geist und dessen Wirken und Schenken. Das schafft in ihnen eine andere Gesinnung, andere Begierden und Gedanken (Vers 5).

Paulus faßt nun den Inhalt dieser beiden Lebensarten in prägnante Worte. Der gemäß dem Fleisch Sinnende und Lebende hat nichts als den Tod. Er steckt ihm in den Knochen, und er wartet auf ihn am Ende. Der gemäß dem Geist Lebende jedoch hat Leben und Frieden. Frieden im Sinne des göttlichen Heilszustandes (Hebr: schalom), und nicht etwa nur im Sinne des subjektiven Gefühls der Befriedigung (Vers 6).

Der Mensch „nach dem Fleisch" ist eben der unversöhnte Mensch, der mit Gott hadert, sich gegen ihn auflehnt, weil er sich dem Willen Gottes nicht unterwerfen will. Er kann es auch nicht mit den bloßen Kräften des Fleisches. Denn dieses kennt nur die äußere Vorschrift des Gesetzes. Es kennt aber nicht die innere Erneuerung durch den Geist (Vers 7).

Weil der unversöhnte Mensch gegen Gott rebelliert, kann Gottes Wohlgefallen auf ihm nicht liegen (Vers 8).

Nun stellt Paulus nicht etwa dem fleischlichen Menschen ebenso sachlich und allgemein den geistlichen Menschen gegenüber, sondern er redet die Leser des Briefes ganz persönlich an: Ihr römische Christen und Leser dieser Zeilen, ihr habt das neue Wesen durch den Geist erhalten. Deshalb gilt für euch das Gesagte nicht. Ihr habt im Geiste Gottes, der von euch Besitz nahm, den Herrn. Er ist euch Kraft und Maßstab. Und der in euch wohnt, bewirkt auch Gottes Willen in euch. Nur wer diesen Geist Christi hat, ist Christi Eigentum. (Es ist deutlich, daß Paulus „Christi Geist" auch für „Gottes Geist" sagt) (Vers 9).

Ja, wer Christi Geist hat, für den gilt: Christus ist in ihm! Damit ist er nicht ein vollkommener, fehlloser Mensch, denn er hat noch seinen sterblichen Leib. Das ist ja der Leib der Sünde, der gewohnt ist, in die Sünde einzuwilligen. Er ist träge, den Willen Gottes zu tun. Er ist kein geschicktes Werkzeug für den Geist. Darum hat dieser Leib auch keine Ewigkeitsverheißung. Er ist sterblich und verfällt dem Tode. Für das ewige Leben bleibt nur das Leben aus dem Geist — „um der Gerechtigkeit willen". Wessen Gerechtigkeit? Gewiß Christi Gerechtigkeit, denn er ist allein gerecht. Aber weil Christus in euch ist und der Geist Christi in euch Gottes Willen tut, so wird diese Gerechtigkeit auch an euch sichtbar und wirkt eine konkrete, dem Geiste Gottes gemäße Lebensführung (Vers 10).

Spricht der nächste Vers (11) von der leiblichen Auferstehung? So deuten ihn alle uns bekannten Bibelausleger. Aber von der Erlösung des Leibes wird erst Vers 23 ff gesprochen, und außerdem — das scheint uns sehr nachdenkenswert — spricht Paulus hier ausdrücklich vom „Lebendigmachen der sterblichen Leiber". Die sterblichen Leiber aber haben nicht teil an der Auferstehung. 1 Ko 15 hat Paulus ausführlich davon gesprochen, daß wir in der Auferstehung nicht unsere sterblichen Leiber wiederbekommen. „Fleisch und Blut" — d. h. unsere irdische Leiblichkeit — werden an der Auferstehung kein Teil haben (1 Ko 15, 50). Paulus erwartet vielmehr einen neuen, geistlichen, besser: „geistgemäßen" Leib (1 Ko 15, 44—46). Daher kann er im Blick auf unsere Auferstehung nicht gut von der Lebendigmachung unserer sterblichen Leiber sprechen. Darum müssen wir hier einen anderen Sinn suchen. Paulus wendet sich hier wohl gegen einen gewissen Libertinismus. Das ist jene in der christlichen Kirche immer wieder durchbrechende Irrlehre, die alle Leibessünde entschuldigt mit der Schwäche und Sterblichkeit des ja ohnehin der Vergänglichkeit verfallenen Leibes. Gegen solch eine der Gesetzlosigkeit Raum gebende Auffassung finden wir viele apostolische Warnungen: Z. B. Galater 5, 13; 1 Ko 5, 1 ff; 6, 13 ff; vgl. auch in der Offenbarung 2, 14 und 20; u. ö. Leider ist diese Verwilderung bis in die Gegenwart in mancherlei Sekten und Irrungen der Kirche zu finden.

Wenn wir das Wort recht verstehen, so sagt hier Paulus: Der Gott, der die Kraft hat, Jesus aus dem Tode zu erwecken, wird auch den sterblichen Leibern seiner Glaubenden so viel Lebenskraft geben, daß dieser Leib dem innewohnenden Geiste nicht als absolutes Hindernis im Wege stehen kann. Praktisch gesagt: Niemand darf sich durch seine Veranlagung, Erbgut, leiblichen Zustand usw. entschuldigen und daraus das Recht ableiten, Gottes Gebote zu übertreten oder doch in Auflehnung gegen ihn zu stehen. Verstehen wir den Vers so, so ist auch der Übergang zum nächsten klarer (Vers 11).

Daher stehen wir also unter keinem uns nötigenden Zwang, das alte Leben „gemäß dem Fleisch" zu führen. Wir sind aus dieser Haft befreit. Wer denkt nicht an das Wort Jesu: Wer Sünde tut, der ist der Sünde Knecht . . . „wen aber der Sohn frei macht, der ist recht frei" (Vers 12).

Seine Glaubenden, die Geistesmenschen, stehen, so lange sie dieses irdische Leben leben, immer in einer Entscheidung: Entweder: „dem Fleisch gemäß" zu leben, oder aber die sieghafte Kraft des Geistes in Anspruch zu nehmen. Durch ihn können sie jenem alten Leben tödliche Streiche versetzen. Dieser letztere Weg führt zum Leben, der erste aber zum Tode. So ernst bleibt auch für den Geistesmenschen die Verantwortung. Er ist nicht in eine naturhafte Sicherheit gestellt, sondern ist versucht allenthalben (Vers 13).

Letztlich ist es die Frage, wem sie huldigen, unter welcher Regierung sie stehen (vgl. Gal 5, 18). Als „Söhne Gottes" erweisen und bewähren sie sich, wenn sie sich unter die Führung und Bestimmung des Geistes stellen.

Vielleicht liegt hier das Bild vom Hirten der Schafe zugrunde. Der gute Hirte „leitet", „führt", indem er seiner Herde vorangeht. Sein Wort und sein Bild genügen, damit sie ihm gehorchen. Diese Nötigung ist kein äußerer Zwang, sondern ein inneres, geistiges Beherrschen. Jesus selbst hat dieses Bild, das er aus dem Alten Testament kannte, ja auch benutzt. Im Verhältnis zum Hirten könnt ihr eure Stellung zu Gott erweisen (Vers 14).

Das ist nicht eine unerfüllbare Forderung — gleich der Forderung des Gesetzes. Denn die Voraussetzung ist ja der Empfang des unsagbar großen Geschenkes, des Geistes. Nicht der alte Sklavengeist, der Angst macht, wurde ihnen gegeben, sondern der Geist der Sohnesadoption. Dieser eigenartige Ausdruck will betonen, daß uns das Anrecht zu dieser Sohnesstellung nicht schon in unserer natürlichen Geburt gegeben ist. Es ist ein Gnadenakt Gottes, der den Unwürdigen annimmt. Allerdings schafft dieser Geist Gottes eine neue Existenzform. Insofern ist uns das andere Wort von der „Wiedergeburt" (vgl. Joh 3) gewohnter. Weil der Geist uns zu Söhnen macht, weckt er auch den Gebetsruf: Vater! mit allem Reichtum, den dieser Begriff umschließt. Dieser Gebetsruf ist ein Aufschrei. Wie das neugeborene Kind schreit, um zum erstenmal Luft in seine Lunge zu ziehen, so ruft der Glaubende nach dem Vater und beweist daher die Gesundheit seines neuen Lebens (Vers 15).

Es ist also nicht willkürliche Überheblichkeit, sondern das Resultat des Zusammenwirkens von diesem Heiligen Geist mit dem uns als Menschen gegebenen Geist, daß wir uns Gottes Kinder nennen. Hier spricht jene alttestamentliche Auffassung mit, daß eine jede Sache stehen soll auf zweier oder dreier Zeugen Mund (5 Mo 19, 15; Joh 8, 17; Mt 26, 60). Zugleich aber ist es eine wunderbare Darstellung der Geisteswirkung im Unterschied zu der Wirkung des Gesetzes. Das Gesetz kommt von außen und sucht, mit Zwang den Widerspruch zu zerbrechen. Aber statt ihn zu überwinden, weckt es ihn nur (Rö 7, 8 f). Der Geist kommt zwar auch von außen, hat aber schöpferische, verwandelnde Kraft und erreicht unseren Menschengeist, den er zur Zustimmung befähigt. Es ist wie bei dem Magneten, bei dessen Annäherung das tote Eisen magnetisiert wird, so daß nun zwei Kräfte die Bewegung zueinander vollführen. Spricht etwa der Geist das Wort der Gnade z u mir, so weckt er i n mir, dem Hörenden, jene innere Bewegung der Zustimmung, des Vertrauens und der Hingabe. Diese Bewegung nennen wir Glauben. Darum bekennen wir uns im Glauben mit Recht als Kinder des himmlischen Vaters (Vers 16).

Dadurch erst sind wir in der Lage, Miterben des einzigen Erben zu sein, auf den alle Verheißungen Gottes zielen (vgl. Gal 3, 16). Seine Kreuzesgestalt gehört ebenso zu uns wie seine Herrlichkeit. Nur wer die erste bejaht, findet auch die zweite (Vers 17).

Beim Lesen dieses Abschnittes des Römerbriefes wird Folgendes deutlich:

1. Paulus unterscheidet Leib und Fleisch. Deshalb dürfen wir den Ausdruck Fleisch nicht mit Leiblichkeit verwechseln.

2. Der Gegensatz Fleisch und Geist ist der gleiche wie der Gegensatz Gesetz und Glaube.

3. Gemäß dem Fleisch leben heißt unter dem Gesetz leben. Gemäß dem Geist leben heißt im Glauben leben.

4. Das Gesetz ändert den Menschen nicht, weckt in ihm sogar den Widerspruch gegen Gott. Daher bleibt der Mensch trotz eifriger Gesetzesbemühung im Tode.

5. Der Geist allein hat schöpferische Kraft und erneuert den Menschen. Dieser empfängt durch den Geist Leben und Heil.

6. Der Mensch, der sein Wesen im Geist hat, ist kein vollkommener, sündloser Mensch, da er noch die alte Leiblichkeit hat. Aber er kann sich damit nicht ent-

schuldigen. Denn er kann sich in den täglichen Kämpfen von Fall zu Fall unter die Regierung und Leitung des Geistes stellen. Der Zwang der Sünde ist gebrochen.

7. Deshalb hat es der geistliche Mensch nicht mehr mit dem Gesetz zu tun. Der Geist löst das Gesetz ab. Er erreicht aber darum gerade das, was das Gesetz zum Ziel hatte: Die Erfüllung des Willens Gottes.

8. Wer zum Geist das Gesetz noch hinzufügen will, ist wie einer, der im D-Zug fährt und meint, durch kräftiges Rücken auf seinem Platz die Geschwindigkeit des Zuges beschleunigen zu können. Oder wie einer, der eine Milliarde Goldmark erbte und nun in der Tasche nach dem alten Papiergeld aus der Inflationszeit sucht, um sein Vermögen zu vergrößern.

# EINGESEHENE LITERATUR

Luthers Werke. Herausgegeben von H. H. Borcherdt und Georg Merz. München 1938 ff.

D. Martin Luthers ausführliche Erklärung der Epistel an die Galater. Berlin 1856.

D. Martin Luthers Auslegung der Epistel an die Galater. Herausgegeben von Ch. G. Eberle. Stuttgart 1865.

D. Joh. Alberti Bengelii, Gnomon Novi Testamenti. Edition octava stereotypa. Stuttgartiae 1915.

Carl Heinrich Rieger, Betrachtungen über das Neue Testament. Stuttgart 1875 [5].

Otto Schmoller, Der Brief an die Galater (theologisch-homiletisches Bibelwerk, herausgegeben von I. P. Lange). Bielefeld 1862.

Dr. Aug. Friedr. Christ. Vilmar, Collegium biblicum NT II. Gütersloh 1880.

D. H. Hoffmann, Die Briefe Pauli an die Galater, Epheser, Philipper ausgelegt in Bibelstunden (mit einem Vorwort von D. Martin Kähler). Leipzig 1903.

D. Theodor Zahn, Der Brief des Paulus an die Galater. Leipzig und Erlangen 1922 [3].

Heinrich Schlier, Der Brief an die Galater, übersetzt und erklärt. (Kritisch-exeget. Kommentar über das NT.) Göttingen 1951.

D. Albrecht Oepke, Der Brief des Paulus an die Galater (Theol. Handkommentar zum NT). Berlin 1957 [2].

D. A. Schlatter, Der Galaterbrief, ausgelegt für Bibelleser. Calw und Stuttgart 1895 [2].

Dr. A. Langmesser, Allein durch den Glauben. Kurzgefaßte Auslegung des Galaterbriefes. Basel 1901.

Joh. Lohmann, Der Galaterbrief: Geist oder Fleisch? Bad Blankenburg (Thür. Wald) (o. J.).

P. Paul Burkhardt, Der Galaterbrief. Übersetzt und ausgelegt. (Bibelhilfe für die Gemeinde) Leipzig und Hamburg (o. J.).

Hans Asmussen, Theologisch-Kirchliche Erwägungen zum Galaterbrief. München 1935.

Günther Dehn, Gesetz oder Evangelium? Eine Einführung in den Galaterbrief. Berlin 1938 [3].

Hermann Wolfgang Beyer, Der Brief an die Galater. Neubearbeitet von Paul Althaus (NT Deutsch). Göttingen 1949 [4].

Pfr. Dr. Christian Maurer, Brief an die Galater ("Prophezei"). Zürich 1949.

Hermann Barth, Aus dem Gesetz zum Glauben. Reden über den Brief an die Galater. Siegen-Leipzig 1938.

Alex Funke, Der Galaterbrief. (Christus heute. Eine Erklärung der Neutestamentlichen Botschaft) Stuttgart 1949.

Friedrich Mayer-Münsingen, Der Galaterbrief: Freiheit vom Gesetz. 1943 (Handschriftlich).

Novum testamentum graece (D. Erwin Nestle). Stuttgart 1949 [21].

Die Bibel nach der deutschen Übersetzung Martin Luthers. Stuttgart 1951.

Die Berleburger Bibel 1726.

Die Stuttgarter Jubiläumsbibel 1913 [2].

Das Neue Testament, übersetzt von Adolf Schlatter.

Das Neue Testament in die Sprache der Gegenwart übersetzt und kurz erläutert von Ludwig Albrecht. Gießen und Basel 1953 [7].

# WUPPERTALER STUDIENBIBEL
## Neues Testament
Originalausgabe in Leinen mit Schutzumschlag, Sonderausgabe als Paperback

R. BROCKHAUS VERLAG WUPPERTAL

# LEXIKON ZUR BIBEL Volksausgabe

Herausgegeben von Fritz Rienecker

100 Kunstdruckbildseiten mit 1728 Textspalten, über 150 Fotos, z. T. Großformat.
Über 350 Textillustrationen und Kartenskizzen, mehrfarbige Karten,
Format 15,7 x 23,2 cm.
Über 6000 Stichwörter aus Geschichte, Kulturgeschichte, Archäologie, Religionswissenschaft, Geographie, Biologie und Wirtschaft.
Namensangaben von Personen, Tieren, Orten und Pflanzen sind vollständig aufgenommen.
Alle wichtigen theologischen Begriffe sind ausführlich erläutert.
Die Stichwörter richten sich nach der Luther-Übersetzung.
Ein umfassendes vergleichendes Register verweist den Leser der Menge-, Elberfelder-, Zürcher Bibel und der revidierten Lutherbibel bei Übersetzungsunterschieden auf die entsprechenden Artikel des Lexikons.
Evangelienharmonie.
Große Zeittafel vom 3. Jahrtausend vor bis 79 nach Chr.
Umfassende Bibliographie.
Ortsnamenregister.

„Wem das Buch der Bücher ans Herz gewachsen ist, der findet in diesem Lexikon eine kaum übersehbare Fülle von Erläuterungen, die die Bibel in einem neuen Licht erscheinen lassen."

Westfälische Rundschau, Dortmund

„Es gefällt, weil es in die Gruppe jener Lexika gehört, die dreierlei können: demjenigen, der sich mit dem Thema (also in diesem Falle der Bibel) beschäftigt, Aufschlüsse und Informationen geben; demjenigen, der sich mit dem Lexikon beschäftigt, zum Thema (Bibel) hinführen; ganz unabhängig vom Thema zur Lektüre anregen. Es ist gut geschrieben, zuverlässig redigiert und liebevoll hergestellt — ein prächtiges Geschenk."

Die Zeit

„Hier ist uns eine gute Grundlage für unsere Arbeit gegeben. Wo anders haben wir auf so kleinem Raum so viel Material und bekommen so guten und anschaulichen Unterricht wie hier?"

Gnadauer Gemeinschaftsblatt

R. BROCKHAUS VERLAG WUPPERTAL